文化资源学

赵尔奎 杨朔 编著

图书在版编目(CIP)数据

文化资源学/赵尔奎,杨朔编著. —西安:西安交通大学出版社,2016.3(2021.7重印)
ISBN 978-7-5605-8312-9

Ⅰ.①文… Ⅱ.①赵…②杨… Ⅲ.①文化产业 Ⅳ.①G114

中国版本图书馆 CIP 数据核字(2016)第 039685 号

书　　名	文化资源学
编　　著	赵尔奎　杨　朔
责任编辑	祝翠华　王建洪
出版发行	西安交通大学出版社 (西安市兴庆南路1号　邮政编码 710048)
网　　址	http://www.xjtupress.com
电　　话	(029)82668357　82667874(发行中心) (029)82668315(总编办)
传　　真	(029)82668280
印　　刷	西安日报社印务中心
开　　本	787mm×1092mm　1/16　印张 12.5　字数 303千字
版次印次	2016年4月第1版　2021年7月第3次印刷
书　　号	ISBN 978-7-5605-8312-9
定　　价	29.80元

读者购书、书店添货,如发现印装质量问题,请与本社发行中心联系、调换。
订购热线:(029)82665248　(029)82665249
投稿热线:(029)82668133
读者信箱:xj_rwjg@126.com

版权所有　侵权必究

前言 Foreword

　　文化产业管理作为一个本科专业,已经经历了十多年的学习与探索。在这段时间里,不管是文化产业的理论,还是面临的现实,乃至于文化产业本身都发生了巨大的变化;在这样的发展中,文化产业管理的理论和实际,都为自己的丰富和完善积累了宝贵经验,它的内涵、外延以及学科构架,在众多研究和实践者的努力下逐渐清晰起来。这种理论和现实经验的积累,对于文化产业今后的发展而言,无疑是一笔宝贵的财富。

　　但是,十多年的时间,并不足以让一个新兴学科真正成熟起来。与哲学、文学、历史学这些拥有悠久传统的学科比起来,文化产业管理学科的研究还没有形成一个完整的、经典的理论范式,最主要的表现就是,国内高校文化产业管理课程设置还各具特色,还没有形成系统的课程体系。

　　文化产业管理是为适应国家文化产业快速发展而设立的专业,以培养具有宽阔的文化视野和现代产业理念及经营技能的复合型文化管理人才为目标。作为一门有着明显现实指向的专业,文化产业的学科设置应当、也必须考虑它的产生背景和最终归属地——市场。2004 年,教育部批准在山东大学、中国传媒大学、中国海洋大学、云南大学四所高校中开设"文化产业管理"本科专业,学制四年,毕业后授予管理学学士学位。随后众多高校纷纷开设文化产业管理专业。西安建筑科技大学于 2010 年开设了文化产业管理专业,专业开办之初,学院就将本专业作为重点专业进行打造,加大对专业建设的投入,要求相关代课老师结合学校、学院专业的特色,编写专业教材。

　　基于现实的需要,文化产业管理专业在课程设置上可以分为文化产业概论、文化资源学、文化政策学、文化策划学、文化经济学、文化项目管理、文化产业管理和文化研究等几个方面。在专业建设过程中,开设文化产业管理的院校根据自身的特色,也设置了其他专业课程等。

　　文化资源学是文化产业管理专业的专业基础课程,从某种程度上讲,文化产业的形成与发展,都必须建立在对文化资源的开发和利用之上,因此,文化产业的研究者、学习者和从业人员,最先需要了解的就是文化资源。但是,就目前的学术界而言,《文化产业管理概论》之类的教科书多达几十本,虽然也出现《文化资源学》的教材,但大多内容为区域性的文化资源学或者授课教师大多指定几本书供学生阅读使用,主要覆盖历史文化资源开发、文化旅游、文化资本等内容,该课程的内容设置上还很繁杂,作为通识性的《文化资源学》的教材,并没有形成较为完整的内容体系和成熟的学科范式。

文化资源学作为一门新的学科,还没有形成固定的学科范式和研究内容,在现有的教材中,各有其侧重。本教材以市场需求为导向,确立了《文化资源学》的教材的内容分为11章,第一章对文化与文化资源进行了阐述,第二章、第三章和第四章对文化资源属性、价值与文化资源的形态、文化遗产等作了详细的分析与描述,第五章为文化资源的调查与评估,第六章至第九章重点阐述了文化资源开发的方法与手段以及文化资源营销的方法进行了分析,第十章对历史文化资源的保护问题进行了探讨,第十一章探讨了文化资源管理的机制以及管理的方法。作为《文化资源学》而言,应首先阐明文化及文化资源的内涵、构成、分类、范围、特征和作用,还应系统地论述其在文化产业中的基础作用,以及它在市场化的开发中所面临的问题和机遇。学习《文化资源学》的目的在于文化资源的保护与开发,因而,《文化资源学》把重点放在文化资源的保护和开发上面,并梳理文化资源的管理机制,透析文化资本在文化市场中对文化资源进行整合与产业化具体途径。最后,《文化资源学》还应当能够阐述文化资源管理方法,并对这些方法做出客观的评价。在这个过程中,文化资源学还应兼顾文化资源的文化属性对当代文化形成和发展的特殊影响。

编写一本教材,看似容易,实则很难,从开始筹划,到最终形成一个完整的框架,修修改改历经五年多的时间。由于文化资源涉及内容极广,课程涉及的内容所能做的更多的还是借鉴学习,所以,对已经在文化资源研究方面作出贡献的专家学者以及老师表示深深的谢意。

写作本书的基础是我们承担了5年该门课程本科和研究生的教学工作。在过去的五年,上过此门课程的学生为我们的思考和写作作出了富有价值的贡献。再次深表感谢!直接参与本书编写的是赵尔奎和杨朔两位老师,其中,杨朔负责本书的第三、十、十一章和课后案例的撰写,其余内容由赵尔奎主笔。同时在成书的过程中西安建筑科技大学管理学院的占绍文教授提出很多建议,另外本教材在使用的过程中西安建筑科技大学文化产业管理专业的研究生闫亚茹、胡梦丹、付伟参与了本书的校核工作,另外还要感谢西安建筑科技大学的出版基金给予资助。

编者

2015.11.15

目录 Contents

第一章　文化资源概述 (1)
- 第一节　文化 (1)
- 第二节　文化资源与文化资本 (6)

第二章　文化资源要素及价值 (21)
- 第一节　文化资源的要素 (21)
- 第二节　文化资源的价值属性 (23)

第三章　文化资源的形态 (31)
- 第一节　文献形态的文化资源 (31)
- 第二节　造型艺术形态的文化资源 (34)
- 第三节　表演形态的文化资源 (37)
- 第四节　技能技艺形态的文化资源 (42)
- 第五节　节庆活动形态的文化资源 (44)
- 第六节　现代形态文化资源 (47)

第四章　文化遗产 (51)
- 第一节　世界文化遗产 (51)
- 第二节　非物质文化遗产 (54)
- 第三节　全球重要农业文化遗产 (58)

第五章　文化资源调查与评估 (67)
- 第一节　文化资源调查概述 (67)
- 第二节　文化资源评估概述 (73)
- 第三节　文化资源评估指标体系 (78)
- 第四节　文化资源评估方法 (81)

第六章　文化资源开发的理论 (85)
- 第一节　文化资源开发概述 (85)
- 第二节　文化资源开发的政府规制 (91)
- 第三节　文化资源开发的模式 (95)

第七章　文化资源整合与配置 …………………………………………… (104)
　　第一节　文化资源整合 …………………………………………………… (104)
　　第二节　文化资源配置 …………………………………………………… (108)

第八章　历史与智能文化资源开发 ………………………………………… (121)
　　第一节　历史文化资源的开发 …………………………………………… (121)
　　第二节　文化智能资源的开发 …………………………………………… (134)

第九章　文化资源市场与营销 ……………………………………………… (147)
　　第一节　文化资源市场 …………………………………………………… (147)
　　第二节　营销与文化资源营销 …………………………………………… (152)

第十章　历史文化资源保护 ………………………………………………… (162)
　　第一节　历史文化资源的保护理念 ……………………………………… (162)
　　第二节　历史文化资源保护的探索 ……………………………………… (165)

第十一章　文化资源管理 …………………………………………………… (179)
　　第一节　文化资源管理概述 ……………………………………………… (179)
　　第二节　文化资源管理的方法 …………………………………………… (181)
　　第三节　文化资源管理机制 ……………………………………………… (185)

参考文献 ……………………………………………………………………… (193)

第一章 文化资源概述

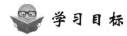学习目标

1. 理解并掌握文化、文化资源、文化资本、文化竞争力的概念；
2. 了解文化的分类与分类标准；
3. 了解文化的特征属性；
4. 区别文化资源与文化资本；
5. 理解文化资源与文化产业的关系；
6. 掌握文化竞争力的内容。

文化为全人类共同创造而又为全人类所共享。在人类社会的发展过程中，人们生活方式和生产方式发生了巨大的变化，人类社会文明的知识结构也发生了根本性变化，从而形成了具有民族、宗教、国家、地域特色的文化形态。

第一节 文化

一、文化的词源

现代汉语中的"文化"一词，是个外来语，它是 20 世纪初由欧洲经日本传入中国。"cultura"原为拉丁语，意为种植、耕耘、农作，它又由"colo、colere"（栽培、种植）、"cultus"（耕种的、耕耘的）构成。在古典拉丁语中，"cultura"通常用于土地、农业劳动的意义，由此而有"agricultra"（农业耕种）的说法。到了公元前 45 年，罗马的演说家和哲学家开始使用"cultura animi autem philosophia est"（精神文化是哲学）的说法，其中"cultura animi"（耕种智慧）是自由人的真正使命的意思。从此，"cultura"从农作物种植，转义引申为"对人的培养、教育"之义。在欧洲，最早将"cultura"当做名词使用的，可能是德国的 S. 裴多菲和 I. G. 歌德。从他们开始出现了标明人的主体创造功能以及"人的世界"的现代意义上的文化概念。15 世纪以后，"文化"被逐渐引申使用，人们把对人的品德和能力的培养也称之为文化，也就有了今天人们对文化的理解[①]。

中国人对"文化"的论述，比西方人要早得多。《周易》有所谓"观乎天文以观时变；观乎人文，以化成天下"，这大概是中国人论述"文化"之始，但其中"文化"一词尚未连接在一起，在此

---

① 吕庆华.文化资源的产业开发[M].北京：经济日报出版社，2009：35.

时观念中文化的含义是通过了解人类社会各种现象,用教育感化的方法治理天下。西汉以后,"文"与"化"合成一个整词,如刘向《说苑·指武》篇中说:"圣人之治天下也,先文德而后武力。凡武之兴,为不服也。文化不改,然后加诛。"可以看到,"文化"一词正式出现,其含义也与现在人们通常理解的不一样。晋人束皙也讲"文化内辑,武功外悠",这些都是指与国家军事手段相对的一个概念,即国家的文教治理手段。到唐代大学问家孔颖达则别有新意地解释《周易》中的"文化"一词,认为"圣人观察人文,则诗书礼乐之谓",这实际上是说"文化"主要是指文学礼仪风俗等属于上层建筑的东西。古人对文化的这种规定性从汉唐时起一直影响到清代,因此明末清初的学者顾炎武在《日知录》中说"自身而至于家国天下,制之为度数,发之为音容,莫非文也",即人自身的行为表现和国家的各种制度,都属于"文化"的范畴。

因此,在汉语系统中,"文化"的本义就是"以文教化",它表示对人的性情的陶冶,品德的教养,本属精神领域之范畴。现在"文化"已成为一个内涵丰富、外延宽广的多维概念,成为众多学科探究、阐发、争鸣的对象。

二、文化的概念

"文化"是一个内涵丰富、外延广泛的词汇,在不同的历史时期和不同的社会环境下,人们对其有着不同解构,给它下一个严格而精确的定义是一件非常困难的事情。自20世纪初以来,不少哲学家、社会学家、人类学家、历史学家和语言学家一直努力试图从各自学科的角度来界定"文化"。然而,迄今为止仍没有获得一个公认的、令人满意的定义。

《世界大百科全书》给"文化"的定义是:文化是指全部社会遗产,包括人类生活中不是与生俱来的所有东西:生产工具、武器、机器、社会机构、信仰、思想、宗教、艺术、音乐和文学。《现代汉语词典》对文化给出了三种解释:①人类在社会历史发展过程中所创造的物质财富和精神财富的总和,特指精神财富,如文学、艺术、教育、科学等。②考古学用语,指同一个历史时期的不以分布地点为转移的遗迹、遗物的综合体。同样的工具、用具、制造技术等是同一种文化的特征,如仰韶文化、龙山文化。③运用文字的能力及一般知识,如学习文化、文化水平。《现代汉语词典》中的解释,基本上涵盖了日常所说的各种有关文化的含义。

在近代,给"文化"一词作出经典定义的,首推英国人类学家爱德华·泰勒①。在其《原始文化》(1871年)一书中指出:"文化,或文明,就其广泛的民族学意义来说,是包括全部的知识、信仰、艺术、道德、法律、风俗以及作为社会成员的人所掌握和接受的任何其他的才能和习惯的复合体。"②这个定义,至今仍为人类学界所普遍接受。

"文化"一词作为名词进入人们的意识形态领域之后,也同时进入了人文科学的各个领域。哲学家康德对文化的定义是:"有理性的实体为了一定的目的而进行的能力之创造。"(《批判力的批判》,1790年)这种"创造"是指人类在精神和肉体两个方面由受自然力统治的"原始状态"向统治自然力的状态逐步发展。康德还认为,文化从一开始并不属于个人,而是属于整个民族和人类。

---

① 爱德华·泰勒(Edward Tylor,1832—1917),英国人类学家,被人类学界尊称为"人类学之父","在人类学中是第一个伟大的名字",是最具影响的进化派和人类学派的经典作家。代表作有《原始文化》《人类学——人及其文化研究》等。
② [英]爱德华·泰勒.原始文化[M].连树声,译.桂林:广西师范大学出版社,2005:1.

英国人类学家 B.K. 马凌诺斯基①发展了泰勒的文化定义，在其所著《文化论》(1937年)一书中认为"文化是指那一群传统的器物、货品、技术、思想、习惯及价值而言的，这概念包容着及调节着一切社会科学。我们亦将见，社会组织除非视作文化的一部分，实是无法了解的；一切对于人类活动、人类集团及人类思想和信仰的个别专门研究，必会和文化的比较研究相衔接，而且得到相互的助益。"②他还进一步把文化分为物质的和精神的，即所谓"已改造的环境和已变更的人类有机体"两种主要成分。

用结构功能的观点来研究文化也是英国人类学的一个传统。人类学家 A.R.拉德克利夫·布朗认为，文化是一定的社会群体或社会阶级与他人的接触交往中习得的思想、感觉和活动的方式。文化是人们在相互交往中获得知识、技能、体验、观念、信仰和情操的过程。他强调，文化只有在社会结构发挥功能时才能显现出来，如果离开社会结构体系就观察不到文化。例如，父与子、买者与卖者、统治者与被统治者的关系，只有在他们交往时才能显示出一定的文化。法国人类学家克洛德·列维-斯特劳斯从行为规范和模式的角度给文化下定义。他提出："文化是一组行为模式，在一定时期流行于一群人之中……并易于与其他人群之行为模式相区别，且显示出清楚的不连续性。"

马克思主义的理论家对文化作了一种新的解释，把文化分为广义和狭义两种。在罗森塔尔·尤金所编的《哲学小辞典》中认为文化"是人类在社会历史实践过程中创造的物质财富和精神财富的总和"，这就是所谓"广义的文化"，而与之区别的"狭义"则是专指精神文化而言，即社会意识形态以及与之相适应的典章制度、政治和社会组织、风俗习惯、学术思想、宗教信仰、文学艺术等。

综上所述，什么是文化至今仍是一个相对模糊，争议较多的概念。但其中有一点是大家都明确的，即文化的核心问题是人，有人才能有文化，不同种族、不同民族的人有不同的文化。

为了便于对文化资源进行研究分析，本书对文化作如下界定：文化是人类在漫长的社会实践活动中所形成的观念形态、精神产品和生活方式。观念形态包括宗教信仰、价值观念、法律政治等意识形态的东西；精神产品是指文学艺术和一切知识成果，代表性场所为博物馆、图书馆；生活方式是指衣食住行、民情风俗、生老病死以及社会生活的一切方面。

三、文化的特征

从文化概念的内涵和外延、结构和要素以及人类对文化的观察和感悟中，可以总结出文化的诸多特征。

(一)文化是人所独有，是人超越于动物的本质特征

人类的文化是人与一般动物的比较和差别。这个比较和差别的概括就形成了人类的本性——"文化性"。因为人性是建立在与一般动物的对立上的，所以它会以一般动物相反的本性特征表现出来；又因为人类文化的成因与人类自身的历史实践活动有关，因而在人的"文化性"中必不可少地具有了人与周围世界关系的性质。文化是人的生活形式和符号化的东西，仅

---

① 马凌诺斯基(Bronislaw Malinowski)，1884—1942，社会人类学大师，功能学派的缔造者，田野民族志方法的奠基人之一，曾任伦敦经济学院、伦敦大学、耶鲁大学教授。
② 马凌诺斯基.文化论[M].费孝通，译.北京：华夏出版社，2001:15.

为人所拥有。让·拉特利尔①认为:"正是在一个人的文化之中并且通过这一文化,他的生活才真正称之为人的生活,他才能升华超越他的纯粹生物的存在水平。他的文化向他提供'生活形式',在这种生活方式中并由这种方式,他作为个体彻底存在方才得以实现。只有在这种生活形式的联系中,他才得以安身立命。如科学、理性、进步和发展之类的内容,并以此与一般动物相区别。"②

可见,人类的"文化性"是人类的根本属性,是作为人区别于一般动物的野蛮、落后、愚昧、凶残的根本标志。这种特征完全限定在了人的身上;限定在了人类适应世界、改造世界的能力和文明、进步的程度上;限定在了人类征服自然、战胜自然的技能素质上。因此,所谓的物质财富只能作为人类文化的结果或载体而存在,而精神财富也只能以文化的形式或手段来使用,它们是不能自立为文化的。

(二)文化是经验的和理性的,也是历史的和多样的

文化的发生和发展源于生活经验的总结,也源于理性的思考和创造,因此,文化是经验的、理性的,尤其是在文化达到较高的阶段即形成知识体系之后。美国科学社会学家、纽约州立大学奥尔巴尼分校社会学系教授小 M. N. 李克特(Maurice Richter,Jr.)认为:文化知识体系一般倾向于具有某种理性的和经验的特征——理性强调逻辑的重要性,经验强调观测的重要性。但是,在大多数前科学的文化体系中,这样特征在某些方面可能是相当有限的。

文化也具有历史性和多样性的特征。文化的历史性体现在菲利普·巴格比的说法中:把这定义置入非技术的语言,我们就可以说,文化是众人行事的方法。因为历史本身就是众人所作所为的结果。所以我们就能知道,文化就是模式化地和反复地出现在历史中的因素。文化与历史并不是同一的,文化,不如说是历史的可理解的方面③。

无论从全球看(比如东方文化、西方文化等),还是从国家和地区(阿拉伯文化、中国文化及中原文化、岭南文化等)、部门(人文文化、科学文化等)、层次(通俗文化、精英文化等)来看,文化都是多样性的。像生物多样性有利于生物的竞争和进化一样,文化的多样性也有利于文化的创造与昌盛。布达佩斯俱乐部的创始人、前沿的思想家和科学家欧文·拉兹洛认为:"只有在文化上是多样的,才可能是可行的,一致性在人类领域里可能像在自然领域里一样是极其有害的。"

(三)文化是模式化和符号化的

文化是模式化的存在,不同的共同体或群落拥有不同的文化模式。文化模式既构造了行为和仪式,也构造了感知和思想,乃至塑造了个人的心理和群体的"地方性""民族性""国民性"——这往往以"集体无意识"的形式显示出来。人是唯一拥有文化和使用符号的动物,这本身就隐含着符号是文化的表征,或文化是符号的运用。当代美国著名的人类学家莱斯利·A. 怀特④所说,符号是整个人类行为和文明或文化的基本单位。全部人类行为起源于符号的使用,人类行为是符号行为,符号行为是人类行为。正是符号使类人猿变成人,使人类的所有文化得以产生和流传不绝。文化是以社会符号为媒介的行为总和。在众多的符号中,语言符号占有特殊的

---

① 让·拉特利尔,法国哲学家兼科学家,其代表作为《科学和技术对文化的挑战》。
② [法]让·拉特利尔.科学和技术对文化的挑战[M].吕乃基,等,译.北京:商务印书馆,1997:4-5.
③ [美]菲利普·巴格比.文化:历史的投影——比较文明研究[M].上海:上海人民出版社,1987:167.
④ 莱斯利·A. 怀特(1900—1975),当代美国著名的人类学家,以文化进化理论和他称之为"文化学"的科学研究著称。

地位。语言这种心智能力是人类独有的,是真正的文化产生的前提。语言(包括书面语言)的出现和使用,使文化得以广泛交流、迅速传播、有效保存和积极创新。由于文化是模式化的和符号化的存在,它就有可能呈现出某些规律性,从而可以借助经验方法加以考察,借助理性方法加以分析,借助人类学方法加以体味。

(四)文化是民族性和阶级性的统一

任何一个民族的文化都是一种历史的积累,是其长期形成、发展的结果,这就是文化传统。一般文化是从抽象意义上讲的,现实社会只有具体的文化,如古希腊文化、罗马文化、中国古代文化、中国现代文化等。具体文化受到诸多条件的制约,其中最主要的是受自然环境和物质生活条件的制约。如有石头,才有石器文化;有茶树,才有饮茶文化;有客厅和闲暇时间,才会有欧洲贵族的沙龙文化。自从民族形成以后,文化往往是以民族的形式出现的。一个民族使用共同的语言,遵守共同的风俗习惯,养成共同的心理素质和性格,此即民族文化的表现。在分裂为阶级的社会中,由于各阶级所处的物质生活条件不同,社会地位不同,因而他们的价值观、信仰、习惯和生活方式也不同,从而也就出现了各阶级之间的文化差异。

(五)文化具有传承性

任何一个民族的文化都是一种历史的积累,其中体现着民族的特性,而这种特性是通过长期的文化创造反映出来的。文化能够传承一定是因为其具有不可替代的传承价值。一般而言,一个民族的文化大都经过从初创到发展,逐渐形成自己的特质,最终基本形成具有自己民族特色的文化形态。这其中必然存在着一个继承、发展、创新的问题。一个民族的文化是这个民族共同智慧的结晶,是一代一代人传承下来的。无论是发展也好,创新也好,都不能丢掉历史、舍弃传统,而是要在学习、吸收、掌握传统精髓的前提下发展和创新,否则,文化可能成为无源之水、无本之木,最终成为不伦不类的东西。

四、文化的分类

分类是指按一定标准对概念的排列与组合。文化与其他事物一样,是统一性和多样性的统一,按照一定的标准可以划分为不同的类型。依据的标准不同,分类也就不同。文化的涵盖面极广,几乎包括了人类社会生活的方方面面,因此对文化的分类也林林总总。一般而言,文化有多少定义,就会产生多少分类。

(一)文化事业和文化产业

一种文化,到底属于文化事业,还是属于文化产业,这既与该文化的属性有关,又与技术水平有关,还与国家制度、政策和人的经营能力有关。一般来讲,进行商业经营,以获取利润为目的的文化为文化产业;不进行商业经营,不以获取利润为目的,而以提供公共文化服务为目的的文化则为文化事业。文化事业单位的首要任务不是为了赚钱,而是为了办好文化事业,虽然有的也会收费而产生盈利,但只是在办理社会事业的同时得到某些补贴,以利于更好地办事业。文化事业和文化产业是源与流的关系。先有文化事业,文化事业具备了条件而进行商业经营后则转变为文化产业。没有文化事业就没有文化产业,但文化产业又可为文化事业的发展提供资金,促进其发展。没有文化产业的发展,文化事业就会因缺乏资金而萎缩。

(二)科学与人文

文化在习惯上可分为科学与人文两大系统。科学处理的是人与自然的关系,是人类适应、认识、改造和保护自然的知识和技术体系。人文处理的是人与社会的关系、人与人的关系及人与自身心灵的关系,是调节社会关系、完善人格和愉悦精神的知识和艺术体系。科学实际就是自然科学和工艺技术,大体相当于人们所说的科学技术。人文包括哲学社会科学,但还包括文学、音乐、美术等各类艺术。简单地说,就是"科学教人认识外物,人文教人认识自我"。在思维方式上,一般地说,科学主要注重逻辑思维,培养人的演绎能力;人文更多地运用归纳方法,在思维特征上表现为直观、想象,注重形象直觉思维。

(三)观念文化、制度文化和器物文化

所谓观念文化,主要是指一个民族的心理结构、思维方式和价值体系,它既不同于哲学,也不同于意识形态,是介于两者之间而未上升为哲学理论的东西,是一种深层次的文化。所谓制度文化,是指在哲学理论和意识形态的影响下,在历史发展过程中形成的各种制度。它们或历代相沿,或不断变化,或兴或废,或长或短,既没有具体的存在物,又不是抽象得看不见,是一种中层次的文化。所谓器物文化,是指体现一定生活方式的那些具体存在,如住宅、服饰等,它们是人的创造,也为人服务,看得见,摸得着,是一种表层次的文化。

文化因分类的依据不同,还可以作其他分类。例如:依据产生和流行的人群差别,文化可分为精英文化和大众文化;依据政治地位的不同,文化可分为官方文化和民间文化;依据产生和流行的地域不同,文化可分为本地文化、外地文化和外来文化;依据与现时代关系的不同,文化可分为古代文化、近代文化、现代文化和未来文化等。

第二节 文化资源与文化资本

文化资源是人类为开辟、发展和完善自己赖以生存的环境,在改造利用自然、维系社会规范和塑造人类自身的长期实践过程中所创造的物质文化、制度文化(社会文化)和精神文化。文化资源包含多方面的内容,譬如,民族文化传统和民族精神、科学和教育发展水平、文化事业和文化产业、体制建设和民主法制建设、历史文化遗产、科教文化事业等。

一、文化资源

文化产业所进行的是文化经济一体化的生产经营活动,它的中心任务是将有限的文化资源转化为有用的文化产品,包括文化实物产品、文化服务产品及其文化衍生产品。

(一)资源的概念

资源是人类生存和社会发展的基础。长期以来,人类主要从自然资源的角度把握资源的内涵和外延。人类社会每一个重大进步,都紧紧伴随着对资源的认识、开发和利用的革命性变化。显然,资源是相对于人类而言的,依人类存在而存在,依人类发展而发展。马克思在《资本论》中说:"劳动和土地,是财富两个原始的形成要素。"恩格斯的定义是:"劳动和自然界在一起它才是一切财富的源泉,自然界为劳动提供材料,劳动把材料转变为财富。"[①]马克思、恩格斯的定义,既指出了自然资源的客观存在,又把人(包括劳动力和技术)的因素视为财富的另一不可或缺的来源。可见,资源的来源及组成,不仅是自然资源,而且还包括人类劳动的社会、经

---

① 马克思,恩格斯.马克思恩格斯选集:4卷[M].北京:人民出版社,1995:373.

济、技术等因素,还包括人力、人才、智力(信息、知识)等资源。《经济学解说》(经济科学出版社,2000版)将"资源"定义为"生产过程中所使用的投入",这一定义反映了"资源"一词的经济学内涵,资源从本质上讲就是生产要素的代名词。

一般来说,资源是指不直接用于生活消费的生产性资产,资源常常讲利用或开发,与生产的关系十分紧密。随着人类生产的发展和社会经济生活的复杂化,人类自身创造的资源越来越多,资源的构成也越来越复杂。符号化知识、经验型技能、创新型能力、通讯手段、社会组织系统等,都成为生产的要素即生产的资源。不仅有经济生产方面的资源,而且有社会生活方面的资源,如政治资源、文化资源等。

据此,所谓资源指的是一切可被人类开发和利用的物质、能量和信息的总称,它广泛地存在于自然界和人类社会中,是一种自然存在物或能够给人类带来财富的财富。或者说,资源就是指自然界和人类社会中一种可以用以创造物质财富和精神财富的、具有一定量的积累的客观存在形态,如土地资源、矿产资源、森林资源、海洋资源、石油资源、人力资源、信息资源等。按照常见的划分方法,资源被划分为自然资源、资本资源、信息资源和人力资源。

(二)文化资源的界定

认识文化资源,并对文化资源进行梳理、归类,同时在产业发展的层面上对其进行科学划分,是开发和保护文化资源的前提和基础。

"文化资源"一词是由美国国家公园管理局在20世纪70年代率先使用,然后就很快被广泛采纳。美国国家公园管理局所定义的"文化资源"与"文化遗产"基本同义,是指"与人类活动有关的自然和人工物质遗迹,包括遗址、建筑物和其他单独或同时具有历史、建筑、考古或人文发展方面重要性的物件","文化财产是独一无二并且不可再生的资源"。这个定义涵盖了文化遗产的各个方面,但是在实践中,美国的"文化资源管理"主要侧重于对史前历史时期考古资源的研究与管理,是对考古遗存管理的一种新手段,与其他历史遗物(著名的历史建筑、古战场等)的保护措施互相补充。很显然,我国在文化产业中所讲的文化资源,在外延上要远远大于美国国家公园管理局对文化资源的界定。

文化资源是在市场经济进程中被提出、被关注,因而,对这一概念的内涵和外延,以及它与其他相关的一些概念之间的联系仍在探讨之中,目前还没有形成统一的认识。为了便于文化产业研究的需要,本书认为:文化资源是指人类为开辟、发展和完善自己赖以生存的环境,在改造利用自然,维系社会规范和塑造人类自身的长期实践过程中所创造的凝结了人类无差别的劳动成果和丰富的思维活动的物质、精神的存在对象,它在一定条件下可以进行开发"转换为文化资本"并给人类带来经济效益和社会效益。文化资源包括历史文物古迹、工艺美术、音乐、宗教信仰、思想观念、语言文字、影视动画等。广义的文化资源是难以给出具体界定的,只要是体现人类追求和满足人类精神需求的产品或活动均应划入文化资源的范畴。这样一来人类社会生活的方方面面就大量地体现了文化资源的痕迹,政治、经济、社会生活以及世界范围内都蕴含了丰富的文化特征。

从文化资源的载体和构成上来看,文化资源可分为五个层次:

(1)器物——技术层面,主要包括历史上存留下来的各种人类活动的遗迹、文物和现代社会中的各种文化、艺术产品,如各类遗址、艺术品、宗教器物、神话传说、民间故事、影视作品、新闻出版物等。

(2)制度——组织层面,包括一个特定社会中所实行的与文化资源有关的有效制度和各种

形式的组织。制度如法律法规、官方文件、纪律条例、乡规民约、惯例等,组织如政府机构、政党、行业协会、社团等。

（3）习俗——行为层面,主要指一定社会生活中形成的生活习惯、民风民俗,乃至饮食偏好、行为性格特征等。

（4）观念——心理层面,指在人们思想观念中形成的有影响力或支配作用的思维方法、思想倾向和认识。主要包括最核心的价值观、人生观、世界观以及道德观、法律观、审美观等。

（5）语言——表达层面,指人类的语言及文字表达符号系统,既包括各种语言表达方式,也包括无声语言、肢体语言。

（三）文化资源的特征

文化资源是现有社会发展的底蕴,也是未来发展的基础。文化资源除具有一般资源的一些特征外,如有效益性、共享性、消费性、融合性、可利用性等,也具有一些独特的性质。

1. 文化资源的精神性与物质性

由于文化内涵的复杂性,文化资源的物质形态和精神形态又相互混合在一起。非物态性资源可以重复使用和更新发展,传说和历史可以一代代传下去,群体的历史文化传统也可以代代相传。而科学思想、新技术、先进文化由于附带了时代的文化特征和延续了人类对自然和自己的探索成果又成为新的文化资源。物态文化资源大多具有不可再生性,如历史文化遗存、古建筑、传统街区建筑等。

2. 文化资源的稀缺性

物以稀为贵,稀缺的不可替代的文化资源特别是历史文化资源具有较高的可度量价值。人类劳动和思想意识经过长期的劳动和思考凝结在文化载体上,形成了今天的器物形态的文化资源。这类文化资源,越是久远,其中蕴含人类的文化因素就越多,也就越具有高贵的品质。但是一些文化资源特别是物态文化资源,如历史文化遗存、古建筑、传统街区建筑,由于时间久远,自然损耗而日渐衰微,最后成为稀缺资源,也就因此具有更加昂贵的价值。同源同类的文化资源具有可替代性,所以无论是从功能上还是审美意识上,具有可替代性的文化资源时刻都有被遗忘的危险。可替代的文化资源,其价值一般低于不可替代的资源。

3. 文化资源的持久性和传承性

许多自然资源是不可再生资源,文化资源则不然。一种文化资源,只要人们认为它对人类有用,便可以永久地使用,它不会因为使用它的对象多少,使用的频率高低而枯竭或灭绝。相反,使用的人越多、频率越高,还可能促使这种文化资源量上的增长,甚至产生新的文化特质。因为,学习、普及、使用的过程就是一个创造的过程。优秀的文化资源,使用的人愈多,愈能显示其价值和生命力,可以世世代代为人类造福。除非人类遭受重大浩劫,否则优秀的文化资源就永远不会灭绝、消失。譬如,中华文化、古埃及文化、古希腊文化、古印度文化等,虽然历经沧桑,仍显示其灿烂的光辉。

4. 文化资源的递增性

作为有形的自然资源,是越用越少、不断递减的,而作为精神现象的自然资源不但不会越用越少,反而会越用越多,逐渐递增。使用文化的过程,同时也是创造文化的过程,文化是人类智慧的结晶。在人类的历史演进中,一代人有一代人的智慧,而且,后代人总是拥有比前代人更多的智慧。因为人是在学习、吸收前代人智慧的基础上丰富前代人的智慧并创造新的智慧。

文化资源就是经过人类一代一代人的努力，随着历史的演进而不断生长、不断递进的。只要人类思维和创造活动不停止，人类文化就会不断丰富、发展、创新，并不断产生新的特质。

文化资源的这些性质决定了文化资源对人类社会的发展起着导向性、支撑力、凝聚力、推动力的作用。

(四)文化资源的分类①

文化资源的分类和文化资源的概念一样，是研究者非常感兴趣的课题。目前，对文化资源的分类有很多，按照不同的分类标准，文化资源呈现出不同的分类体系。例如，从内容上，文化资源可以划分为历史文化资源、民族文化资源、宗教文化资源、地域文化资源（如都市文化、乡村文化）等；从性质的角度，文化资源可划分为物质文化资源和精神文化资源；从可持续发展的角度，文化资源可划分为可再生文化资源和不可再生文化资源；从统计评价的角度，文化资源可划分为可度量文化资源和不可度量文化资源；按历时性，文化资源可划分为文化历史资源和文化现实资源；按是否有实物性形态，文化资源又可分为有形文化资源（如历史遗存遗址、特色民居建筑、历史文化名城名镇、特色服饰、民族民间工艺品等）和无形文化资源（如语言文字、文学艺术、绘画美术、音乐舞蹈、神话传说、风俗习惯、民族节庆等）；按物质成果转化的智能含量，文化资源又可分为文化智能资源和文化非智能资源；从文化产业发展的角度，文化资源可以划分为可开发资源和不可开发资源等。

在实践过程中，例如甘肃省在进行文化资源的普查中，为了便于统计，将文化资源分为历史文化、少数民族语言文字、非物质文化遗产、自然景观文化、宗教文化、文学艺术、饮食文化、建筑文化、节庆（会）及赛事文化、文化之乡、地名文化、新闻出版、广播影视、社科研究、文化类高等教育、文艺机构和团体、文化产业、文化人才等18个大类。

不管采用什么标准的分类方法，对文化资源的涵盖都不能穷尽，因此，本书更倾向于学者欧阳友权的文化资源的分类。

1.有形的物质资源

有形的物质资源是文化产业的基本载体，它大致包括四个方面的基本内容。一是富有特色的自然生态景观，如植被、湖泊、名山大川、园林、地质公园等；二是富含历史文化内涵的遗址和文物，如名胜古迹、陶瓷、器皿、碑刻、历史人物故居及祠墓、各类纪念地等；三是具有鲜明民族、地方特色的工艺、饮食文化资源，如苏、湘、粤、蜀四大绣品，鲁、蜀、湘、苏、浙、徽、粤、闽八大菜系等；四是文化设施与设备资源，如图书馆、博物馆、体育场馆、电影院及其他各种公共娱乐文化设施设备等。

有形的物质资源中最具代表性的莫过于世界遗产，1972年11月，联合国教科文组织第17届大会通过了《保护世界文化与自然遗产公约》。2015年中国有24处遗产入选世界遗产名录。随着土司遗址申遗成功，中国世界遗产数达到48处，稳居全球第二，仅次于意大利的51处。截至目前，世界遗产总数达到1031处，其中包括802处文化遗产、197处自然遗产以及32处自然与文化双遗产。截至2015年第35届世界遗产大会结束，拥有遗产的国家数增至161个。

2.无形的精神资源

人类博大精深的精神文化创造是文化产业取之不尽用之不竭的智慧源泉，它不仅是文化

---

① 本部分内容参阅了由欧阳友权主编湖南人民出版社2006年出版的《文化产业通论》第27～30页的相关内容。

产业区别于其他产业的重要特征,也是文化产业独有的精神气质。无形的精神资源包括以下几种:

第一,优良的精神传统资源,如爱国主义精神、敢为天下先的创新精神、兼收并蓄的博大精神,以及大量的历史传说和故事等。

第二,通过文化艺术体现出的艺术审美资源,如《诗经》代表的现实主义气质,《离骚》体现的浪漫主义精神,"唐诗"显示出来的慷慨襟怀等。

第三,民俗风情资源,如生活生产习俗、社交礼仪习俗、岁时节令习俗和信仰习俗等。

第四,品牌资源,如品牌名称、品牌标志、商标等。品牌代表着企业的形象,能吸引更多的品牌忠诚者,是一笔巨大的无形财富。

第五,人类口述和非物质文化遗产资源。非物质文化遗产包括了人类的情感,包含着难以言传的意义和不可估量的价值。一个民族的非物质文化遗产,往往蕴藏着传统文化最深的根源,保留着形成该民族文化的原生状态以及各民族特有的思维方式等。中国作为五千年历史的大国,在非物质文化资源方面具有丰厚的积累,民间文化中的口头文学、神话、史诗、语言、民歌、民间艺术、民俗文化、民俗礼仪、民间祭典、民间手工艺术、民居建造术等均是非物质的文化。

3. 人才资源

人才资源其实就是智力资源,是发展文化产业的核心要素。文化产业属于智力密集型产业,文化产业的竞争常常表现为优秀人才的竞争。就文化产业的发展而言,最需要的是复合型的经营人才,这样的人才既需要具备较高的文化艺术修养和创新能力,又要具备文化产业经营管理的素质和能力。

知识经济是"资本"追逐"知本"的经济,人力资本主导经济发展的时代正在到来,人才已成为现代社会最有效的竞争性资源。与其他人才相比,文化产业对人才资源有以下三个特殊要求:

一是对人才的文化素质有更高的要求。文化产品和服务离不开文化的内涵,它要求从业者必须具备较高的文化素养,或者从业者本身就是文化大师或艺术大师。

二是对人才的市场开发和文化经营能力有较高的要求。文化产业是一种市场行为,它要有对文化产品的策划、设计、生产、销售过程的市场化经营,要有对人、财、物的组织与管理,这就需要有更多的懂经营、会管理的文化产业管理型人才。

三是创新型、复合型、高素质人才越来越成为文化企业竞争的对象。文化产业是高技术与高文化相关联的领域,对人才的知识与能力有特殊要求,那些新技术人才、国际化经营管理人才、技术市场转化与数字软件开发人才、媒体产业经营人才,尤其是那些既懂经济又懂文化、既懂金融又懂法律、既懂国际贸易又精通外语的外向型、创新型、复合型、协作型人才,成为众多文化企业争夺的对象。

二、文化资本

人类对资本的定义,从最初的研究开始,尽管有人文主义的内涵,却始终没有超越经济主义的范畴。传统的经济定义尤其忽略了"教育行为中产生的学术性收益,依赖于家庭预设的文化资本上这一事实"①。人、财、物的资本固然重要,但是"文化资本"整合其他资本的作用和能力却日趋显现。

最早提出文化资本概念的是法国社会学大师布尔迪厄(Pierre Bourdieu)。布尔迪厄批评古典经济学的资本概念只关注了经济资本,而忽视了社会资本和文化资本这两种重要的资本形式。经济资本是最有效、最直接的投资方式,它可以通过各种方式传递给下一代。而社会资本和文化资本虽不如经济资本那么具有可触摸性,但是在社会支配与社会关系的再生产方面同样十分重要,前两者同样可以转化为经济资本。他从社会经济学的角度对文化作出了全新的透视,其文化资本理论消解了文化场域的非功利色彩,他指出文化就像一种资本,可以成为一种获得的工具,为不同群体之间的竞争提供一种有效手段②。

"文化资本"(capital culture)是布尔迪厄将马克思主义经济学中的资本概念进行扩展后提出的一个社会学概念。布尔迪厄将资本具体划分成三大形态:经济资本、文化资本和社会(关系)资本。文化资本是一种表现行动者文化上有利或不利因素的资本形态。在某些特定条件下,它可以转换成经济资本,而且转换过程是以教育资质的形式制度化的。布尔迪厄认为,当代社会,文化已渗透到社会的所有领域,并取代政治和经济等传统因素跃居社会生活的首位。也就是说,现代政治已无法仅凭政治手段解决问题,而现代经济也无法只依靠自身的力量而活跃。假如没有文化的大规模介入,那么无论是政治还是经济都是缺乏活力的。布尔迪厄指出,文化资本包括三种基本形态:身体形态、客观形态、制度形态。

(一)身体形态

身体形态的文化资本通常是指通过家庭环境及学校教育获得并成为精神与身体一部分的知识、教养、技能、品位及感性等文化产物。身体形态的文化资本的积累不仅十分漫长,极费时间和精力,而且它最终也只能体现于特定的个体身上。它"是无法通过馈赠、买卖和交换的方式进行当下传承的"。

(二)客观形态

客观形态,即物化状态,具体地说,就是书籍、绘画、古董、道具、工具及机械等物质性文化财富。显然,这是一种物化形态的文化资本,是可以直接传递的。不过,客观形态的文化资本并不是一种与身体化过程毫不相关的完全"物化"资本。人们通常以为只要有足够的金钱就可以立刻得到它们。但事实上,任何事物要想作为一种文化资本发挥固有作用的话,那么它必然或多或少地具备一些身体化形态文化资本的特征。以古董收藏为例,一名真正的古董收藏家除了拥有雄厚的经济实力之外,还必须同时具备丰富的收藏知识和较高的文化素养。通过文化资本所能获得的利润是与他(行动者)所掌握的客观形态资本以及身体形态资本的多少成正比的。

(三)制度形态

制度形态的文化资本就是将行动者掌握的知识与技能以考试等方式予以承认并通过授予合格者文凭和资格认定证书等方式将其制度化。这是一种将个人层面的身体形态的文化资本转换成集体层面的客观形态的文化资本的方式。从这一意义上讲,制度形态的文化资本是一

---

① 包亚明.文化资本与社会炼金术[M].上海:上海人民出版社,1997:193.
② 黄鹤.文化规划——基于文化资源的城市整体发展策略[M].北京:中国建筑工业出版社,2010:15.

种介于身体形态文化资本与客观形态文化资本之间的中间状态。文凭是制度形态文化资本的典型形式。

文化资本的积累通常是以一种再生产的方式进行的。文化资本的再生产主要通过早期家庭教育和学校教育来实现。家庭无疑是文化资本最初也最主要的再生产场所。在充分反映父母文化素养和兴趣爱好的家庭环境中,他们的一举一动都将成为孩子们竭力仿效的对象。孩子们正是通过这种无意识的模仿行为继承父母的文化资本并将其身体化的。

此外,文化资本的传承也经常发生于各种公共场域内。其中最典型的方式是教育市场的学历再生产。布尔迪厄指出,学校是除家庭以外最重要的生产文化资本的场所。通常情况下,家庭主要是培养"教养"和"规矩"等广义的品位及感性的地方。而学校则是一个传授系统性专业化知识与技能的场所。孩子们从学校获得的主要是系统性知识及社会技能等文化资本。这些知识与技能往往通过考试的形式正式获得社会的承认并通过颁发文凭的方式被固定与制度化。身体化的文化资本正是通过这种方式被转换成一种制度化形态的资本的。

在布尔迪厄提出文化资本的概念之后,许多学者逐渐使用和研究文化资本这一术语。美国社会学家科尔曼(James Coleman)指出,文化因素对于如何有效地转化成劳动、资本、自然这些物质资源服务于人类的需求和欲望具有重要的影响,可以将文化因素看做文化资本或社会资本。文化资本即指文化因素成为一种能够创造价值的价值。贝尔克和福尔克认为,"文化资本"指的是人类利用和改造自然环境的适应性能力,主张将"文化资本"这个概念扩展到某个更广阔的领域中。澳大利亚麦考里大学经济学教授戴维·思罗斯比(David Throsby)认为,文化资本是继物质资本、人力资本、自然资本之后的第四种资本,他根据文化价值和经济价值之间的关系,重新给出了经济意义上的文化资本的定义,"文化资本是以财富的形式具体表现出来的文化价值的积累";并指出"这种积累紧接着可能会引起物品和服务的不断流动,与此同时,形成了本身具有文化价值和经济价值的商品。财富以有形或无形的形式存在","有形的文化资本的积累存在于被赋予了文化意义(通常称为'文化遗产')的建筑、遗址、艺术品和诸如油画、雕塑及其他以私人物品形式而存在的人工制品之中","无形的文化资本包括一系列与既定人群相符的思想、实践、信念、传统和价值"[①]。

文化资本是能够产生新的文化资源形态的资本,文化资本是可以带来价值增值、促进社会发展的文化形式。美国人靠"一杯水(可口可乐)、一个面包(麦当劳)、一只小老鼠(米奇老鼠)"赚了全世界的钱,靠的就是文化。正如《洛杉矶时报》所指出的,"美国正在用文化娱乐产品淹没整个世界"。

三、文化资源与文化产业的关系

文化资源以可感的物质化和符号化的形式显现出来,同时又以非物质化的思想、意识、观念、道德、习俗、知识、信仰、文学艺术等形式存在。物质文化遗产和非物质文化遗产都属于人类社会的重要文化资源,它们在现代社会中都具有开发为文化产品的可能性,开发为文化产品的过程就是产业化的过程。产业化要求文化产品是为市场消费而存在的,它要适应消费市场的需求,这种生产必然是采取产业化的方式,这样才能从根本上满足市场对文化产品的需要。文化产业采用的就是市场化的生产方式,只不过它生产的是文化产品,文化产品既具有与一般

---

① 朱伟珏.文化资本与人力资本:布迪厄文化资本理论的经济学意义[J].天津社会科学,2007(3).

产品相同的属性,也具有与一般产品不同的属性。

(一)文化资源与文化产品

文化资源本身并不是文化产品,也不是产业,但文化资源通过一定形式的开发,可以成为文化产品,并且变为文化产业。从文化资源至文化产品要经过文化产业这个环节,它决定着文化资源的开发利用及其产品形态的形成。因此,文化产业在很多情况下都是以文化资源的开发利用为前提的,文化资源是构成文化产业的基本要素,没有哪一种文化产业是不依赖于文化资源的,差别只在于依赖的程度不同而已。

广义的文化产品是指人类创造的一切提供给社会的可见产品,既包括物质产品,也包括精神产品;狭义的文化产品专指精神产品,纯粹实用的生产工具、生活器具、能源资材等,一般不称为文化产品。文化产品是在文化资源的开发中进一步形成的,它是对文化资源的深入发掘和深度开发,这个过程是通过文化产业化的方式完成的。因此,要开发出具有市场潜力的文化产品,首先要把文化资源转变为文化产业,使它成为为社会现实服务、能够产生社会效益和经济效益的东西。

在现实生活中,要把文化资源变为一种富有生命力的东西,使它的价值被人类社会充分利用,为社会现实服务,就要对文化资源加以开发利用,而不是把它作为历史文物给尘封起来,使它与社会生活相脱离。要做到这一点,就要有意识、有目的、有计划地对文化资源的价值加以发掘,发掘文化资源的价值就是通过文化产业的方式开发出能满足社会需要的文化产品,为文化资源的开发利用探索出一条具有市场前景的文化产业路子。

文化资源变为文化产品,是文化产业发展中的重要环节。这个文化产品必须具有广阔的市场前景,具备市场开发的巨大潜力。这就要求在文化资源开发中一定要有市场意识和市场眼光,把那些真正具有市场价值的文化资源开发出来,使它们成为文化产品。所谓市场价值,从消费的角度讲,指的是有消费需求的文化资源。人们常说的"眼球经济""注意力经济"等,指的就是文化资源潜在的经济价值。如许多珍贵的文物古迹、风景名胜、文化遗产、节庆风俗等,都具有经济开发价值,也都可以形成相应的文化产品形式。

在文化资源开发为文化产品的过程中,要注意的是,并不是所有的文化资源都具有市场需求,都能变为文化产业,文化资源的开发应避免那种简单的市场化的倾向。例如,文学艺术是一种重要的文化资源,但文学艺术中不是所有的东西都能进入市场开发的环节的,一些高雅艺术、纯文学等就很难进行市场开发。学术资源也属于文化资源,但因它的受众群体有限,就不可能形成产业,也不可能把学术变为大众化的公共产品。

(二)文化产品的产业属性

从文化产业来看,文化产品都具有突出的产业属性。文化产品的产业属性,通常是以文化产品的形态特征表现出来的,如一部影视产品,它在市场上取得很高的票房收入,已经大大收回了制作成本,加上它的制作和发行是按照市场化要求进行的,没有享受到什么特殊的照顾和优惠待遇,也没有行政干预,这个影视产品就具有了产业属性。所谓产业属性,指的是它完全是为市场而生产的,而不是为了其他目的。文化产品都有一个共同的特点,它是为市场而存在的,市场决定了产品的产业属性。

文化产品具有产业属性,它是为市场需求而生产的,这是文化产业的突出特点,因而文化产业是一种文化生产,应该以文化生产的方式进行文化资源的开发。即使是文学创作这种个体性非常突出的创造活动,一旦被纳入到文化产业的领域,成为一种文化生产,它就必然要按照文化生产的规律和特点进行文学生产。这个生产从过程与目标来说,与单纯的创作是不同的,它不能只考虑作家个人的兴趣和艺术追求,还要考虑市场因素。

产业层面的文学创作是一种文化生产,它在现代社会中的市场属性和商业属性越来越突出,它通过文学市场使产品进入销售环节,与读者建立密切联系,而读者的购买行为又决定了文化生产的规模与层次。文学消费也如同其他产品消费一样,都要遵循市场的一般规律。而且一般来说,生产是由消费所决定的,这是所有生产的共同规律,文学生产也不例外,它的生产也要受到市场的制约,市场是生产与消费的中介和桥梁。由于市场机制对消费活动形成很大影响,这决定了文学也必须按产业要求进行生产。文学生产也就具有了产业属性,生产的目的是为了满足消费的需要,生产得越多,则消费得越多;反之,消费得越多,则生产得越多。尤其是借助于各种媒介(印刷媒体、电子媒体、新媒体等)传播的文学活动,其产业属性更加明显。

文化产业要求文化产品的内容与形式都要符合大众的审美趣味,应按大众的要求进行生产,使文化产品满足市场需求,这是文化产业对文化生产的基本要求。

四、文化竞争力

(一)文化竞争力的内涵

竞争力是参与者双方或多方的一种角逐或比较而体现出来的综合能力。它是一种相对指标,必须通过竞争才能表现出来,笼统地说竞争力有大有小或强或弱。但真正要准确测度出来又是比较难的,尤其是企业竞争力。竞争力是对象在竞争中显示的能力。因此它是一种随着竞争变化着的通过竞争而体现的能力。常见的竞争力类型有区域竞争力、动态竞争力、企业竞争力、品牌竞争力、财务竞争力、管理竞争力、服务竞争力、品牌竞争力、质量竞争力、核心竞争力等。

随着经济与文化产业的发展,各个国家和地区都在试图通过文化来推动经济的发展,随之也就有了文化竞争力的说法。所谓文化竞争力,概括地说,就是各种文化因素在推进社会和人的全面发展中所产生的凝聚力、导向力、鼓舞力和推动力。

文化竞争力对外是指一个国家的文化与其他文化对一个国家的影响力。强势文化不但影响一个国家的文化与习俗,还能影响一个国家的政治形态,例如中国封建时代的唐文化对朝鲜、日本、越南都产生了极大的影响。文化竞争力对内体现在人们的文化意识形态上,一个国家的文化竞争力在他的公民行为中可以得到充分的再现。如果这里的人们都遵纪守法,文明礼貌,有一定的素质和能力让自己和这个社会能够和谐地生存和发展,使其本民族的文化氛围得以延续和发展传承,那将必然大大提高其竞争力度,使其在国际上都能有说话的分量。

(二)文化竞争力的内容

文化竞争力主要表现在以下三个方面:

一是文化创新能力。同其他领域的创新相比,文化创新更具有特殊的意义。从某种意义上说,创新是文化的生命,文化产品有无竞争力,主要取决于文化创新。

二是文化产业的科技含量。文化产业的兴起,把科技、市场和文化融合在一起,赋予文化新的发展形态。文化产业的竞争越来越多地表现为科技力的竞争。大力发展高科技媒体及相关产业,推进文化产业与高新信息技术的联姻,才能提升文化产业的竞争力。

三是高素质的人才。无论是推动文化创新,还是应用高新技术发展文化产业,都离不开高素质的人才。

文化竞争力还是一个多层次的统一体,主要包括以下四个方面的内涵:

一是文化产品竞争力。文化产品竞争力是指文化产品引起消费者注意、唤起消费者共鸣、促使消费者购买的能力。文化离不开某种形式的载体,不论是何种形式的文化,都要通过一定的产品或服务(可统称为产品)来表现。

二是文化企业竞争力。文化企业的竞争力是指文化企业的原创能力、整合资源的能力和抓住消费者的营销能力等。文化产品是由文化企业(事业单位也可视为文化产品的生产者)研发生产出来的,企业要可持续地生产出有竞争力的产品,就必须具有可持续的核心竞争力。

三是文化品牌竞争力。文化品牌竞争力是指通过品牌的影响力和号召力,有效提升该品牌文化产品和文化企业竞争力的能力。文化产品和文化企业都有品牌,品牌作为无形资产和重要的战略资源,在文化竞争力中举足轻重。

四是文化形象竞争力。文化形象竞争力是指文化整体的吸引力、凝聚力和感召力。这四个方面相互联系,相互促进。文化整体形象的好坏,不仅影响到文化产品竞争力、文化企业竞争力和文化品牌竞争力,而且还将影响到普通产品的竞争力。

文化竞争力还蕴藏于消费者的需求之中。在一定意义上,文化竞争力就是发现消费者的现实需求和潜在需求,并寻求其喜爱的方式满足这种需求的能力,是用文化的民族特色为包括文化产品在内的各种产品赋予文化意义和文化价值的能力。离开对消费者心理及其需求的理解和把握,离开独特的文化意义和价值,增强文化竞争力就是一句空话。

(三)文化竞争力的层次

市场角度的文化竞争力包含两层含义,一是指文化市场上的竞争能力,一是指传播或推行某一种文化的能力。现在市场经济席卷全球,经济全球化时代已经到来。资金、技术、信息、物资、人员等经济要素在全世界范围内广泛流动。在这样的条件下,传播或推行某一种文化也必须在市场中通过市场化的手段进行。因此,文化竞争力说到底只能是市场上的文化竞争力,也可以通过其他具有文化标志的产品的竞争力来体现,如美国的牛仔裤、可口可乐等。

文化竞争力可分为核心层、中间层、展现层和扩张层。

作为核心层的文化竞争力主要是文化价值观方面,如自主性、创新精神、法制观念、市场意识等。这些文化价值观方面的东西决定着一个国家和民族的行为的基本取向,所以把这一层称为核心层。文化价值观会对一个国家和民族的经济社会发展产生重大影响。

中间层的文化竞争力主要表现在文化创作方面,包括文化创新力、文化制度的构造力、文化资源培植力、文化借鉴汲取力、文化环境营造力等。核心层的文化竞争力主要集中于精神及观念方面,中间层的文化竞争力主要体现在素质及能力方面。

展现层的文化竞争力主要表现在具体的操作方面,总的看是文化产品生产力。具体又包括文化政策制定能力、公共文化事业发展能力、文化市场培育和管理能力、文化企业及文化产品生产扶持能力、文化产品进出口宏观调控能力等。展现层是一个国家、民族、地区落实到文化产品生产上的竞争力。

扩张层的文化竞争力主要由文化创意能力、文化产品设计和生产能力、文化资源开发能力、文化产品营销能力、文化市场开拓能力、文化投资能力、风险控制能力、品牌经营能力等构成。一个国家和民族在国际上的文化竞争力最终是通过这一层来实现的。

提高文化竞争力,依赖于文化创新能力,需要正确的文化发展战略加以培育。可持续的文化创新能力,是文化竞争力的不竭源泉。在市场经济条件下,文化发展战略的本质,就在于可持续地提高文化竞争力。提高文化竞争力的文化发展战略,通常是指国家层面上的文化发展战略。可以说,提高文化竞争力的文化发展战略,就是以提升文化整体形象的竞争力为根本目的,以提升产品的竞争力为直接目的,以提升企业和品牌竞争力为媒介和手段的战略。

 思考与练习题

1. 谈谈你对文化的理解。
2. 简述文化的基本特征。
3. 文化在人类社会发展中发挥着哪些作用?
4. 文化资源的分类对于发展文化产业有什么意义?
5. 试区分文化资源、文化遗产、文化资本的异同。
6. 什么是文化竞争力?试举例说明从社会生活中的哪些现象中可以感受到一个国家的文化竞争力。

 案例

案例 1

党项族湮灭之谜

中国历史上的党项人与蒙古人、突厥人并驾齐驱,他们建立的西夏王朝,曾经创造出非常灿烂的文化。令人惊奇的是,鄂伦春族、达斡尔族等少数民族没有建国的历史,却能够繁衍生存到现在;党项族曾经建立了辉煌的西夏王朝,现在却找寻不到一点遗迹,《二十四史》里没有西夏史,56个民族里也没有党项族。

西夏王国是党项民族在西北建立起来的一个神秘王国。西夏立国190年(1038—1227年),西夏前期与北宋、辽抗衡,后期与南宋、金成三足鼎立之势,数百年战事不断,最后被蒙古人所灭。

党项到底与古老羌族是什么关系?党项人是怎样崛起的?一个"以武立国"雄霸西北数百年的帝国,为何会突然湮灭在蒙古铁骑之下?当年元朝为宋、辽、金三朝修史,为何唯独没有为西夏修专史?西夏学这个仅有100年之久的独立学科为何被称为国际性"显学"?西夏文这种古老独特的少数民族文字,为何会逐渐消失不再使用,成为一种"绝学"?

党项族是古代羌族的一个分支。最初,党项人生活在青海和四川的北部,过着游牧和狩猎生活。党项族由许多部落组成,各部落的经济发展不平衡,其中以拓跋氏部落最为强大。唐初,由于受吐蕃族的压迫,大批党项人沿黄河东北方向移动,迁徙至今甘肃东部、宁夏及陕西北部一带,和汉族人民生活在一起。据《宋史·夏国传》记载,迁徙到夏州(今陕西横山境内)的部落是拓跋氏部落。黄巢起义建立政权时,党项首领拓跋思恭率部参与了围攻起义军的战争。为此,拓跋思恭受到唐朝宠幸,被赐姓李,给予夏国公的封号。这支党项族从此占据河套以南的五州之地。

宋太宗时期,北宋朝廷令党项首领李继迁入汴京,企图消灭党项族势力,但未得逞。李继迁从此与宋结怨,长期与宋为敌,并与契丹结盟。契丹(辽国)也愿与其结盟,以构成掎角之势,还将契丹贵族之女与李继迁结亲,册封李继迁为夏国王,以达到共同对付北宋的目的。公元1002年,李继迁攻入北宋灵州(今宁夏武灵),并建都此地。此后,党项族攻占了今甘肃的武威和张掖,并把都城迁到了今宁夏银川。

公元1032年,李继迁的孙子元昊继任首领。元昊继续向河西用兵,先后占领了今甘肃安西、敦煌、酒泉等地。从此,西夏国境"东尽黄河,西界玉门,南接萧关,北控大漠,地方万余里,倚贺兰山为国"。公元1038年,元昊正式称帝,定国号为大夏。他效仿北宋,建立了一系列政府机构,制定西夏文字,建立年号,更定礼乐,表示与北宋处于对等地位。史书说元昊"性雄毅,多大略",是个野心勃勃之人。他撕毁了其父明德与北宋签订的近30年的宋夏和约,公然对北宋动武。据考证,公元1040年至1042年,西夏每年都向北宋发动一至二次战争,使北宋成千上万士兵死于战乱。元昊虽然每次都捞到好处,但并未取得大胜,反而加重了人民负担。为此,党项人民编了《十不如》的歌谣,反对党项统治者的掠夺战争。加上当时辽国加紧修筑城堡,大量调集军队,对西夏虎视眈眈,在此情况下,公元1044年,元昊表示愿与北宋议和。经商定,西夏取消帝号,仍由北宋册封为夏国王,北宋承诺每年向西夏提供一定数量的物资援助。此后,西夏与北宋维持了几十年的和平关系。

与此同时,我国北方草原的蒙古族日益强大起来,蒙古贵族铁木真在长期战争中壮大了自己的力量。公元1206年,铁木真消灭了反对派,统一了蒙古各部。公元1205年至1209年,已成为成吉思汗的铁木真先后三次向西夏进军,迫使西夏统治者臣服。公元1227年,成吉思汗又一次攻打西夏,西夏首领亲自出降,后仍被杀害,历时近200年的西夏政权自此灭亡。

西夏灭亡后,元朝在为前朝所修的专史中,有宋、辽、金诸史,唯独没有西夏专史。其中可能的原因是,1227年成吉思汗在去世之前,制定了灭夏、灭金的方略。由于西夏背盟,间接导致成吉思汗在亲征途中病逝,继任的蒙古统治者发誓要彻底消灭西夏,西夏被灭后,残余的党项人,要么被杀,要么被放逐到远离故土的其他地方,并且禁止党项人使用自己的语言文字,禁止演奏党项音乐,禁止穿戴党项服饰,禁止党项的一切民俗礼节,将其文书档案全部化为灰烬,致使后来史学家在修史时无资料可寻。文化的灭亡意味着文明载体的死亡。于是经过几代人下来,党项民族就消亡了。

案例2

中国文化为何没有竞争力[①]

随着本世纪以来中国经济的起飞、国力的增强和国际影响力的提高,国人的自信心开始增强,提高文化的国际竞争力的呼声日益高涨,政府也极其重视,从2004年开始专门花钱办了遍布许多国家的孔子学院,其主要目的之一就是对外输出"中国文化",提升中国文化的国际影响力和竞争力。中国国家领导人经常出席一些孔子学院成立的挂牌仪式,足见其重视程度。按照倡导者的想法,是"未来中国向世界出口的最有影响力的产品不是衣服、鞋子、彩电、汽车等

---

① 中国文化为何没有竞争力[EB/OL]. 世界经理人网站 http://blog.ceconlinebbs.com/BLOG_ARTICLE 80662.HTM.

有形物,而是中国文化及国学"。如今,孔子学院已发展到300家,遍布全球近百个国家和地区(美国及欧洲最多),成为推广汉语教学、传播中国文化及国学的全球品牌和平台。

为何5000年不如200年?

但令人遗憾的是,尽管中国政府这些年来在全球这么大规模不遗余力地推广中国传统文化,除了学汉语的人增加之外,并未看见中国文化在世界哪个国家、哪怕是非洲那些落后国家产生过多大影响。除了偶尔见其他国家政要引述一两句老子、孔子等中国思想家的格言警句之外,并未见中国文化的国际影响力有什么提高。

与此相反,以美国为代表的欧美国家并没有花钱在亚、非、拉各国成立美国学院或者法国学院、欧洲学院之类来专门推广其国家的文化,但除了可口可乐、麦当劳、肯德基、好莱坞电影、苹果电脑等产品在发展中国家成为流行风尚之外,以自由、民主、法治、人权、科学等为核心的欧美文化价值观也在这些国家产生着难以阻挡的影响力。特别是对于这些国家的年轻一代,其强大的影响力和竞争力是毋庸置疑的。

许多国人特别是那些迫切希望中华复兴的人内心感到极其困惑:怎么有5000年文明、树大根深的中国文化竞争不过只有区区200多年历史的美国文化?

不少人会认为,这主要是由于美国的经济、科技和军事实力太强大了,自然美国文化的影响力大,竞争力强,随着中国国力的增强,其文化竞争力也会随之提高。那些主张政府主导积极向外输出"中国文化"的人,抱的正是这样一种想法。

中国文化的同化力有多强

人们只要看看历史就会知道,这种想法一点站不住脚。历史上军事实力强大而文化力不强的现象并不鲜见。成吉思汗领导的蒙古部落曾经横扫欧亚大陆,打到多瑙河,吞并了中国,其军事实力人类历史上没有其他国家能与之相比,但是文化竞争力如何呢?在中国,尽管元朝统治者把汉人贬低为三类人,尽力排斥汉文化,推广其游牧文化,但最终还是被汉文化所同化了,其对中国的统治不到100年就瓦解了。同样,蒙古文化在被其占领的俄罗斯、中东、东欧地区也没有产生多大影响。同样,满人在统一中国的过程中,以武力推行其服饰和文化,逼迫中国男子必须像满人一样剃掉前额的头发,"不剃头发就砍头",但最终,除了在服饰头发等外在方面改变了中国文化的"面貌"之外,几乎全盘接受了汉文化。由此可见,一国的军事实力强大并不意味着其文化实力就强大,其文化竞争力就强。

而钟情于中国传统文化的人们往往沾沾自喜于蒙古人和满人最终被中国文化同化的历史,并且中国文化是人类2000多年来唯一没有被中断的文化,从而认为中国文化有着超强的同化能力,中国文化的复兴是完全可能的。

不过,这些人不愿正视和面对的历史事实是,曾经在历史上具有超强同化力和竞争力的中国文化,近代一遇到西方文化就蔫了,不仅丝毫没有展现出一点同化能力,而且连抵抗的能力都没有,开始是在"中学为体、西学为用"的口号中败退,后来就在新文化运动"打倒孔家店"的呼声中被迫退出了历史舞台。

同样的一个中国文化,何以面对蒙、满等游牧文化就有很强的同化力,而面对西方的工商文化就一败涂地,而只能被西方文化"和平演变"了呢?

根本原因在于面对的文化竞争对手不同。中国创造了世界农业文明的顶峰,中国文化是人类历史上最完善、最先进的农业文化,而蒙、满等游牧文化与之相比要落后得多,自然不是其对手,而最终只能服膺于中国文化,被其同化。但近代西方工商文化是代表着超越了农业生产方式的工商业生产方式的一种更先进的文化,而中国文化这种体现农业文明精神的文化与之相比处于落后地位,自然不会再有什么超强的同化能力,溃败是必然的。而最终的结局,不是中国传统文化去同化近现代西方文化,而是中国文化只能被西方文化所同化。这就是人们现在看到的,落后的亚、非、拉非西方国家传统文化,逐渐被先进的西方工商文化所同化、所"和平演变"的历史现象。

许多人不明白5000年历史的中国文化为何竞争不过只有200多年历史的美国文化道理,主要是由于对文化的本质认识有误。

文化既有民族性,也有时代性,而体现一种文化的影响力和竞争力的不在于其民族性,而在于其时代性,在于其价值观是否适应和体现了时代的要求。文化的核心并不在于其民族的外形,而在于其主张一种核心价值观,及其由此而建立起来的一套政治、经济、社会制度,并由于形成的一种思维方式、生产方式和生活方式。中国传统文化的核心价值观就是"三纲五常",就是主张建立一种以农业为基础、重农抑商、上下尊卑、中央集权的专制等级制度,要求人们过一种唯命是从、安分守己、保守安稳的生活。这样的价值观只能禁锢人们的思想和头脑,而不能推动社会的创新和进步。在科技日新月异的现代社会里它还能被人们接受吗?还能有竞争力吗?

而现代西方文化之所以能在全球畅通无阻,对发展中国家具有难以阻挡的吸引力和影响力,没有其他文化能与之抗衡,是因为其倡导的自由、平等、民主、科学、法治、人权等核心价值观极大地解放了人们的思想和创造力,其所建立的民主宪政和市场经济制度,创造了工业文明的巨大成就,推动人类取得划时代的巨大繁荣和进步,使人类真正进入了全球化时代。

实际上,现代西方文化早已不是西方国家的文化,而正因为其先进性,已经获得了世界各国的广泛认同,上升为当今人类共同的主流文化。联合国宪章及其他文件中已经把西方文化的自由、平等、民主、法治、人权等主要价值观作为人类共同的价值观,包括中国在内的世界上绝大多数国家都是签字认同的。

文化重构是中华复兴的唯一出路

文化并非历史越悠久就越根深叶茂、越有竞争力,相反一种文化的历史越长,其历史惯性作用力越强,要改变起来越困难,不仅没有竞争力,反而会成为一个国家思想文化变革和进步的历史包袱。中国社会近代以来向现代社会转型的困难,中国重新崛起的艰难曲折与中国传统文化历史太悠久而阻碍社会变革和进步是密切相关的。

文化的历史越长,只具有文物价值、历史价值、研究价值和收藏价值,并无现代实用价值,更与竞争力无关。相反,一种文化历史越长,其时代性越弱,其竞争力也必然越弱。人类的进步和个人的成长一样,永远是一代新人换旧人,一个老年人的竞争力肯定会不断下降,是没法和年轻人竞争的。

由此可知,中国传统文化及所谓"国学"早已对中国现代社会都没有影响了,还想输出到国外发挥其影响,只能是痴人说梦。

陈独秀、胡适、鲁迅等五四前辈提出的建立中国新文化的历史使命尚未完成。中国文化要想提高竞争力,唯一的出路就是尽快进行思想文化变革,建立一种适应现代社会的新的文化价值观,建立先进的中国新文化。

 案例思考题

1. 结合案例1,试分析党项族消失的主要原因。
2. 结合案例2,你是否同意文中的观点,如果同意,为什么?如果不同意,请说一说你的观点。

第二章 文化资源要素及价值

学习目标

1. 掌握文化资源品相、效用、发展和传承能力等的要素构成；
2. 了解文化资源的功能与作用；
3. 理解文化资源的价值和特性；
4. 掌握文化资源价值的潜在性、滞后性和整体性。

文化之所以成为一种重要的、可以应用的资源，主要在于其本身的要素与价值，因此对于其要素与价值的研究分析，对文化资源开发具有非常重要的意义。

第一节 文化资源的要素

一、文化资源的要素构成

文化之所以成为资源有其特定的构成要素，相对于其他资源而言，文化资源主要包含以下要素：

（一）文化资源品相要素

品相一般是用来表示收藏品的完好程度。诸如纸币、书法、国画、邮票、书籍等都可以用品相表示其保存的完好程度。文化资源尤其是历史文化资源，不同于一般自然资源、经济资源或者可具象化的任何其他资源，其关键的一点就是文化资源的内生性。外生的资源具有可以界定的清晰轮廓，比如矿产、水、森林、资本、设备等自然资源和经济资源等外生性资源具有清晰的指标和可以量化考察的前提，而内生性的文化资源则需要更为强烈的主观意志加以评价。文化资源的品相要素集中地浓缩了资源的特征和基本属性。一般地，文化资源的品相应包括文化特色、保存状态、知名度、独特性、稀缺性及分布范围等基本属性。

（二）文化资源效用要素

大多数的文化资源虽然还算不上是文化产品，还称不上文化产业的成果，但是效用无疑是文化资源得以流传和发展的重要因素。文化资源效用大致包括社会效用、经济效用、民间风俗礼仪、公众道德、资源消费人群以及资源市场规模等方面。

值得考虑的是，文化资源的效用不同于经济资源或者其他直接用于人们生活和生存方面的资源，它具有强烈的可替代性和地域差异。这实际上就是丰富多彩的文化差异形成的关键因素。

在人类历史的长期发展中,资源的效用成为文化资源不同于经济资源而久久传承的动力。中国的书法艺术、剪纸艺术、民间戏曲艺术、风俗礼仪等,就从多方面满足了人们表达情感、信仰、生活态度的需求,从而逐渐固化成为人们所说的文化资源。

(三)文化资源的发展预期

文化资源作为文化产业发展的核心要素,产业化的开发是其重中之重。这种发展关系到资源属地的经济发展水平、交通运输便利度、生活服务能力、商务服务能力等,也就构成了资源的整体发展环境。

金元浦先生指出,我们应该明明白白地主张文化的市场化和商业化。文化之所以可能在一定程度上商业化,是由于随着生产的发展和丰裕社会的到来,文化成了公众生活中的普遍需求和主要消费方向,并因而成为经济发展的巨大推动力。反过来,以复制技术和商业传播为基本内涵的文化产业,不仅为了自身的利润动机而渗透到了文化的原创环节,推动文化发展,也成了普遍落实公民文化权益的现实手段。

(四)文化资源的传承能力

文化资源的传承能力主要是指资源规模、资源综合竞争力、资源成熟度、资源环境等。一般讲,发展规模大、传播范围广的文化资源具有较强的传承能力。京剧的资源规模就明显地大于许多地方剧种,因此发展规模决定了其传承能力强于许多地方戏。资源的综合竞争力则是指资源在产品、地域、人群、发展、竞争对手等方面集中表现出来的强于同类资源的竞争优势,这种优势从竞争的角度看,实际上就是竞争力。成熟的资源具有更好的发展空间和发展潜力,也更容易形成良好、健康的传承机制,同时对资源的环境也具有很大影响。

二、文化资源的功能和作用

(一)提供加工对象的功能

提供加工对象是文化资源功能的最直接的体现。以各种方式广泛存在的文化资源,在客观上为人们对其进行开发提供了可能性和条件。利用现代科技手段,依据各自对特定文化资源的理解,人们可以对文化资源进行进一步加工,以生产出满足特定需求的文化产品,并通过文化产品的销售实现开发者的经济目的。从提供加工对象这一功能来说,文化资源与自然资源等资源形态并没有本质的差别,有的只是加工方式不同而已。近年来蓬勃兴起的文化产业,就是以各种类型的文化资源的加工、开发与利用为其运作核心的。

(二)提高地方和企业形象,增加产品文化附加值

文化资源的开发,不仅使开发企业获得经济上的利益,也使得文化得以迅速传播,随着文化资源开发的不断深入,企业和地区的形象及知名度也必然会随着富有文化内涵的相关产品的销售而不断提高。江苏张家港原不过是一个县级市,在国内恐怕知道的人不多,然而近年来在日本却有很高的知名度,该地生产的烟酒和纺织品在日本大为畅销。究其原因,是制造商针对鉴真和尚在日本妇孺皆知的情况,在其商品上打出了"鉴真和尚东渡"的牌子。这不仅使企业获得了经济上的利益,也提高了张家港市乃至江苏省在日本的知名度,许多日本人慕名到张家港市旅游观光,洽谈投资合作意向。正因为文化资源具有这样的功能,近年来不少地方之间发生过的"名人战",如湖北某地和山东某地争夺诸葛亮出生地之战、河北某地与辽宁某地争夺曹雪芹出生地之战等,其实究其根源,都是希望借此来提高本地区的知名度,从而达到发展经

济的目的。

增加文化附加值即通过对文化资源进行开发利用,赋予商品特定的文化内涵以使其增值。如本来是一种普通的地方名酒,被贴上"乾隆""李白""曹雪芹"等名人商标之后,就成了"国家名酒",一件不起眼的东西经过文化的点缀、包装后便身价陡增,其中的奥秘就在"文化"这一点金术上。

(三)优化经济环境,促进产业升级

通过将历史上的和现代生活中可供利用的文化资源进行开发,来增加地区经济发展环境中的文化含量,可以大大优化经济发展的环境。这种优化经济发展环境的功能主要体现在对硬环境的优化和对软环境的优化两个方面。对硬环境的优化包括:在地区或企业内部建筑、雕塑、文化娱乐设施、绿化形式与格局等环境要素的构建中,通过利用文化资源的开发来增加其文化含量,可以提高物质环境的档次,从而有利于优化和美化环境。对软件环境的优化包括:崇高的社会道德风尚的倡导、优良的社会习俗的形成、高品位的大众性的文化娱乐活动的开展、高雅的文化消费产品的提供,等等。以优化环境为主要目标的文化资源的开发,不仅可以使得开发企业获得丰厚的回报,也使得这一地区的投资环境和经济发展环境得以进一步优化,不仅能够吸引来大量的外部资金,而且有利于该地区或企业的生产效率的提高。由此而形成的良性循环,可以使得特定地区和相关企业受益无穷。

文化产业作为一种重要的经济形态,已经成为很多发达国家国民经济中的支柱性产业。世界各国将发展文化产业提升到提高国家竞争力的战略高度。美国、英国、法国、德国、意大利、日本、韩国等发达国家和新兴国家都是这一轮竞争的主动参与者和积极推动者。

中国的经济目前面临的最大问题就是经济结构单一,即主要靠加工工业和投资拉动,这种经济结构在国际产品生命周期产业链转移初期具有优势,但发展到一定程度就必然使生产成本增加,而原来的比较优势就不复存在。中国经济要发展必然要全面升级,向附加值高的区域发展,文化产业无疑就具备这样的优势。

文化产业推动产业结构调整主要通过创造新的价值链条、资源配置结构调整、经济质量和结构升级三种方式实现。

创造新的价值链条是指文化产业的发展促进文化理念渗透到传统产业的设计、生产、营销、品牌和经营管理等环节,从而改变传统产业的价值链,创造新的增值空间而形成新的价值分配链条。

资源配置结构调整是指资源由低效率区向高效率区流动和转移,由传统产业流入文化产业,从而促进传统产业的结构调整。

经济质量和结构升级是指文化产业通过提升工业、服务业的文化含量与经济价值,提升整个社会经济的质量,从而也实现了结构的调整。

第二节 文化资源的价值属性

一、文化资源的价值

价值是指客体的存在、作用及变化对于主体的某种需要的满足。简单地说,价值就是有用性。自然资源有经济价值,文化资源同样有其价值表现。文化资源作为人类创造的物质文化、

制度文化和精神文化的总和,不仅具有独特的科学价值、艺术价值,从资源对发展的有用性出发,它更具有经济价值。自然资源是天然的,而文化资源却是人为的,是人类从最早的文明逐步积累起来的。文化资源和自然资源一样,有很多是属于不可再生的,一旦被破坏,就永远无可挽回。

(一)文化资源的文化价值

文化资源的文化价值是其最显著的价值本体。文化价值作为文化资源的核心和本质,它体现了文化资源的社会性和人类活动赋予资源的深厚价值取向。一方面,有些文化资源本身就是文化,如非物质文化遗产就是鲜活的文化,具有原生态的文化基因,通过它人们可以认识一些民族独具特色的历史文化发展轨迹,了解这些民族本身的文化内涵。另一方面,一些纯粹的自然景观,有时因为人为的文化定义,也可能成为文化资源或者文化景观。

(二)文化资源的时间价值

分析文化资源的时间价值必须考虑以下几个因素:

1.文化资源形成的历史久远性

一般历史年代久远的文化资源,其时间价值要高于年代较短的资源。时间是检验文化资源生命力是否旺盛的重要尺度,是检验文化资源是否具有强大传承能力的试金石。从实践的角度看,一件东周列国时期的文物,其价值显然要高出隋唐以后的文物价值。因此,时间成为文化资源评价与考察的一个重要指标。周口店北京人遗址、甘肃敦煌莫高窟、长城、秦兵马俑等世界文化遗产都体现了时间价值的重要性。这些文化资源的形成和成熟年代均处于我国历史的早期阶段,并具有较强的传承能力。

文化是人类劳动和思想意识的积淀,长期的劳动和思考凝结在这些巨大的文化载体上,就形成了今天的文化资源。越是久远的文化资源,其中蕴含的人类的文化因素越多,也就越具有高贵的价值。

2.文化资源的稀缺性

物以稀为贵,因此稀缺的文化资源具有较高的可度量价值。一些文化资源由于时间久远,逐渐衰微,逐渐成为稀缺资源,也就因此具有了更加昂贵的度量价值,古代文物的价值就是如此界定的。对资源稀缺性的度量是相对的,目前还难以拿出一个很理想的稀缺性参数来客观地评价和衡量它的价值。比较可行的方法是比较这些资源的稀缺程度,并利用非参数的方法来进行资源的比较评价。

3.文化资源生成年代的社会经济发展水平

一般文化资源的形成受到了当时社会经济文化发展和政治稳定的极大影响,康乾盛世形成的文化资源就比较丰富,至今人们都可以在民间的许多地方看到当时流传下来的一些物件和钱币等。这就是说,只有发达的文化和社会经济状态,才有可能孕育和衍生具有丰富内涵的文化资源,也才可能形成文化资源历经朝代更替的传承。盛世的文化更能够体现出发达的社会经济对文化的滋养和贡献。

(三)文化资源的消费价值

消费性作为文化资源的重要特征,其不同于一般的物质消费,文化资源具有物质消费不可替代的功能取向。如一个人的人生观、价值观、社会观的体现更多地依托于文化产品的消费。

近年来,随着我国全面建设小康社会的步伐,文化资源消费已成为经济发展的重要力量,文化资源消费成为国民消费增长最快的领域。例如,近年来我国国内旅游人数大幅增长,古代建筑、传统民间工艺、个人收藏等的消费能力显著攀升,这也表明了文化消费的蓬勃发展势头。

(四)文化资源的研究价值

文化资源作为人类发展过程中所创造的物质文化、社会文化和精神文化遗产,其自身就包含科学研究价值。文化资源作为历史的产物,是对历史上不同时期生产力发展状况、科学技术发展程度、人类创造能力和认识水平的保留和反映,是后人获取科技信息的源泉。它为人类进行科学研究、考古等历史研究提供了重要的依据。科学家通过对一些文化资源的研究可以了解世界,探知人类社会发展的历史与未来。拿非物质文化遗产来说,它经过历史的洗礼与沉淀传承又相对完整地被保留下来,为考古学家、历史学家、民俗学家、剧作家提供了考察研究的范本。

(五)文化资源的历史价值

文化资源从某一地区、某一民族深厚的传统文化、悠久的历史发展过程中,历经岁月沧桑,保存、流传下来,从而成为反映历史传统和文化变迁的载体。如古代建筑、非物质文化遗产等,它们历史悠久,本身承载着丰富的历史价值,是历史留给人类的精神财富。很多文化资源都远离都市,在相对闭塞的环境中得以比较完整地保留到现在,供人类参观和研究,如一些民俗民风、宗教信仰、节庆庙会等。这些文化资源为地方史、社会史、经济史、文化史等的研究提供了完整详细的资料,对于了解研究人类社会发展变迁的轨迹具有重要的参考价值。同时,还有很多文化资源被开发,通过旅游等形式使更多的人动态地了解文化、认识历史。

(六)文化资源的美学价值

文化资源经历史的选择传承至今依然保存较好,而且又各具特色,韵味不尽相同,都是源于其本身所体现和传承着人类对美的追求。如民族工艺品、民族表演艺术、民族服饰等,它们是历史上不同时代、不同民族人民劳动和智慧的结晶,展现着各民族的生活风貌、艺术创造力和审美情趣。历史对物的选择大都遵循"取其精华,去其糟粕"的规律,这些包含艺术价值、美学价值的文化资源当然不会被历史遗弃,而是通过这样或那样的方式展现在人类的各个历史时期,供人类观赏愉悦。比如陕西西府(宝鸡)地区的民间艺术工艺——彩绘泥塑作品,以其浓郁的乡土气息、大红大绿的色彩、舒畅淋漓的线条、浪漫神奇的纹饰给人以强烈的美感。他们所塑的十二生肖,形象生动逼真、制作变形夸张、给人以美的享受。又如我国传统的剪纸艺术、皮影、木板年画、石雕、青铜器复制品等等,都具有观赏愉悦的审美价值。这些物品给人的美感不仅体现在形式上,而且体现在其内涵上,其作品反映的对象都是生活中的事物,不仅表现了当地淳朴的民俗民情,而且融入了创作人的思想情感和善恶的判断;既反映了人类对大自然和美好生活的热爱,也表现了对真善美的追求。就窗花来说,以象征、谐音等剪纸手法,充分调动各种民间工艺美术语言,使一幅幅小小的窗花在装扮生活的同时,寓进了安宁(鹌鹑)、祥和(鹤)、喜庆(磬)等美好愿望,使方寸之中的一张彩纸,融进了整个大千世界。

(七)文化资源的经济价值

文化与经济有着千丝万缕的联系,在新的历史条件下,文化是经济发展的重要媒介。许多地区利用当地特有的文化资源发展旅游业,变文化资源为经济资源,产生经济价值。我国有许多经典的红色文化资源,如革命老区,它们大多位于地势险峻、风景优美、生态宜人的山区。把红色文化与生态文化结合起来,寓思想道德教育于文化娱乐、观光旅游之中,二者相映生辉、相得益彰,既有利于传播先进文化,又有利于把红色经典文化资源转变为经济资源,推动当地的经济发展。又如非物质文化遗产,由于其具有原生态的文化特征,所以蕴涵着巨大的经济价值。通过对民间艺术真实的展演、对民俗文化的旅游开发,不断提高当地的知名度;与此同时,对传统工艺品进行重新设计包装成旅游商品,向游客展示推售也可对当地产生巨大的经济效益,从而拉动经济增长。

二、文化资源价值的特性

由于对文化和文化资源的认识的分歧,对文化资源价值的评价比对自然资源困难得多。因为文化资源与精神、意识有关,文化资源的价值具有潜在性、滞后性和整体性三大特性。正确评估文化资源的价值,首先要充分认识它的特性。

(一)文化资源价值的潜在性

文化资源价值的潜在性与文化的存在形式有关。计算价值的前提是对象化和具体化。物质产品,例如一支笔、一斤粮、一匹布,可以对象化,有明确的单价,计算价值比较容易。在庞大的文化体系中,只有一部分可以对象化,意识文化中的绘画、音乐、诗歌、小说等,可以对象化;物质文化中的建筑、园林、服饰等也可以对象化;纯意识文化、理论意识文化、制度文化等很难对象化。无法对象化的文化资源很难度量,然而它的巨大影响是客观存在的。优秀的文化具有强烈的冲击力、震撼力和感召力,能够升华思想,激扬精神,醇化道德,陶冶灵魂。正如严家炎先生在《重视人文科学的无用之用》中所说的那样,优秀的文化,"犹如天空中的氧气,自然界的春雨,不可或缺却视之无形,飘飘洒洒,润物无声"。

文化结构与潜在价值的关系见图 2-1。

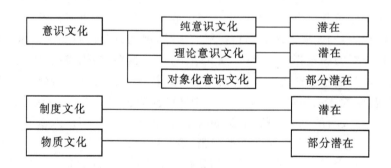

图 2-1 文化结构与潜在价值的关系图

(二)文化资源价值的滞后性

大多数文化产品的功能是在审美过程中释放的,是持久的。优秀的文化产品可以满足人们世世代代的需求,是全人类的共同财富,例如历经千年的唐诗仍在焕发灿烂的光辉。文化产品功能的持久性是文化资源价值滞后性的基础,关于文化资源价值的滞后性可以从以下三个方面进行分析。

1.供需规律与古董效应

物以稀为贵。大部分文化产品,如绘画、雕塑、古建等,是不可再生的。这类文化产品经历一定年代后通常称作古董,其价值往往超常增加。真古董,一只明朝瓷瓶,价在几十万元。复制品叫假古董。假古董,一只仿明瓷瓶,几十元没有人要。少量错版邮票、错版纸币市价陡增,原因是物以稀为贵。当前出现拆毁真古建,修建假古建的现象。他们不知道假古建的价值远远抵不上真古建。以假代真,以假乱真,是倒行逆施的行为。有些文化产品是可遇不可求,开出天价,踏破铁鞋也找不到。20世纪90年代掀起主题公园高潮时,北京曾出现建"假古董"风,结果纷纷落败。当时,媒体用《39小于1》总结教训,就是40个主题公园39个没有成功。以北京微缩景园为例,占地1110亩,投资2.3亿元,按照15∶1比例将北京著名古建一一仿建。结果游客稀少,最少的一天只有2个人。游客在鉴赏真古董、真天安门后,还有什么兴趣去鉴赏仿制的模型呢?八达岭下兴修四大帝王宫殿——秦始皇艺术宫、华夏帝王宫、成吉思汗宫和萧太后宫,也因游客冷清被拆除。

2. 认识过程

"白鹭立雪,愚者看鹭,聪者观雪,智者见白。"我国台湾诗人林清玄禅诗中说,不同文化素养的人群对同一个文化产品有不同的感受,人们对文化资源也有一个逐步认识的过程。不少文学家、艺术家,如曹雪芹、梵高等,生前穷困潦倒,死后作品价值连城。梵高生前只卖出过一幅画。1890年6月梵高创作《加歇医生像》时写道:"人们也许会长久地凝视它们,甚至在100年后带着渴念追忆它们。"然而这个事情就是这么巧合,在1990年5月15日纽约克里斯蒂拍卖行在3分钟内以8250万美元的价格拍卖给了日本第二大造纸商Ryoei Saito先生,正好被他的话预言中了。所以这幅画,不仅仅是因为画作的出色、大师的名气,还有带了那么一点点的神秘预言。

3. 消费高层次化

对文化的需求程度是走向文明的重要标志。随着社会发展,人们对高层次消费需求增加,文化资源的价值逐渐被释放出来。人们追求真、善、美,科学求真,道德求善,艺术求美。真、善、美的基础是科学、道德和艺术,是文化。体验经济是对消费高层次化的注释,美国未来学家托夫勒在马来西亚看到一栋房子外面有许多人排队,导游说是进去看雪景。托夫勒认为这就是体验经济,马来西亚在热带,人们没有见过雪,愿意花钱体验雪景。他用喝咖啡说明体验经济概念。同样一杯咖啡,在市场上买咖啡豆自己煮,每杯5美分,街头咖啡店每杯0.5美元,五星级酒店每杯5美元。威尼斯圣马克广场弗里安咖啡店每杯15美元,因为那里可以体验文化古城壮丽景色。体验经济要强化对顾客感观的享受,要引起顾客的惊喜。高品位的文化资源有独具性,有新鲜感,最值得回味,最值得体验。进入体验经济阶段,文化资源的价值可以充分展现心理学家马斯洛(A. Maslov)提出的需求层次概念,他将人们的需求分成五个层次,其中较低层次是物质需求,较高层次是精神需求,文化是精神需求的主要内涵。

(三)文化资源价值的整体性

美学有两条重要原则。①调和原则,将相近的东西排列在一起,相近的色彩组合在一起,使人们在协调中感受美。②统一原则,将多种要素组合在一起,既不杂乱,又不单调,既活泼,又有序,形成和谐的整体。遵循这两个原则,文化资源的价值轨迹是1+1大于2,违反这两个原则,文化资源的价值轨迹是1+1小于2。西安城墙能够吸引人的原因是其得到了整体保护,包括对周边环境的必要保护。20世纪90年代初,北京为了继承古都风貌,要求在高楼上加盖亭子,亭子的重要功能是供路途疲劳的行人休息,谁能到高楼顶上去休息呢?高楼是钢筋

水泥的现代建筑,盖上一个古色古香的亭子,犹如西装革履戴上一顶古老的瓜皮帽,不伦不类。

历史文化资源具有整体性,它的价值要通过整体反映。在规划和建设实践中,保护文化遗迹主体的意见比较容易统一,保护文化遗迹周边环境。保护文化遗迹整体性,较难取得共识,原因是对文化资源价值整体性认识不足。

历史文化资源整体性有三方面含义:

(1)建设风貌整体性。城市的格局、街坊和居住区格局都有整体性,不是单体建筑可以表达的。

(2)自然背景整体性。历史文化遗迹有特定的自然背景,有河、湖、山、丘的衬托,有古木花草的掩映。

(3)社会活动整体性。传统的民俗、宗教活动、文艺歌舞演出能够使文化资源熠熠生辉。

 思考与练习题

1. 如何理解文化资源的功能?
2. 文化资源的价值表现在哪些方面?
3. 什么是文化资源的时间价值?
4. 试述文化资源价值的特殊性。
5. 试述文化资源的功能与作用。
6. 如何看待文化资源价值的滞后性?

 案例

幸运儿西安城墙①

20世纪50年代初,西安正在制定新中国成立以后的第一个城市规划。那时,西安还"蜷缩在城墙里"——一个小型发电厂、一个破落的棉纺织厂,以及设备陈旧的面粉厂和几家手工作坊,便是这个城市的"全部工业基础"。"一五"期间,西安进入快速的工业扩张期,中西部地区接受苏联援助的35个军工项目中,有21项安排在川陕地区。1953年,正在讨论的西安城市总体规划也需要听取苏联专家的意见。

此前,西安市城市规划组曾提出总体设想:保留老城格局,工业区避开汉唐遗址,放在东西郊区,已知的名胜古迹遗迹将规划为绿地,城墙和护城河将作为公园绿地保留。在梁思成的学生、当时担任总图绘制工作的周干峙看来,城墙与护城河将成为"西安的一条绿色项链"。

苏联的工业专家对这个方案很不满意。有多家大型军工企业将在西安建成,大量北京、东北和四川的军工技术人员和工人将迁入西安,居住和交通是个大问题。有人强调,工业企业布局应该距离旧城更近,最好"拆掉城墙,发展更多的道路,解决当时的交通问题"。

在一次拍板定论的会议上,时任国务院副总理的李富春旁听,工业专家要求从工业发展和交通问题的角度考虑,而仅有的两位规划专家却坚持当初的设想。双方意见分歧非常大,争论进入白热化,几乎到了剑拔弩张的阶段。

最终起到决定性作用的,是几位老干部的表态:抗战时期,就在城墙上挖了不少防空洞躲

---

① 刘畅.幸运儿西安城墙[EB/OL].[2015-05-18].http://www.chinaweekly.cn/bencandy.phy? fid=63fid=6052.

避轰炸,可见"城墙有利于防空,符合人防备战要求"。最重要的是,"城墙有利于防原子弹、防地面冲击波"。

1953年,抗美援朝战争刚刚结束,核战的阴云仍笼罩着中国。防原子弹是一个极具说服力的理由,所有人都无话可说。西安的规划方案就这样敲定下来。可是,这个规划却一直没能完全落实。1952年,首都北京已经停止了修缮城墙的工作,并发动市民义务劳动,扒城砖取墙土了。1954年,北京城中轴线上的地安门被拆除,外城城墙已经拆得如火如荼,全国都开始跟风拆城。

时任陕西省省长的赵寿山,曾是杨虎城将军的老部下,参与过"二虎守长安"战役和西安事变,对西安城有极深的感情,他反对拆掉城墙。在将此事上报中央后,他的意见受到周恩来、陈毅的重视。随即赵寿山召开会议,强调:"西安是我国历代名城,也是我们陕西人的骄傲,古城墙是文物古迹,我们一定保护好城墙,把西安建设成为一座现代化的文明城市。"主张拆城的风潮暂时被压制住了。

1958年,西安拆城之风再起。西安市委向省委请示:今后总的方向是拆……今后将按照城市发展的需要,结合义务劳动,逐步予以拆除。陕西省委作出批复,原则上同意拆除城墙。

几乎绝望的陕西省文化局副局长武伯纶和几位文物界的老同志,越级向国务院上书。得到习仲勋等国家领导人的重视。1959年9月,西安市收到了国务院关于《保护西安城墙》的通知。1961年,西安城墙被国务院公布为全国重点文物保护单位,同年5月30日,陕西省文化局拨款整修西安城墙。

"文革"结束后,西安又一次迎来了大建设的时期。西安城墙的去留问题又一次摆上了台面——这是它面临的最后一次"命运审判"。那时,一些经济学专家在"寻找陕西落后的原因"时说道:"西安城墙是陕西人头上的紧箍咒,束缚遮挡了人们的视线。"

"拆墙运动"的呼声又一次高涨起来。

后来曾担任过西安市规划局局长的韩骥,正负责起草新的城市规划。在一次会议上,房地局的领导认为:拆了城墙,空出来的地方都可以盖住宅,而且拿着账目说明——这可以解决"大量群众的居住问题";而交通部门的领导还是那句老话,城墙阻碍城市交通,希望拆除后,铺上更宽阔的马路,让更多的车辆通过。

昔日城墙的保护者——习仲勋,已经重新回到了国家领导人的岗位。1981年,时任中共中央书记处书记的习仲勋看到《国内动态》发表的《我国唯一的一座完整的古城垣遭到严重破坏》一文后,作出指示,要求对西安城墙认真保护。

随即,陕西省省长马文瑞将"四位一体环城公园"工程项目申报国务院,得到批准。用韩骥的话说,这是"大势所趋"。

他所说的"大势"中,包含了一个意外事件。

1974年3月,西安市东郊的临潼县,几个农民在打井时,发现了震惊世界的"秦始皇兵马俑一号坑"。西安很快成了国家领导人接待外宾来访的必经之地。在对文物遗址的公开表述发生了悄然的变化——从"了解封建王朝的统治方式",转变为"中国劳动人民的伟大成果,中华民族的骄傲和自豪"。

这个偶然的事件,带来了一系列的后续效应:1979年4月,中国考古学会成立大会在西安召开。1982年2月,国务院转批《关于保护我国历史文化名城的请示通知》,北京和西安在同时第一批入选。在20世纪80年代初,西安的旅游收入,占到了陕西省全省旅游收入的97%。

人们发现,保护传统文化不是只会赔钱。

在时任西安市规划局局长韩骥看来,兵马俑的发现,对西安城墙后来的保护,起到了"偶然却巨大"的作用。

1985年,中国加入了《保护世界文化遗产和自然遗产公约》。没有人再提出拆掉城墙了,更重要的是,人们不再需要去找其他理由留下它。保护传统文化、传统建筑的观念,终于回到了应有的轨道上。(限于篇幅,本文有所删节)

 案例思考题

请根据文化资源的价值要素,从历史、文化、政治、经济等方面分析保护西安古城墙的价值。

第三章 文化资源的形态

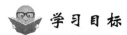

> 1. 了解文化资源形态的分类；
> 2. 掌握各种文化资源形态的表现形式；
> 3. 分析文化资源形态与文化资源开发的关系。

文化资源存在的范围和领域很广泛，也很分散，并以此为基点构成了种类繁多的文化资源。不同领域和不同范围的文化资源，其形态也是不同的。要拓宽文化资源的开发思路，首先需要拓宽我们的视野，认识其文化内涵及形态的丰富性，看到文化资源与当代社会生活的紧密关联。现在所说的文化资源除了大家都盯着的历史文化遗址外，至少还包括以下几种重要形态：文献形态、造型艺术形态、表演形态、技能技艺形态、节庆活动形态以及现代形态。

第一节 文献形态的文化资源

文献作为记载、传承人类文明成果的一种物质形态，为社会的发展提供了重要的物质基础。在几千年的发展历程中，随着科技的不断发展和人类的信息需求的变化，文献形态也在进行着相应的演变，期间经历了从简单到复杂、从无纸到有纸、从低级到高级的变化过程。这个过程体现着不同历史时期生产力的发展水平和科学技术的进步程度，它为社会经济、文化、科技等方面的发展提供了重要的物质基础，成为了社会生活的重要元素，以文献为基础形成的信息资源体系是社会发展的重要组成部分。浩如烟海的历史文化典籍，蕴藏着中华各民族的历史发展、社会生活、历代中国人的创造智慧与经验。认真研究和开掘这一宝库，可以形成各式各样的为国内外都需要的文化产品。

一、文献的界定

文献，用文字、图形、符号、声频、视频等技术手段记录人类知识的一种载体，或理解为固化在一定物质载体上的知识；也可以理解为古今一切社会史料的总称；现在通常理解为图书、期刊等各种出版物的总和。文献是记录、积累、传播和继承知识的最有效手段，是人类社会活动中获取情报的最基本、最主要的来源，也是交流传播情报的最基本手段。

(一)文献的起源

(1)"文献"一词最早见于《论语·八佾》，南宋朱熹《四书章句集注》认为"文，典籍也；献，贤

也",所以这时候的"文"指典籍文章,"献"指的是古代先贤的见闻、言论以及他们所熟悉的各种礼仪和自己的经历。《虞夏书·益稷》也有相关的引证说明"文献"一词的原意是指典籍与宿贤。

(2)宋代马端临《文献通考》中将文与献,作为叙事与论事的依据:"文"是经、史历代会要及百家传记之书;"献"是臣僚奏疏、诸儒之评论、名流之燕谈、稗官之记录,在他的影响之下,关于文献的认识,便只限于一般的文字记载,不能表达为文字记载的东西,则不能称之为文献。

(二)文献的演变

今天我们所说的文献,主要指有历史意义的、比较重要的书面材料,广义的文献定义就成了记录有知识的一切载体。依据国际定义文献乃是一切情报的载体。

随着社会的发展,"文献"的概念已发生了巨大变化。除了泛指古籍外,近人把具有历史价值的古迹、古物、模型、碑古、绘画等,统称为"历史文献"。1984年中华人民共和国国家标准《文献著录总则》关于"文献"的定义是:"文献:记录有知识的一切载体。"在这一定义中,有两个关键词:"知识"是文献的核心内容,"载体"是知识赖以保存的物质外壳,即可供记录知识的某些人工固态附着物。也就是说,除书籍、期刊等出版物外,凡载有文字的甲骨、金石、简帛、拓本、图谱乃至缩微胶片、视盘、声像资料等,皆属文献的范畴。

数千年来,我国创造出丰富而灿烂的各类文化硕果,主要录存于浩如烟海的古代图书典籍之中,这些就是古典文献。而其中与某一学科直接相关的图书资料,就是该学科的文献。古典文献学的基本任务,是继承古代校雠学家的方法、经验和成就,运用历史唯物主义和辩证唯物主义的观点与方法,发掘、搜集、整理、研究这些文献,去伪存真,考镜源流,使之为各个学科、各个层次的专业工作者所了解、掌握和利用,并在此基础上创造新的科学文化,进而为全人类作出贡献。

(三)文献的作用

文献在科学和社会发展中所起的作用表现在:①它是科学研究和技术研究结果的最终表现形式;②它是在空间、时间上传播情报的最佳手段;③它是确认研究人员对某一发现或发明的优先权的基本手段;④它是衡量研究人员创造性劳动效率的重要指标;⑤它是研究人员自我表现和确认自己在科学中的地位的手段,因而是促进研究人员进行研究活动的重要激励因素;⑥它是人类知识宝库的组成部分,是人类的共同财富。

二、文献的分类

(一)根据载体不同分类

根据载体不同,文献可分为印刷型、缩微型、计算机阅读型和声像型。①印刷型:是文献的最基本方式,包括铅印、油印、胶印、石印等各种资料。其优点是可直接、方便地阅读。②缩微型:是以感光材料为载体的文献,又可分为缩微胶卷和缩微平片。其优点是体积小、便于保存、转移和传递。但缺点是阅读时须用阅读器。③计算机阅读型:是一种最新形式的载体。它主要通过编码和程序设计,把文献变成符号和机器语言,输入计算机,存储在磁带或磁盘上,阅读时再由计算机输出,它能存储大量情报,可按任何形式组织这些情报,并能以极快的速度从中取出所需的情报。近年来出现的电子图书即属于这种类型。④声像型:又称直感型或视听型,是以声音和图像形式记录在载体上的文献,如唱片、录音带、录像带、科技电影、幻灯片等。

(二)根据出版形式及内容分类

根据不同出版形式及内容,可以分为:图书、连续性出版物、特种文献。①图书:凡篇幅达到48页以上并构成一个书目单元的文献称为图书。②连续性出版物:包含期刊(其中含有核心期刊)、报纸、年度出版物。③特种文献:专刊文献、标准文献、学位论文、科技报告、会议文献、政府出版物、档案资料、产品资料。

(三)根据文献内容、性质和加工情况分类

根据文献内容、性质和加工情况不同,可将文献区分为:零次文献、一次文献、二次文献、三次文献。①零次文献是指未经加工出版的手稿、数据原始记录等文件。②一次文献指以作者本人的研究成果为依据而创作的文献。一次文献包括图书、剪刊、会议文献、学位论文、专利文献、政府出刊物、产品样本、科技报告、标准文献、档案等。③二次文献是对一次文献进行加工整理后产生的一类文献,如书目、题录、简介、文摘等检索工具。④三次文献是在一、二次文献的基础上,经过综合分析而编写出来的文献,人们常把这类文献称为"情报研究"的成果,如综述、专题述评、学科年度总结、进展报告、数据手册等。与此类似,也有把情报区分成一次情报、二次情报、三次情报的。

三、文献载体的演变

当今世界,社会信息化和科技进步的迅猛发展推动了文献载体的变革,作为一种存储和表达人们思想的物质载体,在人类文明的演进过程中从古代到现代,从金石、竹简、丝帛到纸质、电子等一直在不断发展变化,它的功能在不断延伸和扩大,在方式上不断更新和飞跃,使之成为记录知识信息最理想的文献载体。

在文字产生之前,语言是表达人类思想以及人类认识自然、改造自然结果的重要载体,人们使用语言来传递信息,表达感情,由于语言这种生理性载体,不易存储的局限性,使信息传递效果得不到保障。由此,人类创造了文字,这时的文字就是一些记号、符号,其载体是一些自然物的简单加工,有的过于笨重、有的过于昂贵、有的极易损坏,大都不便流通。如古埃及的莎草纸,古巴伦的泥板书,印度的贝叶经,欧洲的羊皮书,古罗马的铅书、铜书等。我们的祖先也经历了同样的过程,产生了以龟甲、兽骨、青铜器、石碑、竹简、木版、帛等为载体的文献。

到了汉朝,公元105年,蔡伦在总结前人经验的基础上,发明了一种既廉价又方便的新型材料——纸。它不再是一种简单的自然物,而是经过加工而成的一种记录知识信息的文献载体,它具有上述各种载体的优点,又克服了它们的不足之处。纸作为一种较为理想的书写材料,并迅速广泛地传播到全世界。到目前为止,纸质文献仍占据世界文献体系的主导地位。纸的发明是科技史上的一大进步,是中华民族对世界文明作出的最大贡献,它加速了文献的生产和流通,并且它以质地柔软、价格低廉、存储容量大,已成为当今世界上广为流传的书写材料。同时,它为印刷术的发明提供了物质基础,使之成为后来一种唯一的、较为理想的印刷型书写材料。纸的出现虽然解决了载体与文献发展的矛盾,但纸张载体与手工抄写产生了新的矛盾,因为抄写是至今为止有文字以来的文明史上最重要的记录方式,当时大部分的著作都是手抄的,速度慢、效率低,而且较容易出错。抄写,这种文献生产手段和水平使当时的文献信息总量非常有限。早在1300多年的隋朝就创造了雕版印刷术。在北宋庆历年间毕昇发明了活字印

刷术,此后陆续出现了木活字、铜活字、铅活字,但仍以雕版印刷为主。我国古代印刷术的发明是文献发展史上的一大飞跃,它为文献的整理和流传带来巨大的变化,为历史文化的存储和传播、交流带来前所未有的便捷,促进广大人民共享世界文明成果,并参与世界文化交流之中。

随着印刷术的发展、装订技术的进步,以及社会对文献信息需求的增加,使印刷型文献呈海量增长,严重影响了文献的传递、检索、利用,导致了文献增长和存储之间的矛盾,同时也给文献的高密度存储带来了一定的困难,于是人们就寻找一种占据空间小、存储密度大、传递速度快的文献载体。19世纪末,文献载体开始出现以感光材料为记录知识信息的载体,它是以缩微照相为记录手段而产生的一种信息存储载体,如缩微胶卷、缩微平片等,其优点是存储密度大、体积小、价格便宜、寿命长、携带方便,这种文献载体必须借助于阅读机进行阅读,且人眼容易疲劳,这是它的局限性所在。

20世纪60年代前后,伴随着文献信息的不断增长,促使这种载体发生了又一次革命性的变革,出现了以磁性材料为载体的文献。由于信息技术、通信技术等应用于文献信息领域,将知识信息以数字符号的形式记录在磁带、磁盘、磁鼓上,并成为可阅读的文献。

20世纪80年代,载体材料的再一次变革是利用激光技术在特制的圆盘上记录而产生的信息,它是继纸张、缩微品、磁性存储介质之后创造出的又一种新的知识载体,它是目前世界上既能存储文字、图像、符号,又能存储声音等各种知识信息中最为理想的文献信息载体——光盘、数据库。这种载体存储容量大、读取速度快、性能好、使用方便,对知识信息的存储、传递交流及信息产业的发展产生了深远的影响。

电子数字型文献是伴随着计算机技术和网络技术的发展而产生的,以计算机处理技术为核心记录信息的一种文献形式。它是信息社会文献载体形成、发展、进化的必然产物,是一种新型的知识和信息载体。这种文献存储容量大、检索速度快捷、灵活、使用方便。电子数字型文献必须借助于电子图书阅读器,从网上下载图书,进行离线和脱机阅读。有人说,电子图书的产生是继印刷术、纸张发明之后又一次书业革命。

在人类社会步入网络时代后,以网络文献为代表的新兴文献形态层出不穷,改变了以往各种形态文献的构成和布局,在文献的开发、组织、管理、利用、评价等各方面均带来了根本性的变革,对社会经济、文化、科技、教育等都产生了很大影响。从现实和理论层面出发,研究网络环境下文献形态演变的内在因素和外在因素的作用机制,无疑对文献资源的开发利用、组织管理等诸多方面具有很好的指导意义,为宏观管理机构、文献出版、利用机构、文献使用者、科研理论工作者等科学、合理地开展文献工作提供了理论和实践指导。

第二节 造型艺术形态的文化资源

造型艺术是以指一定物质材料和手段创造的可视静态空间形象的艺术。它通称美术,是对美术在物质材料和手段上的把握。它是一种再现空间艺术,也是一种静态视觉艺术。18世纪的德国哲学家莱辛在《拉奥孔》中始用这一名词。在德语中造型(bilden)原义谓"模写"(ab-bilden)或"制作似像"(eild machen)。在新中国成立后由苏联传入,并与"美术"互用。造型艺术形态主要包括绘画、雕塑、建筑、摄影、书法、篆刻艺术等。

一、绘画和雕塑艺术

绘画和雕塑都主要运用形、色、质以及点、线、面、体等造型手段构成一定的艺术形象。前者是在二维平面上表现,后者则在三维空间中塑造,造型性是它们最重要的审美特征。

由于表现手段不同,绘画种类非常丰富,而写实与表现是两种最主要的方式。写实性绘画直接模仿自然和现实事物形象,多用逼真的手段达到特定的具象效果;表现性绘画侧重强调主观精神,多采取夸张、变形、象征、抽象等手法直接表达主体情感体验与审美需要,实现艺术形象的创造。例如,中国画的特色不仅在于其工具材料(毛笔、宣纸、墨色)有着很大的特殊性,更重要的是它高度重视抒发主体的内在精神,强调"以形写神""神形兼备",追求气韵、传神和意境,不是向着客观世界去研究形象的物质特性,而是为着心灵需要去触及绘画的形象性,含蓄、深沉地表现主体精神品质,由此形成中国画独特的审美意蕴。

雕塑对于艺术形象的塑造具有高度的概括性和象征性。它以物质实体性的形体,在三维空间中塑造可视、可触及立体的艺术形象,其审美特性是在空间中获得的,与雕塑有关的周围环境也是雕塑作品的有机组成部分。一般来讲,雕塑主要通过两种方式表达:一是清晰地呈现,二是含蓄的暗示。例如,现代主义雕塑便往往通过抽象与暗示来获得新颖的艺术效果。

二、建筑艺术

建筑是一种具有象征性的视觉艺术,它"一般只能用外在环境中的东西去暗示移植到它里面去的意义","创造出一种外在形状只能以象征方式去暗示意义的作品"。

建筑充分体现了功用和审美、技术与艺术的有机结合。尽管各种建筑的形式、用途各不相同,但它们总体上都体现了古罗马建筑学家维特鲁威(Vitruvius)所强调的"实用、坚固、美观"的原则,总是力图展现各种基本自然力的形式、人类的精神与智慧。也就是说,建筑在具备实用功能(可以供人居住等)的同时,有其一定的审美功能特性。它通过形体结构、空间组合、装饰手法等,形成有节奏的抽象形式美来激发人在观照过程中的审美联想,从而造成种种特定的审美体验。如中国古代宫殿的方正严谨、中轴对称,使人感觉整齐肃穆;哥特式教堂一层高似一层的尖顶、昂然高耸的塔楼,则令人有向上飞腾之感。北京的天坛、埃及的金字塔、法国的巴黎圣母院、澳大利亚的悉尼歌剧院等,都以风格特异的抽象造型,给人以独特的审美感受和启迪。随着当代人类对生态环境的自觉意识的日益提高,建筑与环境的和谐也越来越成为人类的迫切需求,蓝天、绿地、水面、林荫使人们对建筑的视觉审美扩展到了一个更大的范围。

建筑也是时代文化精神的一面镜子,犹如用石头写成的历史。雨果在《巴黎圣母院》里谈到大教堂时,就曾经指出:"这是一种时间体系。每一个时间的波浪都增加它的砂层,每一代人都堆积这些沉淀在这个建筑物上。"面对各式各样的建筑,人们不仅能够欣赏它的造型之美,而且可以从中认识和感受历史的风貌、时代的变迁、民族的精神和文化的创造。古希腊建筑的庄严与优美,哥特式建筑的挺拔高耸,洛可可建筑[①]的华丽风格,现代建筑光滑平薄的立面,后现代建筑充满隐喻的变形、分裂、夸张的装饰,都相当准确地反映了各个历史阶段的时代文化精

---

① 洛可可建筑风格是在巴洛克建筑的基础上发展起来的,纤弱娇媚、华丽精巧、甜腻温柔、纷繁琐细,室内应用明快的色彩和纤巧的装饰,家具也非常精致而偏于繁琐。洛可可艺术在形成过程中受到中国艺术影响,大量使用曲线和自然形态作装饰,特别是在园林设计、室内设计、丝织品、漆器等方面。

神面貌,反映出不同历史时期人们的审美趣味。

三、书法艺术

书法作为一门独特的中国艺术,是从实用升华而来的。它利用毛笔和宣纸的特殊性,通过汉字的点画线条,在字体造型的组合运动与人的情感之间建立起一种同构对应的审美关系,使一个个汉字仿佛具有了生命,体现出书法家的精神气质与审美追求。"中国的书法,是节奏化了的自然,表达着深一层的对生命形象的构思,成为反映生命的艺术。"

具体而言,书法的审美特征主要体现在以下几方面:

(1)姿态。草书和行书或轻盈、或敏捷、或矫健,隶书、楷书在安定稳重里透露着飞动流美,篆书分行布白圆润齐整、用笔流畅飞扬,它们各具有造型姿态的美。在书法作品中,笔法墨法相兼相润,字型笔画自由多样,线条曲直回环运动,传达出各种姿态和气势,形成了一种变化无穷的艺术效果。而书法家自身人格的蕴藉,更使点画笔墨形成一种用笔之力、运笔之势,反映出生命的运动美。唐代书法家孙过庭曾经惊叹:"观夫悬针垂露之异,奔雷坠石之奇,鸿飞兽骇之资,鸾舞蛇惊之态,绝岸颓峰之势,临危据槁之形;或重若崩云,或轻如蝉翼;导之则泉注,顿之则山安;纤纤乎似初月之出天崖,落落乎犹众星之列河汉。"王羲之的《兰亭序》,便具有一种浑然天成、洗练含蓄的秀润之美,"字势雄强,如龙跳天门,虎卧凤阁",达到了姿态美的高峰。

(2)表情。书法是一种心灵的写照。南齐书法家王僧虔认为:"书之妙道,神采为上"。张怀瓘《书断》也说:"文则数言乃成其意,书则一字已见其心"。书法创造中,线条变化与空间构造表现出某种宽泛的情感境界,自由灵活地将书法家的内在气质和个人生命情调带入笔墨,使之成为一种人格与精神的映照。"喜怒哀乐,各有分数。喜则气和而字舒,怒则气粗而字险,哀则气郁而字敛,乐则气平而字丽。情有轻重,则字之敛舒险丽亦有深浅,变化无穷。"这种情感化的线条笔墨与鉴赏者之间产生情感对应效应,唤起相近的审美体验,使之得到美的陶冶、审美的享受。

(3)意境。意境创构是书法的最高境界。中国古代的书法家要想使"字"也表现生命,成为反映生命的艺术,就须用他所具有的方法和工具在字里表现出一个生命体的骨、筋、肉、血的感觉来。在笔画形式中,书法艺术无色而具绘画的灿烂,无声而有音乐的和谐。而意境深远的书法作品,必定体现出书法家特定的审美理想。唐代颜真卿在精神上追求"肃然巍然"的磅礴之境,他的书法端庄宽舒、刚健雄强,令人感觉酣畅淋漓、正气凛然。清人郑板桥天性自然,其"六分半书"也是那样真率与活泼。有形的字迹飞动中创造了一种形而上的神韵,使书法艺术超越有限形质而进入无限境界。"一点一画,意态纵横,偃亚中间,绰有余裕",这种意境之美,是一切中国书法艺术的总体审美意向,也是书法艺术的灵魂。

四、摄影艺术

摄影是一种现代感很强的视觉艺术。自从法国人达盖尔(Daguerre)在1839年发明摄影术以来,无论在技术还是审美方面,摄影都取得了全面迅速的发展。尤其是,随着摄影技术的发展,人类的审美视野扩展到了从太空到海底、从微观到宏观的广阔世界。摄影已成为视觉审美的主要表现工具之一,成为人类的"第三只眼睛"。

摄影艺术独特的审美特征,是从其运用照相机和感光材料在现场拍摄实有物体景象这一基本特性派生出来的,主要表现为纪实性与艺术性的统一。一方面,摄影直接面对被拍摄的实际对象,从纷纭复杂、瞬息变化的对象运动中撷取生动感人的瞬间,以作品高度的生活真实感来创造具有审美价值的艺术形象,唤起人对生活现象特有的审美视觉感受。这是摄影艺术不同于其他艺术的根本审美特性。另一方面,由于摄影艺术形象的诞生总是通过照相机快门开启的短暂瞬间来完成的,它不仅需要艺术家有意识的审美选择,而且经过了艺术家摄影造型手段(包括构图和光影控制等)的处理,是在线条、光影、色彩有机结合基础上形成的,因此,摄影艺术的审美表现力、概括力和感染力有其自身特殊性。比如,与同样以造型审美为特征的绘画相比,虽然都是对视觉形象的选择和表现,但摄影尤其是现代摄影艺术独具的客观、真实、快速、简便的长处,却是绘画所无法比拟的。

第三节 表演形态的文化资源

表演艺术是通过人的演唱、演奏或人体动作、表情来塑造形象、传达情绪、情感从而表现生活的艺术。表演艺术代表性的门类通常是音乐和舞蹈、影视、戏剧等,有时将杂技、相声、魔术等也划入表演艺术。

一、音乐

音乐是通过听觉感官(耳朵)及与之相适应的审美手段,传达和接受审美经验的艺术。音乐通过有组织的乐音来表现主体情感境界,其基本构成要素有节奏、旋律、音色、和声、音调和力度等,它们构成了无比丰富的音乐形态。贝多芬(Beethoven)曾经推崇"音乐是比一切智慧及哲学还崇高的一种启示",而海涅(Heine)则强调"音乐也许是最后的艺术语言"。

音乐的审美特征主要体现在以下几个方面:

(1)音乐是声音的艺术。声音(包括人的发声和各种乐器声等)是音乐赖以存在的物质材料,不仅能够直接表达主体个人的自身感受,也能唤起他人内心里的强烈感受。音乐正是利用声音来塑造形象、表达思想情感。在音乐中,或高亢或低沉、或急促或悠长、或强烈或轻柔的声音,都具有激发相应感受和情绪的审美感染力。

(2)音乐是时间的艺术。随着时间的呈现和流逝,音乐表现了延续、变化和流淌着的生命情感或事物,在一定的时间过程中召唤主体的审美体验。而人的心理世界、精神活动和情感体验正是在动态的时间流程中进行的,因而在时间的流程中,动态性、程序性的音乐能够充分表现出主体复杂的心理活动过程。这样,对音乐的欣赏便要求接受主体的感知、领悟具有一定的敏捷性,反应迟钝者是很难在时间流程中捕捉音乐形象的。

(3)音乐是感情的艺术。俄国著名作曲家斯特拉文斯基(Stravinsky)曾经说过:"音乐就是感情,没有感情就没有音乐。"音乐本身就是情感物化的形式和传递媒介,具有"以情动人"的审美魅力。音乐不需要像其他艺术那样借助某种中介环节,而可以通过听觉直接作用于主体心灵,直接将艺术家的内在思想情感传达出来,在表现和抒发人类丰富、细腻、复杂的情感方面,有着其他艺术所难以媲美的效果,因而适于表达主体情感的起伏变化,使人产生某种感情和情绪的体验,甚至引起人体生理上的变化和反应。

(4)音乐还具有不确定的特点。音乐语言不是固定不变的单义性词汇,它对情感的表达不像文字语言那样明确和概念化,而是带有一定的模糊性与宽泛性。这一特点既给音乐创作主体和接受主体留下了广阔的想象与再创造空间,也对创作主体和接受主体提出了特定的要求,即要有良好的音乐感觉、一定的音乐审美经验及想象力。例如,音乐欣赏的效果不仅取决于音乐创作与演奏者的水平、素质以及音响设备等,而且同接受主体的个人经验与领悟能力以及心理状态相关。同样,由于音乐表达情感的这种不确定性,使它能够更广泛地为世界上不同民族所直接感受,成为各民族间进行精神文化、思想情感交流的特殊桥梁。

二、舞蹈

舞蹈是人的身体按一定节奏进行连续性动作的艺术形式。它起源于远古人类的生产劳动,并和音乐、诗歌相结合,是人类历史上最早产生的艺术形式之一。

作为一种表现人体美的艺术,舞蹈以经过提炼、组织和美化的人体动作姿态为表现手段,传达人类的审美情感,表现生活的审美属性。在舞蹈中,人的身体动作伴随着音乐在时间里不断延续和变化,不仅感染着欣赏(接受)者的情绪并给予审美的愉悦,同时还创造出一种直接宣泄情感的气氛,鼓舞了舞蹈者的情绪,使其从节奏和运动中获得娱乐性的精神满足。舞蹈的审美特征首先表现为抒情性和表现性。舞蹈语言是一种虚拟和象征的语言。由于舞蹈只能利用舞者的身体姿态来展示,所以它必须运用夸张并具有象征性的形体动作来塑造艺术形象,传达内在的思想情感。通过有节奏的动作过程和姿态、表情以及不断变化的身体造型,舞蹈构造出一种独特的艺术形象。而表现生命的运动,则是舞蹈艺术最为根本的审美特质。

其次,由于舞蹈是以人的身体动作来抒情和表现的,所以它非常重视造型,但这种造型又是动态和静态、视觉和听觉相结合的,并且只存在于表演过程之中,转瞬即逝。比起雕塑,舞蹈主要是在运动中造型;比起音乐,舞蹈更能表现主体审美情感的外在形态。

再次,构成舞蹈形式的动作、姿态等,虽然源自于对现实对象的模仿,但在舞蹈表演中,它们已被抽象、概括,不再是生活中自然形态的东西,而成为相对稳定且独立地表现人的思想情感的舞蹈语言,具有特定的审美价值。例如,中国传统戏曲中的兰花手姿,起初或许是来源于纺纱、绣花时的手势动作,但经过艺术家的改造,它们却具有了"含苞""垂丝""吐蕊"等意味。

一般来说,舞蹈分为生活舞蹈与艺术舞蹈两大类。前者是人们在生活中进行的舞蹈活动,其中最为流行的,是发源于欧洲以后又在世界各国流行的交谊舞,包括优雅的华尔兹、节奏鲜明的探戈和伦巴、动感强烈的迪斯科等。艺术舞蹈是指由舞蹈者在舞台上表演、经过艺术构思创作的作品,它需要有较高的舞蹈技巧来完成,如芭蕾舞、现代舞、民族舞、舞剧等。

三、曲艺

曲艺发展的历史源远流长。早在古代,中国民间的说故事、讲笑话,宫廷中"俳优"(专为供奉宫廷演出的民间艺术能手)的弹唱歌舞、滑稽表演等,就含有曲艺的艺术因素。到了唐代(618—904年),讲说故事小说和宣讲佛经故事的"俗讲"的出现,民间曲调的流行,使得说话技艺、歌唱技艺逐渐兴盛,标志着曲艺作为一种独立的艺术形式开始形成。在宋代(960—1278年),由于社会的繁荣,市民阶层逐渐壮大,说唱表演有了专门的场所,出现了职业艺人,各种说唱形式也随之兴盛起来。明清两代至民国初年(14—20世纪),伴随资本主义经济萌芽和城市数量猛增,说唱艺术取得了巨大的发展,逐渐形成我们今天所见到的曲艺艺术体系。

曲艺,是中华民族各种说唱艺术的统称。它是由民间口头文学和歌唱艺术经过长期发展演变形成,是以"口语说唱"来叙述故事、塑造人物、表达思想感情、反映社会生活的表演艺术门类。多数以叙事为主、代言为辅,具有"一人多角(即一个演员模拟多种角色)"的特点,或说或唱；少数以代言为主、叙事为辅，分角色拆唱，不同的曲艺品种与其各自产生的地区方言关系密切，曲艺音乐则是我国民族音乐的重要组成部分。演出时演员人数较少，通常仅一至二三人，使用简单道具。表演形式有坐说、站说、坐唱、站唱、走唱、拆唱、彩唱等。曲本体裁有兼用散文和韵文、全部散文和全部韵文三种。音乐体式有唱曲牌的"联曲体"、唱七字句或十字句的"主曲体"，或综合使用两者。

曲艺包括的具体艺术品种繁多，根据调查统计，除去历史上曾经出现但是业已消亡的曲种不算，仍然存在并活跃于中国民间的曲艺品种，约有400个左右，包括相声、评书、二人转、单弦、大鼓、双簧，还有新疆维吾尔族的热瓦普奇夏克、青海的平弦、内蒙古的乌力格尔与好来宝、西藏的《格萨尔王》说唱、云南白族的大本曲，以及北京琴书、天津时调、山东快书、河南坠子、苏州弹词、扬州评话、湖北大鼓、广东粤曲、四川清音、陕西快板、常德丝弦等。这些曲种虽然各有各的发展历程，但它们都具有鲜明的民间性、群众性，具有共同的艺术特征。这就使得中国的曲艺不仅成为拥有曲种最多的艺术门类，而且是深深扎根民间具有最广泛群众基础的艺术门类。

作为中国最具民族特点和民间意味的表演艺术形式集成，曲艺具有这样几个主要的艺术特征：

（1）曲艺表演是以"说"和"唱"为主要表现手段，所以要求它的语言必须适于说或唱，一定要生动活泼，简练精辟并易于上口。

（2）曲艺不像戏剧那样由演员装扮成固定的角色进行表演，而是由演员装扮成不同角色，以"一人多角"的方式，通过说、唱，把各种人物、故事表演给听众。因而曲艺表演比之戏剧，具有简便易行的特点。

（3）曲艺表演的简便易行，使它对生活的反映快捷，曲目、书目的内容多以短小精悍为主，因而曲艺演员通常能够自己创作、自己表演。

（4）曲艺以说、唱为艺术表现的主要手段，因而它是诉诸于人们听觉的艺术，它通过说、唱刺激听众的听觉来驱动听众的形象思维，在听众的思维想象中与演员共同完成艺术创造。

（5）曲艺演员必须具备坚实的说功、唱功、做功和高超的模仿力，演员只有具备了这些技巧，才能将人物形象刻画得惟妙惟肖，使事件的叙述引人入胜，从而博得听众的欣赏。

以上是曲艺品种艺术特点的不同程度的近似之处，是它们的共性。然而，即使同一曲种由于表演者各有所长，又形成不同的艺术流派，即使同一流派，也因为表演者的差别而各具特色，这就形成了曲坛上百花争艳的繁荣景象。

四、综合艺术

所谓综合艺术，是指同时通过视觉、听觉感官以及与之相适应的审美手段的共同活动来传达和感受审美经验的艺术。它主要包括电影、电视、戏剧等。

（一）电影和电视

影视作为电影艺术和电视艺术的统称，是现代科学技术与艺术相结合的产物。通过画面、声音、蒙太奇、故事情节等语言来传达与表现。

电影和电视都是视听并用、视听结合的艺术。自从1895年电影诞生以来，短短一百多年的时间里，电影的艺术创造手段、审美表现能力等迅速得到发展和丰富，不仅极大地拓展了电影艺术的审美感染力，也形成了电影艺术自身的审美特性，使之成为20世纪最具表现力的艺术类型。而电视作为现代传播媒介，同时也是年轻的视听艺术种类，它渗透到人类现实生活的各个方面，对当代社会产生了巨大的影响。

电影、电视艺术能够拥有如此巨大的魅力，是与它们所具有的逼真性、运动性和综合性的审美特性分不开的。首先，以摄影、摄像为工具，决定了电影、电视艺术的形象逼真性。电影、电视的画面与声音互为依存，较易使艺术形象直接进入接受主体的视听心理活动空间，并以此展开审美体验，从而构成电影、电视艺术独特的审美方式和艺术魅力。例如，电影创作所运用的艺术语言，主要由画面、声音和蒙太奇构成。所谓"蒙太奇（motage）"，就是指在电影制作中把分散拍摄的镜头、场面和段落，按照一定的创作构思剪辑、组接起来，使之构成一定的情节和效果。由于蒙太奇重现了人在环境中随注意力转移而依次接触视象的内心过程，因此，通过蒙太奇的运用，可以在电影中形成画面之间以及画面与音响、画面与色彩之间的组合关系，造成影片快慢、紧张、舒缓等艺术节奏和氛围，同时也使影片中的时间与空间变换具有了令人信服的真实感。

其次，画面的运动性是电影、电视艺术独特的美学特征。电影、电视是在时间中展现情节的，镜头运动在其中有着突出的作用。例如，在惊险类型的影视剧中，经常可以看到骑马或开车追逐的场景，这类镜头既是影片情节的组成部分，又充分发挥了电影运动性的美学特长，带给观众视觉上的特殊快感。

再次，电影、电视具有综合性的特点。电影、电视艺术从文学中吸取了叙事的方式和结构，从戏剧中吸取了演员的表演方法，从绘画中吸取了构图和色调，从音乐中吸取了节奏等，因而具有极大的审美表现力。影片《音乐之声》《茶花女》等主要综合了音乐的结构，被称为"音乐片"即"音乐电影"；《一夜风流》《哈姆雷特》等主要综合了戏剧的结构因素并主要受戏剧的影响，所以被称为"戏剧电影"；而在《黄土地》《一个和八个》等中国影片中，则明显可以看到雕塑造型的因素及其影响。恰如欧洲先锋电影运动的阿倍尔·甘斯（A. Gance）所说的：电影"应当是音乐，由许多互相冲击、彼此寻求着心灵的结晶体以及视觉上的和谐、静默本身的特质所形成的音乐；它在构图上应当是绘画和雕塑；它在结构上和剪裁上应当是建筑；它应当是诗，由扑向人和物体的灵魂的梦幻的旋风构成的诗；它应当是舞蹈，由那种与心灵交流的、使你的心灵出来和画中的演员融为一体的内在节奏所形成的舞蹈"。

例如经典影视作品《夺宝奇兵》是由乔治·卢卡斯编剧和史蒂文·斯皮尔伯格（Steven Spielberg）导演的系列电影，作为好莱坞卖座的大片，它可以说是一个典范了，从1981年到如今，一个跨越了30多年的经典，现在依然令人感到绚烂夺目。《夺宝奇兵1》曾于1981年获得奥斯卡最佳视效、最佳艺术指导、最佳剪辑、最佳音响、特别成就奖及多项提名。此片被称为电影史上的"动作片经典"有两个原因：第一，从这部电影开始，世界发现了这个叫斯皮尔伯格的人在电影方面的前途不可限量。第二，该片产生了人类电影史上最卖座的票房巨星——哈里森·福特（Harrison Ford）。此后哈里森·福特、斯皮尔伯格和乔治·卢卡斯铁三角组合推出的《魔域奇兵》《圣战奇兵》两部续集同样出色。该系列集合了动作、冒险和幽默的喜感，惊险刺激又不失浪漫，花样翻新，衍生出大量经典桥段，被后来的电影争相效仿，包括好莱坞著名的《木乃伊》系列、《国家宝藏》系列等。《夺宝奇兵》系列将富有异国情调的娱乐片发挥到了极致，各有千秋的异域美丽风光以及浓郁的民族风情新奇神秘，让人难以忘怀。

影视媒体已经成为当前最为大众化、最具影响力的媒体形式。从好莱坞大片所创造的幻想世界，到电视新闻所关注的现实生活，再到铺天盖地的电视广告，无一不深刻地影响着人们的生活。

数字影视,是一个新技术带来的新领域,新媒体传播载体从广播电视扩大到电脑、手机,将传播渠道从无线、有线网扩大到卫星、互联网,并呈现与广播电视有很大不同的传播方式,更好地满足受众多层次、多样化、专业化、个性化的需求。我们面对的影视媒体将是包括电视、手机、网络的综合媒体。

(二)戏剧

戏剧是以文学、绘画、雕刻、音乐、舞蹈等多种艺术形式有机合成的综合艺术,是由演员扮演角色并当众表演生活的矛盾冲突、发展、演变的艺术形式。

概括地说,戏剧艺术的审美特征主要体现在:第一,作为综合性的艺术,戏剧不是各种艺术成分的简单组合,而是各种艺术成分经过有机合成之后以整体舞台形象呈现在观众面前。戏剧所包含的视觉艺术因素如剧本、演员形象、舞台美术,以及听觉艺术因素如音乐、音响等,虽然都可以具有单方面的独特审美价值,但它们之间不仅不能相互替代,而且它们也不是戏剧本身的审美价值。各种艺术成分必须服从、统一于戏剧自身的美学原则,经过剧作家、导演、演员、舞台美术工作者、音乐家等的集体创作,才能形成戏剧所独有的审美价值。换句话说,戏剧"是一种集体的创造;因为剧作家、演员、舞美设计师、制作服装以及道具和灯光的技师全都作出了贡献,就是到剧场看戏的观众也有贡献"。

第二,戏剧通过表现矛盾冲突来展开情节和塑造人物形象。没有冲突,就没有戏剧。而戏剧冲突的核心,则是具有典型性的人物之间所展开的具有社会意义的性格意志冲突。不同性格意志的人物在特定戏剧情节中构成了多样的矛盾冲突,它们沿着情节发展之路向前推进,在剧情的波澜变化中使观众(接受主体)产生或震惊、或怜悯、或恐惧的情感,进而获得高度的审美享受和审美教育。

第三,戏剧具有当众表演的直观性。它通过演员扮演角色或其他事物,在观众(接受主体)面前当场完成具有完整情节和矛盾冲突的事件的表演,创造人物形象,令观众获得"喜则欲歌欲舞,悲则欲泣欲诉,怒则欲杀欲割,生气凛凛,生趣勃勃"的审美体验。

第四,由于戏剧在感性直观上较其他艺术形式更接近于现实生活,是人生活动的写照,而"人"在"生活"之中,是生活的创造者,所以,对戏剧的理解和把握总是植根于人自己的生活实践本身。如果说,对戏剧的理解是一种"视听之思",那么,这种抽象的"思"就是从活生生的生活基础上发展而来的。

(三)戏曲

戏曲是中华民族的传统艺术,是传统文化中一朵经久不衰的奇葩。中国戏曲由音乐、舞蹈、文学、美术、武术、杂技以及表演艺术各种因素综合而成。戏曲在中国源远流长,在漫长的发展过程中,经过八百多年不断地丰富、革新与发展,讲究唱、做、念、打,富于舞蹈性,技术性很高,构成有别于其他戏剧而成为完整的戏曲艺术体系。

据不完全统计,我国各民族地区的戏曲剧种,约有三百六十多种,传统剧目数以万计。中华人民共和国成立后又出现许多改编的传统剧目,新编历史剧和表现现代生活题材的现代戏,都受广大观众热烈欢迎。比较流行的著名的剧种有:京剧、昆曲、越剧、豫剧、湘剧、粤剧、秦腔、川剧、评剧、晋剧、汉剧、潮剧、闽剧、河北梆子、黄梅戏、湖南花鼓戏等五十多个剧种,尤以京剧流行最广,遍及全国,不受地区所限。但是近几年来,戏剧艺术在中国的发展日趋衰弱,受到了新生艺术的冲击。尤其港台歌曲大量涌入内地,学生追星捧星,趋之若鹜,对我们中华民族的艺术瑰宝却是知之甚少。

中国古代戏剧因以"戏"和"曲"为主要因素,所以称作"戏曲"。中国戏曲主要包括宋元南戏、元明杂剧、传奇和明清传奇,也包括近代的京戏和其他地方戏的传统剧目在内,它是中国民族戏剧文化的通称。

第四节 技能技艺形态的文化资源

一、技术与技能

技术技能指的是对某项活动,尤其是对涉及方法、流程、程序或者技巧的特定活动的理解程度和熟练程度,主要是如何"处事"。它涉及的是专业知识和专门领域的分析能力,以及对相关工具和规章政策的熟练应用。大多数职业教育以及在岗培训课程,主要与技术性技能的培养有关。

关于技术的界定,世界知识产权组织在1977年版的《供发展中国家使用的许可证贸易手册》中,给出如下定义:"技术是制造一种产品的系统知识,所采用的一种工艺或提供的一项服务,不论这种知识是否反映在一项发明、一项外形设计、一项实用新型或者一种植物新品种,或者反映在技术情报或技能中,或者反映在专家为设计、安装、开办或维修一个工厂或为管理一个工商业企业或其活动而提供的服务或协助等方面。"这是至今为止国际上给技术所下的最为全面和完整的定义。实际上知识产权组织把世界上所有能带来经济效益的科学知识都定义为技术。

技能是执行具有生产力任务的能力与某些应用行为,能够以数量或品质区分精通的程度。技能可分为技术类(technical)、管理类(supervisory)、人际互动类(interpersonal)、企业类(general business)等技能。技术类技能是具有工作单位相关的概念、方法与工具应用的能力;个人能够有效监督与管理他人是管理类技能;人际互动类技能包括有效与他人沟通及互动的能力;企业类技能通常是运用所需要的知识程度与决策自主来完成某些任务,通常与工作者的资格有关,缺乏技能的工作者不容易完成相关任务。

二、传统技艺

传统技艺是指一门有着悠久文化历史背景的技术、技能,并必须经过一定的深入研究学习才能掌握。每一门技艺都烙着民族的印记。

中国的传统技艺有中国功夫、针灸、按摩、中药、茶道、刺绣、剪纸等。

(一)传统技艺的概念

传统技艺是指人类在历史上创造并以活态形式传承至今的、充分代表一个民族的文化底蕴、审美情趣及艺术水平的最为优秀的传统手工技艺与技能。

(二)传统技艺的范围

1. 传统陶瓷制作技艺

中国是世界上最早制陶的国家(距今一万多年前);商代已经出现原始瓷器;东汉时期青瓷

烧制技术趋于成熟;唐代已经形成青、白两大瓷系;宋元时期是瓷器制造的辉煌期,宋代的五大名窑(汝、钧、官、哥、定);18世纪,欧洲才大量制造瓷器。传统陶瓷制作技艺,是指人类将泥土塑形并烧制成陶器或瓷器的传统手工技艺。如:宜兴紫砂陶制作技艺、界首彩陶烧制技艺、景德镇手工制瓷技艺、龙泉青瓷烧制技艺、唐三彩烧制技艺等。

2. 传统织染技艺

传统织染技艺,是指人类在织造和印染领域所采用并传承下来的各种传统手工技艺。包括:蚕丝织造工艺、棉纺织工艺、毛纺织及擀制技艺、蓝印花布印染技艺、扎染技艺、蜡染技艺等。如:南京云锦手工织造技艺、宋锦织造技艺、蜀锦织造技艺、壮锦织造技艺、侗锦织造技艺、彝族毛纺织及擀制技艺、苗族蜡染技艺、白族扎染技艺等。

3. 传统金属制作技艺

传统金属制作技艺,是指以金属为原料制作各种工艺品或生活用品的传统手工技艺。主要包括金属饰品制作工艺、金属器物制作工艺。如:南京金箔锻制技艺、浙江龙泉宝剑锻制技艺、张小泉剪刀锻制技艺、苗族和彝族银饰制作技艺、藏刀锻制技艺、成都银花丝制作技艺等。

4. 传统髹饰技艺

传统髹饰技艺,是指将漆料有规则地涂抹在器物上以美化或固化器物的一种传统手工技艺。髹,即以漆漆物(刷漆)。中国是髹漆工艺使用较早的国家。早在距今6000—7000年前就已发明了髹漆工艺。唐代是髹漆工艺的一个高峰期。元代是髹漆工艺发展的巅峰时期。明代是髹漆工艺的又一个高潮期。如:北京雕漆技艺、成都漆艺、彝族漆器髹饰技艺。

5. 传统造纸技艺

造纸术是中国四大发明之一,在促进世界文化的交流与传播中发挥着重要作用,也在人类文明史和科技史上占有举足轻重的地位。在中国各地,形成了别具特色的造纸技术。如:安徽宣纸制作技艺、贵州皮纸制作技艺、傣族和纳西族手工造纸技艺、藏族造纸技艺、维吾尔桑皮纸制作技艺、夹江竹纸制作技艺等。

6. 传统印刷技艺

我国的印刷术源远流长,历代成果丰厚,是我国古代非物质人类文化技艺遗产,各个时代形成了多种印刷技艺。如:木活字印刷技术、印泥制作技艺等。

7. 传统造船技艺

中国的造船技术传统具有很强的延续性,大部分古代船只种类到20世纪中期尚得以留存,现存的传统造船技艺是古老技术的延续,其设计原理、船体构造、建造工艺、施工顺序、选用材料等技术并未发生本质上的变化。例如,传统木船制造技艺、水密隔舱福船制造技艺、龙舟制作技艺等。

8. 传统酿酒技艺

传统酿酒技艺主要包括蒸馏酒(如茅台、泸州老窖、杏花村汾酒、绍兴黄酒)、酿造酒、配制酒(如菊花白酒)等。

9. 传统制茶技艺

中国名茶品类繁多,传统制茶工艺也各不相同,各有特色。最具代表性的有碧螺春茶制作技术、大红袍制作技艺、花茶制作技艺、绿茶制作技艺、红茶制作技艺、乌龙茶制作技艺、普洱茶制作技艺、黑茶制作技艺等。

10. 传统制盐技艺

盐是人们生活的必需品,在中国制盐历史久远,不同的产盐地成盐类型别具地域特色,构成了不同的制盐技艺。如自贡井盐深钻汲制技艺、井盐晒制技艺。

11. 传统食品加工技艺

中国古代经济繁荣,南北交流密切,物产富饶,市场供应充沛,这些有利条件促使饮食业异常发达,我国古代也形成了食品烹饪技能技艺。如:酱油酿造技艺、老陈醋酿制技艺、豆瓣传统制作技艺、豆豉酿制技艺、酱菜制作技艺、榨菜传统制作技艺、茶点制作技艺、月饼传统制作技艺、火腿制作技艺、烤鸭制作技艺等。

12. 传统建筑营造技艺

中国的传统建筑文化在其长期的发展过程中,因受到政治、经济、宗教、地理、气候等方方面面因素的影响,形成了不同于世界上其他国家的独一无二的风貌特色。中国传统建筑符号是能代表中国优秀传统文化特征并具有传承价值的事物。由于建筑技术的不同,形成了各具特色的建筑。如:官式古建筑营造技艺(北京故宫)、各种传统民居(徽派、闽南)营造技艺、北京四合院传统营造技艺、客家土楼营造技艺(福建龙岩)、侗族木构建筑营造技艺、苗寨吊脚楼营造技艺、土家族吊脚楼营造技艺、窑洞营造技艺、蒙古包营造技艺以及木拱桥传统营造技艺、石桥营造技艺等。

第五节 节庆活动形态的文化资源

节庆活动是在不同国家、不同民族、不同区域的长期生产、生产活动实践中产生的一种特定的社会现象,是在特定时期举办的、具有鲜明地方特色和群众基础的大型文化活动,它是该国家、名族或区域历史、经济以及文化现象的综合体现。正因为如此,大多数节庆都有着丰富的历史、经济和文化。我国节庆种类很多,从节庆性质上可分为单一性和综合性节庆;从节庆内容上可分为祭祀节庆、纪念节庆、庆贺节庆、社交游乐节庆等;从节庆时代性上可分为传统节庆和现代节庆。本节主要介绍节事活动、我国传统的节庆活动以及体育旅游活动。

一、节事活动

1. 节事的定义

"节事"一词来自英文"event",含有"事件、节庆、活动"等多方面的含义。国外常常把节日(festival)和特殊事件(special event)、盛事(mega-event)等合在一起作为一个整体,在英文中简称为 FSE(festivals & special events),中文译为"节日和特殊事件",简称"节事"。西方学者根据自己的理解,将文化庆典、文艺娱乐事件、体育赛事、教育科学事件、私人事件、社交事件等通通归结到节事范围内。

2. 节事活动的内涵

可从节事活动的目的、内容、形式、功能和实质等方面来解释节事活动的内涵。

(1)目的:为了达到节日庆祝、文化娱乐和市场营销的目的,提高举办地的知名度和美誉度,树立举办地的良好形象,促进当地旅游业的发展,并以此带动区域或经济的发展。

(2)内容:具有浓郁的文化韵味和地方特色,应根据当地的文化和传统特色来具体设计。

(3)形式:要求生动活泼,具有亲和力,大多数的参与者都是想通过这一活动达到休闲和娱乐的目的。节事活动的编排严谨、环环相扣、切合主题。

(4)功能:节事活动不仅是一种文化现象,更重要的是一种经济载体。节事活动应围绕经济活动的开展而作适当的调整。

(5)实质:节事活动的实质是商业活动,举办期间大量的人流不仅使服务性行业收入迅速增长,还会促使交通、贸易、金融、通信等行业的发展。

3. 节事活动的特点

节事活动的主要特点包括:文化性、地域性、时效性、体验性、多样性、交融性、二重性、个性化、吸引性、认可性等。

(1)文化性:节事活动本身就是文化活动,这些以民族文化、地域文化、节日文化和体育文化等为主导的节事活动往往具有极浓的文化气息。

(2)地域性:节事活动都是在某一地域开展的,都带有明显的地域性,可成为目的地的形象的指代物。有些节事活动已经变成为地域的名片,而少数民族节日更是独具地方特色。

(3)时效性:每一项节事活动都有季节和时间的限制,都是按照预先计划好的时间规程开展和进行的。

(4)体验性:节事活动实际就是亲身经历、参与性很强、大众性的文化、旅游、体育、商贸和休闲活动,是建立在大众参与和体验基础上的。

(5)多样性:节事活动的内涵非常广泛,其开展形式可多元化,开展内容可丰富多彩。

(6)交融性:节事活动的多样性和大众参与性决定了其必然有强烈的交融性,许多节事活动都包含着会展活动,从而成为带动当地经济发展的引擎。

(7)二重性:节事活动参与者的角色,一是该主题节事活动的参与者,二是该主题节事活动的旅游者。

(8)个性化:举办地必须有特别出色的节事活动产品提供参与者和旅游者挑选,否则一般很难成功。

(9)吸引性:节事活动本身必须具备强大的吸引功能,给参与者留下非常好的感知印象,在心理上产生非去不可的愿望。

(10)认可性:节事活动应该控制节事活动的参与者的数量,保护当地旅游环境不受破坏,在当地居民承受能力之内,以当地居民认可并显示出友好的态度为准。

4. 节事活动的意义

节事活动具有强大的产业联动效应,可使旅游者在停留期间具有较多的参与机会。它不仅能给城市带来场租费、搭建费、广告费、运输费等直接的收入,还能创造住宿、餐饮、通信、购物、贸易等相关的收入。

更重要的是,节事活动能会聚更大的客源流、信息流、技术流、商品流和人才流,对一个城市或地区的国民经济和社会进步产生促进作用。

节事活动除了具有提升举办国和城市知名度和美誉度、扩大信息交流、增强对外合作、推动旅游发展、加快城市建设、促进地方经济发展等促进作用以外,还具有丰富人民精神生活、弘扬民族文化和扩大旅游市场、提升目的地旅游形象、降低目的地旅游季节性、调整旅游资源、提高管理水平等特殊作用。

二、我国传统的传统节庆

(1)春节。中华民族最隆重的节庆就是一年一度的春节。史载,春节最早源于原始神农时代的"腊祭"。民间称春节为"过年"。春节大致可分为三个阶段:从腊月二十三到除夕是准备阶段,贴对联挂年画,张灯祭祖先等,忙着为迎接春节作准备,俗称"腊月忙年"。年三十夜称作除夕,人们有吃团圆饭、坐夜守岁的习惯。第三阶段从初四到十五,主要是游憩、娱乐,如扭秧歌、跑旱船、舞狮子等,形式多样,热闹非凡。

(2)元宵节。正月十五为元宵节,又称上元节、灯节。元宵节有张灯的习俗,其始于东汉,盛于唐代。

(3)清明节。清明节亦称鬼节、冥节、踏青节。传统的清明节以扫墓祭祖与踏青为主要内容。清明扫墓与"寒食节"有关。

(4)端午节。农历五月五日为端午节,又叫端阳节、重五节。

(5)中秋节。农历八月十五为中秋节,是因为位居秋天的三月之中而得名。

(6)现代节庆。现代节庆主要指改革开放以来的各地的节庆活动。

①文化活动。文化旅游是结合旅游所在国和所在地的传统文化,用现代旅游活动去诠释传统文化、艺术给人带来感官冲击的同时,也使精神受到陶冶和熏陶。

②商贸活动。商贸节庆的概念与旅游购物紧密交叉,有相同的地方,也有差异。仅从规模和旅游动机来看,旅游购物规模小,没有明确动机;而商贸节庆不但规模大,而且有明确的目的。

③会展活动。随着全球经济的迅速发展,跨国公司的不断壮大,经济合作趋势的日益加强,以城市为中心的各种商务、会议活动数量不断增加,国际交往和国际会议日益频繁,随之带来的大量客流已受到各地的极大重视,并出现了不少会议城市。以会议事件活动为主要内容的商务型旅游活动,正是在这样的背景下产生的。由于会议参加者购买力强,服务要求高,影响力大,它正在成为各方愈来愈重视的旅游项目。各国、各地大力建设会议中心,全力争取各种国际、国内会议的举办权。美国以及欧洲主要旅游业发达国家都是主要的国际会议举办国。日内瓦是世界上举办会议最多的城市,一年要召开3万多次会议。中国每年举办的广交会、海南博鳌亚洲论坛等国际会议,影响越来越大。

三、体育旅游活动

1. 体育旅游

体育旅游是一种以体育为主题的旅游形式,它以一定的体育资源和体育设施为条件,采用旅游商品的形式,为旅游者在旅行游览过程中提供健身、娱乐、休闲、交际等各种服务于一体的经营性项目。体育旅游是体育产业的一部分,也是旅游产业的一部分,体育本身的魅力赋予了旅游新的内容,游客在旅游过程中得到健身锻炼的同时也获得了精神上的享受。

2. 体育旅游的价值

(1)体育旅游能吸引更多的旅游者。体育比赛活动激动人心,竞争性、刺激性强,吸引力更强。体育活动项目繁多,可吸引不同年龄段的游客参加。体育赛事活动不分淡旺季,从而为当地带来持久且充足的客源。

(2)体育旅游带来无限的商机。大规模的体育盛会旅游,具有其他一些旅游项目难以比拟的优势。一次大型盛会,能给主办国带来大规模的客源。成功的盛会能带动一条集交通、住宿、餐饮、购物为一体的"旅游消费链",给举办国带来巨大的经济利益和社会效益。

(3)体育项目可以带动区域旅游业的发展。对自然景观和人文景观都贫乏的地区来说,体育比赛项目可作为动态的旅游资源代替传统的自然和人文景观来吸引旅游者,带动区域经济、社会的发展。如河南温县是我国太极拳的发源地,从1993年起,每年在此举行国际太极拳年会,吸引了众多的国内外游客。

(4)体育旅游可以提高设施利用率。利用体育比赛项目可以吸引更多的旅游者,以便最大限度地提高接待设施的利用率。旅游业有淡旺季之分,在旅游淡季有组织、有计划地举行体育比赛项目,可以吸引海内外游客前来参与体育比赛活动。这样可以提高旅馆和体育设施的利用率,产生较大的经济效益。

第六节　现代形态文化资源

现代是相对于传统而言的。现代形态的文化资源是指由新技术产业化形成的文化产业形态。新技术开始属于一种知识形态,在发展过程中其成果逐步产业化,最后形成一种产业。例如近代发展起来的动漫与娱乐产业,尤其在日本、美国等发达国家,动漫与娱乐已经成为一种重要的文化新兴产业。

一、动漫

动漫,是动画和漫画的合称与缩写,取这两个词的第一个字合二为一称之为"动漫",是中国特有的合成名词。现可考证,"动漫"这一词语出处为1993年创办的动漫出版同业协进会与1998年创刊的动漫资讯类月刊《动漫时代(Anime Comic Time)》,后经由《漫友》杂志传开,因概括性强开始普及起来。英语"cartoon"的中文音译"卡通",也是漫画与动画的合称,但有时特指是美国式动画。

1. 动画

动画(animation & anime)或者卡通(cartoon)所指的是由许多帧数静止的画面连续播放时的过程,虽然两者常被争论有何不同,不过基本上都是一样的。

无论其静止画面是由电脑制作还是手绘,抑或只是黏土模型每次轻微的改变,然后再拍摄,当所拍摄的单帧画面串联在一起,并且以每秒16帧或以上去播放(一般动画片都是以每秒24帧的速度播放的),使眼睛对连续的动作产生错觉(因为视觉暂留现象所造成)。

通常这些影片是由大量密集和乏味的劳动产生,随着电脑动画技术的发展,如今的动画制作可以相对节省更多人力、物力。一般导入电脑技术都是为了节省人力和成本,动画片也一样,特别是对于不得不以较少的预算进行制作的电视动画剧集来说,电脑化就等于节省人力。

2. 漫画

漫画是指以通过虚构、夸饰、写实、比喻、象征、假借等不同手法,描绘图画来述事的一种视觉艺术形式。它是静态影像,没有声音,也没有帧移动,但可以加上文字、对白、状声词等来辅助读者对画的理解。漫画是静态所以不是动画影片,没有声音所以不是有声漫画(VOMIC)。但是漫画仍然具有述事的功能,能表达一个概念或故事,所以不是浮世绘。一般不会全采用写实,所以不是风景画、人物画、速写写生等写实画。漫画主要为图画搭配文字,而不是以文本或

小说为主体,所以不是文学书籍或绘本中附的插图。

漫画艺术在今天呈现出三种表现形式:一种是在报纸杂志上十分常见的单幅或者四格漫画,以讽刺、幽默为主要形式;另一种是与动画结合非常紧密的故事漫画,一般在专业的漫画杂志上连载或者集结成册出版;还有一种是今天已经比较少见、但在20世纪乃至19世纪却兴盛一时的连环画。其中现代故事漫画是如今最常见的漫画形式,其中尤以日本漫画最为突出,集娱乐性、艺术性、商业性于一身。

二、娱乐

娱乐可被看做是一种通过表现喜怒哀乐,或自己和他人的技巧而与受者喜悦,并带有一定启发性的活动(Bryant & Miron,2002)。很显然,这种定义是广泛的,它包含了悲喜剧、各种比赛和游戏、音乐舞蹈表演和欣赏等。多数媒介研究,特别是电视研究都以信息传播为中心,研究关注的是受众从中学到了多少新知识,传播了多少伦理思想。

在美国,好莱坞电影、百老汇戏剧、流行音乐、娱乐歌舞表演(音乐剧等)、商业出版、商业广播电视网以及商业画廊等被统称为"文化娱乐业"。2011年,美国文化艺术产业总收入为9160亿美元,占当年GDP的5.8%。美国文化娱乐业有着敏锐的市场嗅觉、领先的市场运作理念和高超的市场运作能力。好莱坞产品的生产流程基本实现了美国策划、国际资本加入、国际一流人才加盟、国际制作、产品市场国际化。动画片《功夫熊猫》等将东方古老传说、哲学理念和美国价值观相结合,创造了受世界多国观众喜爱的经典形象;仅《阿凡达》一部电影,就在全世界卖出了28亿美元的票房。"票房奇迹"增强了国际投资者对美国文化娱乐业的信心,刺激了更多国际资本的流入,实现了良性循环。社会学研究表明,娱乐和生存性劳动是反比的关系。也就是说,一个社会的工作条件越优越,报酬越高,工作时间越短,娱乐的需求性就越高,娱乐是和经济宽裕而不是经济贫乏有密切联系的。

现代西方倾向于把媒介视为娱乐性经济,媒介消费是一个自觉享受的过程,而不是接受宣传灌输的过程。加拿大传播学家麦克鲁汉说真正的社会教育者在传媒那里,而不是在传统的学校和教会;媒介在轻松的视听享受中教育人,甚至改变人。媒介的力量首先是作用于人耳目,给人以快感、刺激,形成自觉接触习惯,这是娱乐为人所忽视的正功能之一。

 思考与练习题

1. 简述文化资源的形态构成。
2. 简述艺术形态的文化资源包括的内容。
3. 比较各种形态的文化资源的异同及其特点。
4. 通过分析文化资源的形态,讨论各类形态文化资源的开发与利用。

 案例

漫威如何改变世界①

2014年夏天,一群拥有陌生面孔的《银河护卫队》承包了北美年度票房的冠军宝座。一个

---

① 漫威如何改变世界?75年超级英雄之路?[EB/OL].[2014-12-01].http://news.mtime.com/2014/11/28/1534583-all.html.

月前,漫威影业总裁凯文·费奇站在好莱坞埃尔卡皮坦剧院的舞台上,公布了漫威影业第三阶段的十部大作,美国队长、雷神、复仇者联盟、黑豹、奇异博士、蚁人,这些为人熟知或者陌生的超级英雄将在未来几年走向全球。

然而如果我们把时钟拨回到75年前,恐怕没有人能相信,纽约一家默默无名、只有三名编辑的漫画出版社能够构建出横跨动漫、影视、游戏多个产业的超级英雄王国。超级英雄漫画,最初只是在年轻人中流行,甚至登不上台面的亚文化。漫威正是利用电影这一大众传播和娱乐载体,将手里握有的丰富亚文化资源在美国流行文化中杀出一条血路。就像漫威75周年特辑中赛斯·格林所说的,人们可以随心所欲地将钢铁侠、美国队长和雷神穿在身上,不用再担心受到人们的烦扰——一股史无前例的超级英雄热潮正在全世界掀起!

从低俗到流行,漫威似乎正在亲身演绎着一个人们并不陌生的"屌丝逆袭"的故事。

然而"流行(pop)",却是漫威75年发展历程中一个复杂的存在。斯坦·李、杰克·科比这些漫威超级英雄之父曾一度受到"流行"的牵制,为了迎合潮流不得不绘制世俗读本——那些拥有志怪、猎奇元素,却让人过目即忘的无聊低质漫画。而如今,流行却成就了漫威的霸业:电影风靡全球获取了高额票房成绩,甚至漫威本身也成为当下流行文化的代名词。

75年来,市场和流行文化一直在改变,对于漫威来说唯一不变的是,无论逆境与非难、成功与繁荣,它一直以其独有的方式,试图影响并改变着这个世界。

20世纪80年代正是DC和华纳统治漫改电影市场的黄金年代。《蝙蝠侠》《超人》的续集出了一部又一部,流水的明星来了一波又一波。而漫威这边却只能眼睁睁看着老冤家DC跟着华纳吃香喝辣,手握着一大票版权却苦于没有下家。好不容易将版权卖了出去却迟迟没人愿意接拍。1978年的《奇异博士》,1990年的《绿巨人》都被拍成了电视电影,1979年的《美国队长》直接走家庭录像带市场。1986年的《天降神兵》由《银河护卫队》彩蛋中的"霍华德鸭"主演,该片竟然是漫威从1944年版《美国队长》上映以来第二部获得公映的片子。

正所谓三十年河东三十年河西,华纳因为《蝙蝠侠与罗宾》和DC友尽了,漫改电影一时间声名狼藉。由于华纳的缺席,漫威在1996年自立门户,成立了漫威影业。抱着以后自己当老板的决心在1998年推出了他们的第一部超级英雄电影——《刀锋战士》。该片的成本虽然不高,但由于题材的新鲜加上凶狠凌厉的剪辑风格赢得了不少赞誉。刀锋战士的成功给了漫威极大的自信,紧接着《X战警》《蜘蛛侠》重新开启了漫画改编电影的黄金年代,被DC压着打了半个多世纪的漫威终于在21世纪抬起了头。

在过去,好莱坞对待亚文化有着一条不成文的规定——"去原作化",漫画改编电影和游戏改编电影深受其害多年,尤其对于漫威来说,看着自家《超胆侠》《神奇四侠》《恶灵骑士》被制片商改得面目全非,《蜘蛛侠》和《X战警》的世界观也偏离自己的设想越来越远。漫威决定再次掌握拍摄的主导权,而这一次出手,是改变好莱坞电影格局的一次壮举。

2008年漫威以旗下四位漫画角色为抵押,赌下身家将《钢铁侠》搬上了银幕,该片的全球票房达到了5.8亿。从这部影片开始,漫威的电影宇宙计划正式启动,复仇者四大巨头的自传电影共享同一个世界观,每一部之间相互关联相互铺垫,从而勾勒出一个完整统一的电影宇宙。华纳、二十世纪福克斯、索尼等拥有超级英雄版权的大制片商也都相继效仿漫威的做法,推倒之前超级英雄电影的设定,再逐渐扩张各自的宇宙。连此前的老对头华纳也开始用《钢铁之躯》重启了DC电影宇宙,急不可待地要和"正义联盟"尽快接轨。

漫威电影宇宙的制片理念撼动了长期以喜剧、动作、爱情、科幻类型片为主流的好莱坞格

局,用以亚文化改编的电影成功征服了世界观众。超级英雄电影从来没有像今天这样百家争鸣,百花齐放过。漫威"自产自销","翻身做主人"的创业精神也给了其他行业极大的鼓舞。好比法国游戏公司育碧已经效仿漫威成立了电影工作室,旗下的顶梁游戏《刺客信条》的电影版便是该公司自主投资的第一部影视作品。

漫威电影一直被人诟病没有DC来得更深邃,但可以肯定的是,迄今为止两大阶段的漫威电影还没有一部惨败过,《复仇者联盟》《美国队长2》《银河护卫队》备受好评,让人们原本"超级英雄电影=爆米花电影"的定义有了些许改观。

漫威电影在电影娱乐性与类型整合上的创新是同行们无法比拟的。虽然作为商业电影,漫威电影同样属于模式化的类型电影,二元对立(正邪对立)、三幕式结构(开端,发展,高潮)和主流意识形态(邪不胜正,人间真情,屌丝逆袭)都是雷打不动的老套路。但话又说回来了,商业类型片最可怕的不是工整,不工整就不叫商业片了。最可怕的是既然定位是商业片,却没有带给观众更加新奇、富有诚意的娱乐体验。比如人物不够突出,笑点生搬硬套,节奏缓急不当,场面重复单调等。而漫威成功的法宝便是懂得在影像与故事的视觉风格,以及在电影中重新定位漫画角色上寻求突破。

漫威影业对自家招牌的重视与珍惜,让旗下出品的电影内容质量添了砝码。至于今后的漫威电影又会在哪些方面不断创新,又将赋予电影化漫画角色怎样的性格特征,我们拭目以待。(限于篇幅,本文有所删节)

 案例思考题

1. 分析漫威影业通过什么样的手段与策略在激烈的电影产业中获得自己的独特地位?
2. 漫威影业的案例对于我国动画片生产企业有什么借鉴意义?

第四章 文化遗产

学习目标

1. 掌握世界文化遗产、非物质文化遗产的概念；
2. 理解世界文化遗产的认定标准；
3. 了解非物质文化遗产的特征；
4. 了解世界重要农业文化遗产项目。

为了保护世界文化和自然遗产，联合国教科文组织于1972年11月16日在第十七次大会上正式通过了《保护世界文化和自然遗产公约》。1976年，世界遗产委员会成立，并建立了《世界遗产名录》。

第一节 世界文化遗产

一、文化遗产的概念

文化遗产包括物质文化遗产和非物质文化遗产。物质文化遗产是具有历史、艺术和科学价值的文物；非物质文化遗产是指各种以非物质形态存在的与群众生活密切相关、世代相承的传统文化表现形式。

物质文化遗产包括古遗址、古墓葬、古建筑、石窟寺、石刻、壁画、近代现代重要史迹及代表性建筑等不可移动文物，历史上各时代的重要实物、艺术品、文献、手稿、图书资料等可移动文物，以及在建筑式样、分布均匀或与环境景色结合方面具有突出普遍价值的历史文化名城（街区、村镇）。

二、文化遗产的分类

（一）历史纪念物

历史纪念物是指从历史、艺术或科学角度看，具有突出、普遍价值的建筑物、雕刻和绘画，具有考古意义成分或结构的铭文、洞穴、住区及各类文物的综合体。

（二）考古遗址

考古遗址是指从历史、美学、人种学或人类学角度看，具有突出、普遍价值的人造工程或人与自然的共同杰作以及考古遗址地带。

(三)建筑群

建筑群是指从历史、艺术或科学角度看,因其建筑的形式、同一性及其在景观中的地位,具有突出、普遍价值的单独或相互联系的建筑群。

三、文化遗产认定的标准

20世纪70年代末开始,国际社会对于历史城市、历史地段以及反映一个民族或者一个地区文化发展的过程的历史环境,给予了越来越多的重视。从《世界遗产名录》当中也可以看到这样一种趋向,对于文化遗产的保护,所涵盖的内容,变得越来越广泛,越来越大。对于提名列入《世界遗产名录》的文化遗产项目,必须符合下列一项或几项标准方可获得批准。

(1)作为文化遗产项目必须代表一种独特的艺术成就或者一种创造性的天才杰作。比如雅典的卫城,它代表着当时古代希腊最高的艺术成就,反映了希腊人的创造力,反映了他们的智慧。雅典卫城这个项目就符合世界遗产的第一项标准,特别是当中的这些神庙,是由希腊最著名的一些艺术家建造完成的。

(2)作为文化遗产项目能够体现在一定的时期内或者在世界的某一个特定的文化区域内,一种人类观念的转变。它反映了建筑艺术或者这种纪念性建筑物的这样的一个艺术,包括城镇规划景观设计方面。比如说像德国的一个遗产项目,叫做鲍豪斯学院,这是一个存在了仅仅十几年的一个艺术学校,但是在它存在的短短的十几年的时间当中,这个学校把古典的或者说传统的建筑教育和艺术设计教育转化为一个现代主义的教育方式。它反映了在20世纪20年代的时候,人类思想观念、审美观念包括教育观念的转化,所以尽管它只存在了短短十几年的时间,但是它的学校被列入《世界遗产名录》。

(3)作为文化遗产项目能够为一种已经消失的文明或者文化传统,提供一种历史的见证。比如像耶路撒冷,这是一个非常重要的遗产项目,它反映了古老的人类文明在这里产生发展,可能有一部分这样的文明,或者这样的一个文化,今天已经变了,已经消失了,但是耶路撒冷是他们发源地,是他们曾经存在的一个历史见证,如果能够满足这样一项标准,这个项目也可以列入《世界遗产名录》当中。

(4)作为文化遗产项目能够成为某个时代的建筑或者景观的杰出范例。如果简单来说一个时代的杰出范例。比如像故宫,实际上就是这样的,大家一讲到明清,马上可以联想到故宫,联想到北京的故宫,联想到沈阳的故宫,它们已经变成这样一个时代的一个象征。另外比如像克里姆林宫和红场,也是《世界遗产名录》中的项目,一讲到俄国革命,讲到早期社会主义的发展过程,克里姆林宫和红场就是最典型的象征。

(5)文化遗产项目可以作为人类传统的寄居地和怎么样使用土地,人类怎么样居住的一个杰出范例。特别是它可能反映了一种或者几种文化。而这种文化又在一个人类的历史发展过程当中变得非常容易受到损害。比如说威尼斯,意大利名城,就是这样的一个范例。从中世纪的时候,有一些人逃避战乱定居下来,然后建造了这个城市,随着威尼斯经济的发展和强大,这个城市逐步强盛起来,然后建立了许多非常杰出的建筑并培养出了一大批艺术家,像威尼斯画派。随着世界各国在海上权力的变化,威尼斯也失去了原来的地位,它曾经的辉煌今天已经消退了,但是威尼斯这座城市本身已见证了一个文明,像这样的城市就可以列入《世界遗产名录》当中。像我国的丽江、平遥也都属于这种类型的项目。

(6)这是一项特殊的标准,通常来说不能直接作为单独的一项标准使用,它是与有特殊意义的事件或者现行的传统、思想或者文学艺术有直接关系的。

第六项标准和前面讲到的五个标准稍微有所不同,前五项标准只要满足其中的一项,就可以列入《世界遗产名录》当中,但是对于第六项来说,它需要满足前五项的其中的一项,然后第六项作为一个补充项才可以成立。

四、我国文化遗产的保护

文化资源保护是当代社会的重要主题。1985年11月22日,中国加入《保护世界文化和自然遗产公约》的缔约国行列。1987年,中国正式加入该公约及开始申报世界遗产的工作,并于同年首批便有6个世界遗产获成功申报。

从我国加入《保护世界文化和自然遗产公约》以来,一直致力于保护文化遗产,而在保护文化遗产的观点及理论上,文化生态化保护的观点在当今得到了学术界的普遍赞同;文化资源如自然资源一样也有一个生态平衡问题,不恰当地或是毫无节制地开发文化资源,就会威胁到文化资源的生态平衡,而文化资源一旦失去了生态平衡,就会出现各种文化危机,不仅使人类文化传统的延续受到威胁,还会直接影响人类社会的正常发展。

中国是一个多民族的国家,悠久的历史和灿烂的古代文明为中华民族留下了极其丰富的文化遗产。我国政府历来高度重视文化遗产保护工作,在全社会的共同努力下,文化遗产保护工作取得了显著成效。当前,随着经济的全球化和社会的现代化,我国文化遗产生存环境渐趋恶化,保护现状堪忧。为进一步加强我国文化遗产保护,继承和弘扬中华民族优秀传统文化,推进文化建设,国务院决定从2006年起,每年六月的第二个星期六为我国的"文化遗产日"。至此,我国已经有了"文化遗产日""文化遗产标志""文化遗产保护公益歌曲",对于增强全体民众的文化遗产保护意识将会起到十分积极的促进作用。

目前,我国正从"文物保护"走向"文化遗产保护"的发展道路,呈现出新的发展趋势。对文化遗产的保护工作使文化遗产事业的内涵逐渐深化,领域不断扩大,并由此引发了其要素、类型、空间、时间、性质、形态等各方面的深刻变革,而这六个方面的变革在第三次全国文物普查中得到了充分体现。

一是在保护要素方面,从重视单一文化要素的保护,向同时重视由文化要素与自然要素相互作用而形成的综合要素保护的方向发展。例如泰山、黄山、庐山、五台山,这些兼具文化和自然复合特征的"双重遗产",由文化要素与自然要素相互作用而形成的"文化景观",特别需要科学保护与传承。

二是在保护类型方面,从重视现已失去原初和历史发展过程中使用功能的古迹、遗址等"静态遗产"的保护,向同时重视仍保持着原初或历史过程中的使用功能的历史文化街区、村镇、工业遗产和农业遗产等"动态遗产"和"活态遗产"保护的方向发展。例如平遥古城、丽江古城、大运河这些原生态的、具有人类原真性生活特质的历史文化遗存,近几十年来都得到了有效重视和科学保护,为现代人类了解历史发展的脉络和地域文化发展提供了自身价值。

三是在保护空间尺度方面,从重视文化遗产"点""面"的保护,向同时重视因历史和自然相关性而构成的"大型文化遗产"和"线性文化遗产"等文化遗产群体的保护方向发展。文化遗产保护的视野扩大到空间范围更加广阔的"遗产地""文化线路""系列遗产"等,甚至文化遗产的空间尺度还在向跨地区、跨国家方向发展。例如丝绸之路、西口古道等为当时经济发展和文化交流作出特别贡献的大型线路遗产,都应该重点保护与传承,并发扬光大。

四是在时间尺度方面,从重视"古代文物""近代史迹"的保护,向同时重视"20世纪遗产""当代遗产"的保护方向发展。例如大庆油井、大寨、奥运建筑等这批造就于特定时期、特定环境下,代表现代高端科学技术发展和特定历史发展的现代大型遗产,是中华人民共和国建国后国力发展的历史见证。

五是在保护性质方面,从重视重要史迹及代表性建筑,向同时重视反映普通民众生活方式的"民间文化遗产"。例如北京四合院、晋商大院、徽商民居等这批具有一定经济发展意义和代表地域性的传统民居、乡土建筑、工业遗产、老字号遗产,以及"与人类有关的所有领域"的文化遗产保护,都属于保护的方向和发展范畴。

六是在保护形态方面,从重视"物质要素"的文化遗产保护,向同时重视由"物质要素"与"非物质要素"结合而形成的文化遗产保护的方向发展。例如红旗渠与红旗渠精神、大寨与大寨精神、五台山寺庙与佛乐,这些具有时代特质和精神需求的文化遗产,都属于各个历史时期人民大众的精神寄托。

历史文化资源的保护应致力于建立新的保护观念,时刻关注国际社会一切与文化遗产相关的新视点,不断针对我国的文化遗产保护实际加以科学的研究和分析,推进并开拓文化遗产保护工作。

第二节　非物质文化遗产

一、非物质文化遗产的概念

最初使用"非物质遗产"概念的是联合国教科文组织。20世纪80年代非物质遗产概念开始出现,1982年联合国教科文组织内部特别设置了非物质遗产部门。最早提出非物质文化遗产概念的其实是日本。日本在1950年颁布的《文化财保护法》中第一次提出了无形文化财产概念。"无形文化财产"概念是"非物质文化遗产"概念的主要渊源之一,在内涵和外延上,两个概念基本相同,两个词语可以互相替换使用。中国为了与联合国教科文组织《保护非物质文化遗产公约》的中文文本保持一致,故统一使用"非物质文化遗产"的概念。这个概念是适应全面保护和发展文化遗产的需要而产生的。过去文化遗产的保护相对来说只注重有形文化遗产即物质文化遗产的保护,后来随着人们对文化遗产的理解与认识的不断提高以及对文化遗产保护视野的逐步扩大,保护无形文化遗产,即非物质文化遗产已成为必要和可能。

2003年10月17日通过的联合国教科文组织的《保护非物质文化遗产公约》中,对非物质文化遗产的定义:是指被各社区、群体,有时为个人,视为其文化遗产组成部分的各种社会实践、观念表述、表现形式、知识、技能及相关的工具、实物、手工艺品和文化场所。

《保护非物质文化遗产公约》根据这一定义,指出非物质文化遗产包括以下五个方面的内容:①口头传达和表达形式,包括作为非物质文化遗产媒介的语言;②表演艺术;③社会实践、礼仪、节庆活动;④有关自然界和宇宙的知识和实践;⑤传统手工艺。2005年3月,国务院办公厅公布的《关于加强我国非物质文化遗产保护工作的意见》的附件——《国家非物质文化遗产代表作申报评定暂行办法》(以下简称《暂行办法》)中对非物质文化遗产的定义是:指各族人民世代相承的、与群众生活密切相关的各种传统文化表现形式(如民俗活动、表演艺术、传统知识和技能,以及与之相关的器具、实物、手工制品等)和文化空间。《暂行办法》中指出了非物质文化遗产涵盖的六个方面的内容,前五个方面与联合国教科文组织《保护非物质文化遗产公约》界定的五项内容完全一致,在这之外又加了一条为与上述表现形式相关的文化空间。

非物质文化遗产的概念是相对于物质文化遗产提出来的,两者既有联系,又有区别。这里的"物质"和"非物质"主要是指文化遗产载体上的不同形态,看其是否具有固定的、静态化的形态,是否需要依赖活态的传承人予以传承等。具有固定的、静态化形态的文化遗产是物质文化遗产,需要依赖活态的传承人得以传承的文化遗产是非物质文化遗产。"非物质文化遗产"概念中的"非物质"并不是说它与物质绝缘,没有物质因素,而是指重点的是物质所承载的非物质的、精神的因素。实际上,多数非物质文化遗产以物质为依托,通过物质的媒介或载体反映出其精神、价值和意义。物质文化遗产与非物质文化遗产的区别主要在于:物质文化遗产强调的是遗产的物质存在形态、静态性、不可再生性和不可传承性,保护也主要着眼于对其损坏的修复和现状的维护;非物质文化遗产是活态的,注重的是可传承性(特别是技能、技术和知识的传承),突出了人的因素,人的创造性和人的主体地位。非物质文化遗产蕴藏着传统文化的基因和最深的根源,一个民族或群体的思维和行动方式的特性隐喻其中。非物质文化遗产是物质的、有形的因素与非物质的、无形的精神因素的复杂结合体,彼此难以分割,但是更为重要的还是后者。此外,物质文化遗产与非物质文化遗产的区别是相对的,只是各自强调的侧重点不同而已,前者更加强调实物的保护层面,后者更加强调知识技能及精神的意义和价值的保护层面。

联合国教科文组织认为非物质文化遗产是确定文化特性、激发创造力和保护文化多样性的重要因素,在不同文化相互宽容、协调中起着至关重要的作用,因而于1998年通过决议设立非物质文化遗产评选。非物质文化遗产的申报有三个基本条件,一个是艺术价值,一个是处于濒危的状况,还有一个是有完整的保护计划。而每两年才审批一次,每次一国只允许申报一个。联合国教科文组织分别于2001年、2003年、2005年、2009年、2013年命名了五批世界非物质文化遗产,截至2013年12月,中国入选联合国教科文组织非物质文化遗产名录项目总数已达37项,成为世界上入选"非遗"项目最多的国家。

在非物质文化遗产的实际工作中,认定的非遗的标准是由父子(家庭)、师徒、学堂等形式传承三代以上,传承时间超过一百年,且要求谱系清楚、明确。

二、非物质文化遗产的特征 [①]

"非物质文化遗产"涉及口头传统、表演艺术、社会实践及仪式礼仪、节日庆典、有关自然界和宇宙的知识与实践、传统的手工艺技能。这些要素互相关联,有机地存活于共同的社区或群体之中,构成非物质文化遗产的生命环链。在历史向度,则包涵它由生成、传承,到创新演进的全部过程,标示出生生不息的深层生命运动和丰富久远的文化蕴涵。如果沿着这一方向深入考察,可以归纳为以下几项特征:

(一)活态性与精神传承性

与作为历史"残留物"的静止形态的物质文化遗产不同,非物质文化遗产只要还继续存在,就始终是生动鲜活的。这种"活",本质上表现为它是有灵魂的。这个灵魂,就是创生并传承她

---

① 覃业银.论非物质文化遗产的本质与特征[J].求索,2011(11).

的那个民族(社群)在自身长期奋斗和创造中凝聚成的特有的民族精神和民族心理,集中体现为共同信仰和遵循的核心价值观。这是灵魂,使它有吐故纳新之功,有开合应变之力,因而有生命力。具体而言,则指它的存在形态。非物质文化作为民族(社群)民间文化,它的存在必须依靠传承主体(社群民众)的实际参与,体现为特定时空下一种立体复合的能动活动;如果离开这种活动,其生命便无法实现。非物质文化遗产所包含的知识、技能、技艺、技术等,是通过一代一代"口传心授"传下来的。发展地看,还指它的变化。一切现存的非物质文化事项,都需要在与自然、现实、历史的互动中,不断生发、变异和创新,这也注定它处在永不停息的运变之中。特定的价值观、生存形态以及变化品格,造就了非物质文化的活态性特征。这应该是它的基本属性。无论出于何种原因,只要活态不在,其生命也便告终。比如维吾尔人名中也蕴涵着维吾尔文化的精神。因为,自古以来,姓名不仅仅是家族血统的。蒙古包就体现了民俗及其背后的民间观念和思想的传承性。

(二)民间性与社会性

非物质文化遗产是人类不同民族、不同社群的民众在历史的长河中自己创造和传承的,它既非单个人的行为,也非政府指令的行为,而是一种民间自主的行为。只有"民间"的主人——广大民众才是其创造(传承)主体和生命的内驱力。一方面是能满足老百姓物质方面的需要,如传统制醋工艺,就是满足生活需要的;另一方面是满足老百姓精神方面的需要,如一些表演艺术、民俗活动和礼仪节庆等。如果限制或改变这种民间性,没有了民众的自主参与,失去了社会的支撑,它便失去了生命之源。比如口技就既能满足老百姓精神方面的需要,又必须获得民众和社会的支持。口技是运用口部发音技巧来模仿各种声音的传统民间艺术。来源于人们模仿动物的叫声,呼唤禽兽以及驯服禽兽。现代口技表演者除了能模仿不同动物的叫声之外,还创立了很多不同的声响,例如:火车、锣鼓、婴儿哭笑等。这些群众喜闻乐见,同时也必须引导传承。

(三)生活性与情感性

对于民众来说,非物质文化活动不是游离身外的"他者",不需要外力的组织和注入,而是融于肌理不可须臾分离的生活的一部分。一方面,非物质文化承载着民众生活制度和行为规范的内涵,是这些"内涵"上下传承的基本载体,人们无时不生活于其中;另一方面,一个特定民族(社群)的非物质文化,又总是凝铸着她的民族精神,体现着民族的性格,因而与那里的民众有着深深的情感纽结,密不可分。

(四)生态性与美感性

任何一种非物质文化事项,其创生与传承都与特定的环境休戚相关:因环境而生,因环境而传,因环境而变,因环境而衰。所谓环境,实际是民众生活中的一个点。这个点,以一定民族、社区的民众为主体,集自然与人文、现实与历史、经济与文化、传统与现代于一体,形成自足互动的生态系统,构成非物质文化赖以立足的生命家园,也就构成了一道美丽风景线。如果把非物质文化比为鱼的话,那么特定的生态环境就是它的生命之水。水之不存,鱼将不再,二者是无法分割的。不同的文化,都有自己特殊的生长、生存环境,如果被硬生生地圈养在狭小的舞台里,仅供人们消遣娱乐,实际上已经失去了她的原生态性。这不是保护了民间艺术,而是割裂了她们的血脉。如果她们都是从摩天大楼里走出来表演的,那就用不着保护了。

（五）浑圆性与共生性

文化在不同的时代和不同的地方具有不同的形式。这种多样性体现在显示构成人类各群体和各社会特性的独创性和多样性中。文化的多样性是交流、革新和创新的源泉，它对人类来讲就像生物多样性对维持生物平衡一样必不可少。从这个意义上讲，文化多样性是人类的共同遗产，为了当代人和子孙后代的利益应当予以承认和肯定。

（六）传统性与代表性

非物质文化遗产具有传统性和历史性。非物质文化遗产是一种传统的文化，是一代一代传下来的，有一定的历史渊源。"传统"的对立面就是"现代"，现代的和新出现的就不是非物质文化遗产，如街舞、足疗等。还有一些单位和个人的发明创造，这些都不能算作"遗产"来保护，它可以通过申请专利来保护。非物质文化遗产的代表性，一是指在某一品种或某一类非物质文化遗产里是最出色的代表（技巧高超）；二是指在众多的非物质文化遗产中影响大、价值也大，具有代表性，如果要申报国家级代表作，就要求能代表国家一级水平的非物质文化遗产。有些东西在某个区域有影响，但在全国就不一定有影响。

（七）独特性与和谐性

强调有独特的价值，也就是这种非物质文化遗产所具有的价值是其他非物质文化遗产所没有的，甚至强调唯一性和濒危性。唯一性指非物质文化遗产具有浓郁的地方或地域文化特色，濒危性指非物质文化遗产濒临灭亡或濒临灭绝的现实情况。具有进步性的非物质文化遗产，对整个和谐社会而言是其中的一颗音符，必不可少。

非物质文化遗产的最大的特点是不脱离民族特殊的生活生产方式，是民族个性、民族审美习惯的"活"的显现。它依托于人本身而存在，以声音、形象和技艺为表现手段，并以身口相传作为文化链而得以延续，是"活"的文化及其传统中最脆弱的部分。因此对于非物质文化遗产传承的过程来说，人的传承就显得尤为重要。

三、中国非物质文化遗产名录

非物质文化遗产是人类世代相传、与人们生活密切相关的各种传统文化表现形式和文化空间。非物质文化遗产既是历史发展的见证，又是珍贵的、具有重要价值的文化资源。我国是一个历史悠久的文明古国，不仅有大量的物质文化遗产，而且有丰富的非物质文化遗产。我国各族人民在长期生产生活实践中创造的丰富多彩的非物质文化遗产，是中华民族智慧与文明的结晶，是连接民族情感的纽带和维系国家统一的基础。

为使中国的非物质文化遗产保护工作规范化，国务院发布《关于加强文化遗产保护的通知》，并制定"国家＋省＋市＋县"共4级保护体系，要求各地方和各有关部门贯彻"保护为主、抢救第一、合理利用、传承发展"的工作方针，切实做好非物质文化遗产的保护、管理和合理利用工作。

国家级非物质文化遗产名录，是经中华人民共和国国务院批准，由文化部确定并公布的非物质文化遗产名录。为使中国的非物质文化遗产保护工作规范化，2006年5月20日，国务院在中央政府门户网上发出通知，批准文化部确定并公布第一批国家级非物质文化遗产名录。其中包括：白蛇传传说、阿诗玛、苏州评弹、凤阳花鼓、杨柳青木版年画等共518项。2008年6月14日，国务院又发布了第二批国家级非物质文化遗产名录（共计510项）和第一批国家级非物质文化遗产扩展项目名录(共计147项),其中包括:孟姜女传说、董永传说、高邮民歌、陕北民歌、梁山竹帘等。2011年6月10日国务院批准文化部确定的第三批国家级非物质文化遗产名录(共计191项)和第二批国家级非物质文化遗产名录扩展项目名录(共计164项),并对外公布。其中包括:弥渡民歌、翼城琴书等。2014年11月国务院批准文化部确定的第四批国家级非物质文化遗产代表性项目名录(共计153项)和国家级非物质文化遗产代表性项目名录扩展项目名录(共计153项)。同时按照《中华人民共和国非物质文化遗产法》的表述,将"国家级非物质文化遗产名录"名称调整为"国家级非物质文化遗产代表性项目名录"。

目前,我国的各省区也都建立了自己的非物质文化遗产保护名录,并向市、县扩展。

第三节 全球重要农业文化遗产[①]

一、全球重要农业文化遗产项目的缘起

全球重要农业文化遗产(GIAHS)是联合国粮农组织(FAO)在全球环境基金(GEF)支持下,联合有关国际组织和国家,于2002年发起的一个大型项目,旨在建立全球重要农业文化遗产及其有关的景观、生物多样性、知识和文化保护体系,并在世界范围内得到认可与保护,使之成为可持续管理的基础。该项目将努力促进地区和全球范围内对当地农民和少数民族关于自然和环境的传统知识和管理经验的更好认识,并运用这些知识和经验来应对当代发展所面临的挑战,特别是促进可持续农业的振兴和农村发展目标的实现。

全球重要农业文化遗产(globally important agricultural heritage systems,简称GIAHS),在概念上等同于世界文化遗产,联合国粮食及农业组织(FAO)将其定义为:"农村与其所处环境长期协同进化和动态适应下所形成的独特的土地利用系统和农业景观,这种系统与景观具有丰富的生物多样性,而且可以满足当地社会经济与文化发展的需要,有利于促进区域可持续发展"。

在许多国家,一代代农民、牧民、林农和渔民以多样化的物种及其相互作用为基础,利用适用于当地条件的独特的管理实践和技术,创造、发展并保持着一些专门的农业系统和景观,通过反复试验,不断调整着捕鱼、耕作和放牧的方式,既保护了环境,又获得了收益。这些建立在当地动态知识和实践经验基础上的农业系统巧夺天工地反映了人类与自然环境的协调发展。不仅产生了独具特色的美学景观,维持了具有全球意义的农业生物多样性、具有自我调节能力的生态系统和具有重要价值的文化遗产,而且最重要的是为人类持续提供了多样化的产品和服务,保障了人类的生计安全和生活质量。这种农业系统或农—林—牧系统,在人口密集地区或者由于某种原因需要建立复杂的、具有创新性的资源利用和管理途径的地区很容易发现,这些原因包括地理隔绝、生态脆弱、政治边缘化、自然资源短缺和/或极端气候条件。全球重要农业文化遗产不仅反映了丰富且通常是独特的种内和种间的农业生物多样性,而且反映了生态系统和生态景观的多样性。这些系统出现于古代农业文明中,其中一些与驯化植物和动物的起源地或多样性密切相关,因此其保护就具有重要的全球意义。这些农业系统的恢复能力与

---

① 全球重要农业文化遗产[EB/OL]. http://baike.baidu.com/link?url=B3gwSZgPZL97io-wcjKiDKh6J86T7mJqVCzx-JztsQSx9c6LdfFetrt7ZDRC6kUTjclGAW8iVOFdmmJmEfWMTq.

适应能力有了很大的发展,以适应诸如自然环境、新技术、社会条件与政治形势的变化,以保障食物与生计安全和缓解风险。人类管理策略的动态变化,使得生物多样性和重要生态系统服务功能的维持可以适应技术与文化创新、代际之间传承以及与其他社区和其他生态系统之间交换的变化。自然资源管理和利用的知识与经验的不断积累,是一种具有全球意义的重要资源,需要保护和发扬,同时也需要发展。

当今技术、文化和经济的快速发展,正威胁着许多农业文化遗产及其生物多样性和社会环境基础。在过去的几十年里,人们高度关注农业生产能力、专业化水平和全球市场,而忽视了相关的外部性与适应性管理的策略,导致全面忽视对这些多种多样、独具特色的农业生产系统的研究和发展的支持。生存的压力阻碍了农民的创造性,迫使他们采用不可持续的生产方式,过度开发自然资源导致生产力水平下降,实施农业专业化生产,引进外来物种等。严重的基因污染、相关知识体系和传统文化的丧失以及重要的全球性遗产传承断裂的风险,并可能将社区拖入到贫穷和社会经济动荡的恶性循环之中。如果不采取有效措施帮助这些农业生产系统应对所面临的威胁,那么GIAHS将难以避免世界上无数的农村社区消失于工业化、现代化和全球化浪潮中的厄运。GIAHS项目的提出和实施适逢其时,因为当前各国和国际社会正致力于保护和可持续利用生物多样性,防治土地退化和荒漠化,承认农民和原住民对于生物多样性和传统知识体系方面的贡献,引起了世界范围内对于这一自然与文化综合遗产的关注。

按照项目设计,将在世界范围内陆续选择符合条件的传统农业系统进行动态保护与适应性管理的示范。一般而言,这些农业生产系统是农、林、牧、渔相结合的复合系统,是植物、动物、人类与景观在特殊环境下共同适应与共同进化的系统,是通过高度适应的社会与文化实践和机制进行管理的系统,是能够为当地提供食物与生计安全和社会、文化、生态系统服务功能的系统,是在地区、国家和国际水平具有重要意义的系统,同时也是目前快速经济发展过程中面临着威胁的系统。

二、全球重要农业文化遗产项目的主要特征

GIAHS的一个显著的特点是其丰富的生物多样性,这种多样性表现在从动植物遗传资源到景观的不同尺度水平上。通过种植不同品种的作物,农民们甚至可以通过较低水平的技术,利用有限的资源,就可以将自然灾害所造成的损失降到最小,并长期保持较为稳定的产量,获得最大的收益。此外,这种生产技能还促进了饮食结构的多样化。当地农民所栽培的许多植物都是世代相传的本土品种,这些品种经过多年的选择,具有所需要的生产性状。与现代所选育的品种相比,这些本土品种具有更高的遗传异质性,能够更好地抵御自然灾害的侵袭。对于本土动物品种也是如此,这些被驯化了数百年的品种能够满足当地环境和社会发展的要求。这种具有丰富生物多样性特征的农业生产系统中,还包含营养丰富的植物、捕食昆虫的动物、授粉动物、固氮和分解氮的细菌,以及大量具有各种有益生态功能的其他有机物。此外,许多这类农业生态系统还为野生动物(包括濒危野生动物)提供了栖息地。显然,传统的农业生产通常包括了自然和人工生态系统的多种利用方式,农耕地与其相邻的栖息地通常被有机地结合在一个农业生态系统之中。采用极少使用化学物品的传统种植方式,产生了多种多样、高度异质的生态景观,甚至可能比自然状态下所形成的异质程度还要高。事实上,作物生产、畜禽养殖和相邻的栖息环境构成了一个统一的整体,农民们在其中有序进行着植物采集、鱼类捕捞、畜禽养殖和作物生产等活动。因此,这些结构复杂的农业生态系统及其农业生物多样性和

景观,只有通过系统整体的途径,通过所有利益相关者的广泛参与,并以当地人民的传统知识和经验为基础,才能得到有效的保护和可持续的管理。

作为一种新型的遗产类型,GIAHS与其他世界遗产类型相比,有着显著区别:一方面,它是一类专属于农业的遗产类型;另一方面,GIAHS是一种更加注重人地和谐的活态的、复合型遗产。联合国粮农组织的项目负责人曾对此作过准确界定:"GIAHS主要体现的是人类长期的生产、生活与大自然所达成的一种和谐与平衡。它不仅是杰出的景观,对于保存具有全球重要意义的农业生物多样性,维持可恢复生态系统和传承高价值传统知识和文化活动也具有重要作用。与以往的单纯层面的遗产相比,GIAHS更强调人与环境共荣共存、可持续发展"。

按照定义及粮农组织所制定的标准,典型的GIAHS包括:①以水稻为基础的农业系统;②以玉米和块根作物为基础的农业系统;③以芋头为基础的农业系统;④游牧与半游牧系统;⑤独特的灌溉和水土资源管理系统;⑥复杂的多层庭园系统;⑦狩猎—采集系统。在项目准备阶段,6个国家5种类型的传统农业系统被选为首批保护试点,后又在德国政府的支持下,增加了另外两个国家的传统农业系统。按照粮农组织的计划,将逐步建立起100~150项保护试点在内的GIAHS保护网络。更重要的是,该项目旨在利用这些GIAHS试点开发出一种基于适应性管理的保护计划,以在此基础上,探索该系统的经济可行性,确定日益显著的气候变化背景下的经济与环境可持续的发展战略,保护小型农户或以传统的家庭为单位的生产结构和本土社区的权益。

三、全球重要农业文化遗产项目的运行情况

2005年,粮农组织在6个国家选择了5个不同类型的传统农业系统作为首批保护试点,截至2013年1月被列为保护试点的共有19个,分布在11个国家。分别是:秘鲁的安第斯高原农业系统,智利的智鲁岛屿农业系统,菲律宾的伊富高稻作梯田系统,阿尔及利亚、突尼斯、摩洛哥的绿洲农业系统,坦桑尼亚的草原游牧系统和农林复合系统,肯尼亚的草原游牧系统,日本的能登半岛乡村景观和佐渡岛稻田—朱鹮共生系统,印度的藏红花种植系统和科拉普特传统农业系统,中国的浙江青田稻鱼共生系统、云南红河哈尼稻作梯田系统、江西万年稻作文化系统、贵州从江侗乡稻鱼鸭系统、云南普洱古茶园与茶文化系统和内蒙古敖汉旱作农业系统(在敖汉旗)。

从国际上看,通过研究与试点,已经在农业文化遗产价值挖掘、保护与利用途径探索、保护理念与经验推广、遗产地文化自觉和产业发展等方面开展了大量工作,全球重要农业文化遗产作为一种新的世界遗产类型已经得到了国际社会的广泛认可。在粮农组织的财委会、农委会和理事会上,都将推进全球重要农业文化遗产保护写入会议文件中,并将其作为一项重要工作进行推进。

四、中国全球重要农业文化遗产项目

中国是最早响应并积极参加全球重要农业文化遗产项目的国家之一,并在项目执行中发挥了重要作用。2005年浙江青田稻鱼共生系统成为首批保护试点。之后,农业部国际合作司和中国科学院地理科学与资源研究所合作,加强了农业文化遗产保护的宣传工作,编制完成了《全球重要农业文化遗产保护国家行动框架》和试点保护与发展规划,通过举办学术研讨会和论坛、培训等多种形式,指导试点地区进行项目实施发展,产生了良好的社会效益、生态效益和

经济效益,得到了粮农组织的高度赞赏,也为其他试点国家提供了经验。2014年初,农业部在京成立"全球重要农业文化遗产专家委员会",成立的"全球重要农业文化遗产专家委员会"由农业、资源、生态、经济、社会、历史、文化等相关领域25位院士、专家组成。

特别是在试点示范与推广方面,我国通过开展培训、生产标准化、市场开拓、种养殖技术与产品加工服务、示范户带动、基础条件改善、科学研究、媒体宣传等多种途径,提高了干部和群众对于农业文化遗产及其保护重要性的认识,保护了农业生物多样性与传统稻鱼文化,提高了农民收入,扩大了国内外的知名度,带动了休闲农业和乡村旅游的发展。与此同时,许多地区积极参与农业文化遗产保护行动,积极开展申报工作。

截至2013年10月,我国共有8个全球重要农业文化遗产和两个全球重要农业文化遗产试点,这8个分别是浙江青田稻鱼共生系统、江西万年稻作文化系统、云南哈尼稻作梯田系统、贵州从江侗乡稻鱼鸭系统、云南普洱古茶园与茶文化、内蒙古敖汉旱作农业系统、浙江绍兴会稽山古香榧群、河北宣化城市传统葡萄园,两个试点分别是陕西佳县古枣园、浙江行化垛田。

2014年4月29日,联合国粮农组合新评选的全球重要农业文化遗产又增加了三个中国项目:福州茉莉花种植与茶文化系统、江苏兴化的垛田传统农业系统、陕西佳县的古枣园。至此,获得"全球重要农业文化遗产"称号的项目全世界仅31个。其中,中国占11个,位居各国之首。

农业部于2012年启动"中国重要农业文化遗产"评选工作,目前已经确定了20个候选地,这也使我国成为世界上第一个开展国家级农业文化遗产评选与保护的国家。政府主导、多方参与、分级管理的农业文化遗产管理体制将很快建立起来。

2013年5月,农业部公布了"第一批中国重要农业文化遗产",合计19个。除已经入选联合国粮农组合全球重要农业文化遗产的8个中国项目外,其余如下:辽宁鞍山南果梨栽培系统,辽宁宽甸柱参传统栽培系统,江苏兴化垛田传统农业系统,福建福州茉莉花种植与茶文化系统,福建尤溪联合梯田,湖南新化紫鹊界梯田,云南漾濞核桃作物复合系统,陕西佳县古枣园,甘肃皋兰什川古梨园,甘肃迭部扎尕那农林牧复合系统,新疆吐鲁番坎儿井农业系统。

2014年6月,农业部公布了"第二批中国重要农业文化遗产",合计20个。第二批中国重要农业文化遗产包括:天津滨海崔庄古冬枣园,河北宽城传统板栗栽培系统,河北涉县旱作梯田系统,内蒙古阿鲁科尔沁草原游牧系统,浙江杭州西湖龙井茶文化系统,浙江湖州桑基鱼塘系统,浙江庆元香菇文化系统,福建安溪铁观音茶文化系统,江西崇义客家梯田系统,山东夏津黄河故道古桑树群,湖北赤壁羊楼洞砖茶文化系统,湖南新晃侗藏红米种植系统,广东潮安凤凰单丛茶文化系统,广西龙胜龙脊梯田系统,四川江油辛夷花传统栽培体系,云南广南八宝稻作生态系统,云南剑川稻麦复种系统,甘肃岷县当归种植系统,宁夏灵武长枣种植系统,新疆哈密市哈密瓜栽培与贡瓜文化系统。

思考与练习题

1. 世界文化遗产的标准是什么?对照世界文化遗产的标准,举例说明陕西黄帝陵、西安古城墙等遗迹距离世界文化遗产的标准还有哪些差距?
2. 举例说明非物质文化遗产生产性保护的方式。
3. 试说明我们应该如何开发和保护非物质文化遗产。
4. 简述认定农业世界文化遗产的主要标准。

案例

案例 1

中国的世界遗产一览表(共 48 项)

序号	地域名称	批准时间	遗产种类
1	长城:甘肃-河北段	1987.12	文化遗产
2	明清皇宫:北京故宫	1987.12	文化遗产
3	陕西秦始皇陵及兵马俑	1987.12	文化遗产
4	甘肃敦煌莫高窟	1987.12	文化遗产
5	北京周口店北京猿人遗址	1987.12	文化遗产
6	山东泰山风景名胜区	1987.12	文化与自然双重遗产
7	安徽黄山风景名胜区	1990.12	文化与自然双重遗产
8	湖南武陵源风景名胜区	1992.12	自然遗产
9	四川九寨沟风景名胜区	1992.12	自然遗产
10	四川黄龙风景名胜区	1992.12	自然遗产
11	西藏拉萨历史建筑群:布达拉宫	1994.12	文化遗产
12	河北承德避暑山庄及周围寺庙	1994.12	文化遗产
13	山东孔孟文化历史建筑群:曲阜孔庙、孔府、孔林	1994.12	文化遗产
14	湖北武当山古建筑群	1994.12	文化遗产
15	江西庐山风景名胜区	1996.12	文化景观
16	四川峨眉山—乐山风景名胜区	1996.12	文化与自然双重遗产
17	云南丽江古城	1997.12	文化遗产
18	山西平遥古城	1997.12	文化遗产
19	江苏苏州古典园林:留园、环秀山庄、拙政园、网师园	1997.12	文化遗产
20	北京颐和园	1998.11	文化遗产
21	北京天坛	1998.11	文化遗产
22	重庆大足石刻	1999.12	文化遗产
23	福建武夷山	1999.12	文化与自然双重遗产
24	四川青城山—都江堰	2000.11	文化遗产
25	河南洛阳龙门石窟	2000.11	文化遗产
26	明清皇家陵寝:荆门明显陵、保定清西陵、唐山清东陵	2000.11	文化遗产
27	安徽古村落:西递、宏村	2000.11	文化遗产
27	西藏拉萨历史建筑群:大昭寺	2000.11	文化遗产
27	江苏苏州古典园林:艺圃、耦园、沧浪亭、狮子林、退思园	2000.11	文化遗产

续表

序号	地域名称	批准时间	遗产种类
28	山西大同云冈石窟	2001.12	文化遗产
	西藏拉萨历史建筑群:罗布林卡	2011.12	文化遗产
	长城:辽宁九门口段	2002.11	文化遗产
29	云南三江并流	2003.7	自然景观
	明清皇家陵寝:北京明十三陵、南京明孝陵	2003.7	文化遗产
30	高句丽王城、王陵及贵族墓葬:本溪桓仁、通化集安	2004.7	文化遗产
	明清皇家陵寝:盛京三陵	2004.7	文化遗产
	明清皇宫:沈阳故宫	2004.7	文化遗产
31	澳门历史城区	2005.7	文化遗产
32	四川大熊猫栖息地	2006.7	自然遗产
33	河南安阳殷墟	2006.7	文化遗产
34	中国南方喀斯特:重庆武隆、昆明石林、黔南州荔波	2007.6	自然遗产
35	广东开平碉楼与村落	2007.6	文化遗产
36	福建土楼:漳州南靖、龙岩永定、漳州华安	2008.7	文化遗产
37	江西三清山	2008.7	自然遗产
38	山西五台山	2009.6	文化景观
39	河南登封天地之中古建筑群	2010.8	文化遗产
40	中国丹霞:遵义赤水、邵阳崀山、韶关丹霞山、鹰潭龙虎山、上饶龟峰、衢州江郎山、三明泰宁	2010.8	自然遗产
41	浙江杭州西湖	2011.6	文化景观
42	内蒙古元上都遗址	2012.6	文化遗产
43	云南澄江帽天山化石地	2012.7	自然遗产
44	云南红河哈尼梯田	2013.6	文化景观
45	新疆天山	2013.6	自然遗产
46	大运河	2014.6.22	世界文化遗产
47	丝绸之路中国段(豫、陕、甘、新)	2014.6.22	世界文化遗产
48	土司遗址	2015.7.5	世界文化遗产

案例2

部分全球的重要农业文化遗产项目简介

2002年,联合国粮农组织发起了全球重要农业文化遗产保护项目,旨在建立全球重要农业文化遗产及其有关的景观、生物多样性、知识和文化保护体系,并在世界范围内进行了试点性遴选与保护,使之成为可持续管理的基础。

1. 高原农业系统（秘鲁）

安第斯山脉中部地区是马铃薯的主要起源中心。在秘鲁南部距离著名的马丘比丘（Machu Picchu）不远的库斯科（Cusco）和普诺河谷（Puno），一代又一代的艾马拉人（Aymara）和盖丘亚族人（Quechua）驯化的作物品种多达 177 个。灿烂的印加文明和丰富的农业宝藏，数百年来一直被很好地保护着，并不断得到发展，以维持海拔 4000 米地区的生存条件。

这一遗产最让人惊奇的特征是用于控制土地退化的梯田系统。建造梯田，就允许在陡峭的坡地和不同的海拔高度上进行耕作。从海拔 2800 米到 4500 米，可以发现三种主要的农业系统：玉米主要种植在低海拔地方（海拔 2500～3500 米），马铃薯主要种植在中海拔地方（海拔 3500～3900 米），海拔 4000 米以上的高海拔地区主要用作牧场，但也可以种植高海拔作物。在的的喀喀湖（Lake Titicaca）周围的高原上，农民们在其农田的周围挖掘沟渠（称为 sukakollos）。当这些沟渠放满水后，阳光的照射使水温上升。当夜间温度下降的时候，水就释放出温暖的蒸汽用以预防马铃薯及当地其他作物（如昆诺阿苋）等遭受霜冻危害。

不过，大量的社会经济与环境因素，包括水污染、不可靠的土地权属和集体所有权体制的瓦解，促使男人们离家外出去寻找挣钱的机会。而且当地作物品种的储存和分发问题，也对这一独特的、在文化上和生物学上都具有丰富意义的环境构成了严重的威胁。

GIAHS 项目将在当地机构的协调和当地社区的参与下，协助对这些具有独创意义农业技术的价值进行评估，以确保对它们的保护，并为今天的安第斯山脉地区的人民及其子孙后代提供一个可持续的发展条件。

2. 绿洲农业系统（阿尔及利亚、突尼斯和摩洛哥）

马格里布地区的绿洲，是在极为恶劣的自然环境中充满生机的绿岛，它是多样性显著、生产高度集约、产出较高的美好家园。经过了数千年的发展，复杂而精密的灌溉结构，在当地传统的资源管理机构的支持下，确保了相当公平的水资源分配，成为该绿洲长期维持的一个关键因素。

植被群落以椰枣为主，间作着树木和作物。这些古老的农业系统生产出多样性的水果和蔬菜、粮食和饲料、药用和芳香植物，让人惊讶不已。椰枣叶子提供了遮蔽，降低了环境温度，使其成为撒哈拉地区最好的居住点，同时也是一个重要的休闲娱乐胜地。

绿洲的生产系统、灌溉系统与传统文化，在不同的地方随着环境条件的不同而有差异。在大陆性气候地区、山区以及沿海地区，都有绿洲存在。这些绿洲系统具有丰富的生物多样性，构成了一个典型的农业文化遗产。

阿尔及利亚：绿洲生产的农产品为当地居民提供了重要的营养来源和收入来源，对许多人来说，这是他们最主要或较为主要的生计来源。产自于绿洲的大多数农产品，都是用于自家消费，从数量和质量上保障了当地的食物安全。

社会体制，如 Aoumma 代表了当地的社区，并且负责监督、控制和管理绿洲资源系统。这个体制的合法性和权威是建立在习俗法和当地宗教显赫人士理事会，即 Azzabas 和 Halqa 的基础之上，这也是社会生活和规范的核心。

突尼斯：绿洲的人口是本地柏柏尔人的后裔，也有一些是外来人口的后裔，在过去一千余年的历史逐渐与当地人同化在一起。自 19 世纪末开采磷矿以来，一些工人和家庭从利比亚和阿尔及利亚移来，在磷矿寻找工作。

绿洲地区人们的生计主要来自于灌溉椰枣种植，也有一些其他的作物种植和牲畜的饲养。

最近一段时间,一些其他的经济活动,如旅游业和移居外地成员的汇款,满足了当地人不断增长的现金需求。

传统的社会水资源管理体系,已经大量地被农民用水协会(用水集体兴趣小组)、农业服务合作社、Omda(最小的行政管理单位)、农业工程服务组织和当地农民协会所取代。因为没有采用综合性的合作社团途径进行水资源管理,获取主要的天然水源以及水资源用户之间的矛盾,已经开始显现。而且,由于加夫萨市对于饮用水需求的增加,加重了加夫萨绿洲灌溉系统所面临的压力。

3. 稻鱼共生系统(中国浙江)

稻鱼共生系统也就是常说的稻田养鱼,是一种典型的生态农业生产方式。在这系统中,水稻为鱼类提供庇荫和有机食物,鱼则发挥耕田除草、松土增肥、提供氧气、吞食害虫等功能。

青田县位于浙江省中南部,瓯江流域的中下游,县域总面积为2493平方公里。全县共辖31个乡镇,总人口48.7万。青田县是中国有名的侨乡,有遍布世界120多个国家和地区的华侨23万多人。青田物产丰富,不仅拥有丰富的动植物资源,而且拥有石雕工艺品的珍贵原料青田石。最为奇特的是,这个面积不大、人口不多的小县1200多年来一直保持着传统的农业生产方式——"稻田养鱼",并不断发展出独具特色的稻鱼文化,2005年6月该系统被联合国粮农组织列为首批全球重要农业文化遗产保护试点,成为中国第一个世界农业文化遗产。

稻鱼共生系统的特征:稻鱼共生系统这种生态循环大大减少了系统对外部化学物质的依赖,增加了系统的生物多样性。作为一种典型的农田生态系统,水稻、杂草构成了系统的生产者,鱼类、昆虫、各类水生动物如泥鳅、黄鳝等构成了系统的消费者,细菌和真菌是分解者。稻鱼共生系统通过"鱼食昆虫杂草—鱼粪肥田"的方式,使系统自身维持正常循环,不需使用化肥农药,保证了农田的生态平衡。另外,稻鱼共生可以增强土壤肥力,减少化肥使用量,并实现系统内部废弃物"资源化",起到保肥和增肥的作用。有分析表明,稻鱼共生系统内磷酸盐含量是单一种植系统的1.2倍,而氨的含量则是单一种植系统的1.3~6.1倍。另外,系统中的鱼类还可松土,提高土壤通气性,改善土壤环境。

4. 稻作梯田系统(菲律宾)

古老的伊富高稻作梯田(IRT)是菲律宾唯一保存下来的高原山地生态系统,具有伊富高人的独创,是一个杰出的农业生产系统。这个已经存在了2000多年的系统,一直用于有机稻作的生产。稻作梯田的持续存在和生存能力,充分显示了强烈的历史文化与自然环境之间的联系、精妙绝伦的工程系统、伊富高人最大限度地利用山区土地进行粮食生产的创新精神和坚强的精神气质。

稻作梯田的本土知识管理,是在每一级梯田上都覆盖有muyong这一私有森林。Muyong是通过集体的共同努力,并在传统部落的管理习俗下实施管理。在梯田顶部公共管理的林地上,基本上都保持了大约264个本地植物品种,绝大多数为当地特有种。梯田形成了一串独特的微小分水岭,并成为整个山地生态系统的一部分。它们成为雨水和过滤系统,并且一年到头都被灌溉着,呈现饱和状态。一种文化活动与气候变化和水文管理的节律相谐调的生物节律技术,使当地的农民可以在1000米以上的地带上种植水稻。

除了粮食生产以外,伊富高稻作梯田的水稻种植还保护了重要的农业生物多样性以及与之相联系的自然景观,其美学价值促进了当地旅游业的发展。1995年,伊富高省的5块梯田被联合国教科文组织列为世界遗产地,就是因为其壮观的景观表现了人类与环境之间的和谐。

伊富高稻作梯田被称为"活着的文化遗产"。

5. 法属圭亚那的迁移性耕作

农业属于一个复杂的活动系统,包括采集、捕捞和狩猎。主要作物是木薯(已记录有70个品种)和甘薯(13个品种),农民通过保护杂草作为驱虫剂、食物和药材。

东非放牧 Maasai 的定期方式有助于将资源利用扩大到广泛的区域,以免畜牧过于集中,从而造成过度放牧。交换牛群可创造更丰富的畜牧生物多样性,而文化机制有助于保存有关植物及其用途的丰富知识。

6. 斯洛伐克的山区农作系统

在喀尔巴阡山区,15个族群的农民管理的地貌具有丰富的驯养和野生物种及生境,这可确保了生态可持续性和经济活力,喀尔巴阡的农民栽培了1900个土著品种。

 案例思考题

1. 请根据世界文化遗产评定标准,从案例1中选择3～5个世界遗产,讨论其所依据的评定标准有哪些项?并讨论我国还有哪些文化遗产符合世界文化遗产评定的标准?

2. 试讨论人们为什么要对传统的农业生产进行保护?

第五章 文化资源调查与评估

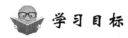 学习目标

1. 熟悉并掌握文化资源调查的重要性及内容；
2. 掌握文化资源调查的方法；
3. 理解文化资源评估的概念、原则、作用；
4. 掌握文化资源评估指标体系的设计；
5. 掌握文化资源评估的方法。

文化资源是文化产业的核心要素，发展文化产业必须对文化资源进行调查、统计和评估，根据评估结果挖掘文化资源的经济价值，制定文化资源开发的策略。因此，对文化资源评估的研究具有重要的现实意义。由于历史文化资源具有较强的代表性，因此本章的内容，将侧重于对历史文化资源的评估与测量的分析。

第一节 文化资源调查概述

一、文化资源调查的概念、作用及原则

（一）文化资源调查的概念

调查，是人们对事物进行感性认识的方法，它要求人们深入现场进行考察，通过观察、实验、访谈和问卷等方法获取事物的相关信息。所谓文化资源调查，是指在特定区域范围内，在既定时间段，调查者在既定目的驱动下，以科学的理论为指导，运用科学的方法和手段，有目的、有系统地收集、记录、整理、分析和总结文化资源及其相关因素的信息资料，以确定文化资源的存量状况，并为文化经营管理者提供客观决策依据的活动。

（二）文化资源调查的作用

1. 描述作用

通过文化资源调查，可以了解一个区域文化资源的现存量，摸清情况，掌握文化资源的类型。

2. 诊断作用

通过文化资源调查，可以认清文化资源的价值特征、空间特征、时间特征、经济特征、文化特征、主要功能，以及各种特征形成的原因和环境背景。

3. 预测作用

文化资源调查可以充实和完善文化资源信息资料,为市场预测、决策奠定基础,为寻找新的文化资源、开发新的文化产品、开拓市场提供帮助。

4. 管理作用

重视文化资源调查是文化资源管理部门从传统的经验管理向现代的科学管理转化的重要标志。

(三)文化资源调查的原则

1. 客观性原则

客观性原则要求:第一,要从文化资源所在地具体情况出发;第二,认识文化资源的差别和变化,把握文化资源所处的具体时间、空间和其他条件;第三,充分占有客观材料,分析文化资源的发展形成过程。

2. 科学性原则

科学性原则要求:第一,文化资源调查研究成果要用数据、资料说话,观点、意见、建议不能凭空臆造;第二,文化资源调查的资料必须有效地说明调查者所要说明的观点;第三,调查结论与调查资料之间要有严密的逻辑性。

3. 系统性原则

系统性原则要求:第一,要注重文化资源的整体性;第二,界定系统的界限应明确清晰;第三,注意系统的内在结构与外在的联系;第四,要注意全过程的层次性和顺序性;第五,要注意系统的自我调节以及与外部环境的平衡适应功能。

二、文化资源调查的设计

调查的总体方案设计是对调查工作各个方面和全部过程的通盘考虑,包括了整个调查工作过程的全部内容。文化资源调查总体方案是否科学、可行,是整个调查成败的关键。调查总体方案设计主要包括下述几方面内容。

(一)确定调查目的

明确调查目的是调查设计的首要问题,只有确定了调查目的,才能确定调查的范围、内容和方法,否则就会列入一些无关紧要的调查项目,而漏掉一些重要的调查项目,无法满足调查的要求。

(二)确定调查对象和调查单位

明确了调查目的之后,就要确定调查对象和调查单位,这主要是为了解决向谁调查和由谁来具体提供资料的问题。调查对象就是根据调查目的、任务确定调查的范围以及所要调查的总体,它是由某些性质上相同的许多调查单位所组成的。调查单位就是所要调查的社会经济现象总体中的个体,即调查对象中的一个一个具体单位,它是调查中要调查登记的各个调查项目的承担者。例如,为了对某一地区的历史文化资源分布状况进行调查,就需要对该区域文化资源分布情况进行全面调查,那么,该区域所有文化资源就是调查对象,每一个文化资源的保护部门就是调查单位。

(三)确定调查项目

调查项目是指对调查单位所要调查的主要内容,确定调查项目就是要明确向被调查者了解些什么问题,调查项目一般就是调查单位的各个标志的名称。例如,在文化消费者调查中,消费者的性别、民族、文化程度、年龄、收入等,其标志可分为品质标志和数量标志。品质标志是说明事物质的特征,不能用数量表示,只能用文字表示,如上例中的性别、民族和文化程度;数量标志表明事物的数量特征,它可以用数量来表示,如上例中的年龄和收入。

(四)制定调查提纲和调查表

当调查项目确定后,可将调查项目科学地分类、排列,构成调查提纲或调查表,方便调查登记和汇总。

文化资源的调查提纲应能体现调查者分析问题的方法和逻辑性,简明扼要,思路清晰。一般思路可以是:研究文化资源过去的发展,发展到现在的状况(发展成绩),综合过程要求找出发展中存在的问题。

调查表一般由表头、表体和表脚三个部分组成。

表头包括调查表的名称和调查单位(或填报单位)的名称、性质和隶属关系等。表头上填写的内容一般不作统计分析之用,但它是核实和复查调查单位的依据。

表体包括调查项目、栏号和计量单位等,它是调查表的主要部分。

表脚包括调查者或填报人的签名和调查日期等,其目的是为了明确责任,一旦发现问题,便于查询。调查表式分单一表和一览表两种。单一表是每张调查表只登记一个调查单位的资料,常在调查项目较多时使用。它的优点是便于分组整理,缺点是每张表都注有调查地点、时间及其他共同事项,造成人力、物力和时间的耗费较大。一览表是一张调查表式可登记多个单位的调查资料,它的优点是当调查项目不多时,应用一览表能使人一目了然,还可将调查表中各有关单位的资料相互核对;其缺点是对每个调查单位不能登记更多的项目。

调查表拟定后,为便于正确填表、统一规格,还要附填表说明。其内容包括调查表中各个项目的解释、有关计算方法以及填表时应注意的事项等,填表说明应力求准确、简明扼要、通俗易懂。如表5-1所示。

表5-1 资源调查表样例
文化馆基本情况调查表

填表单位:_____街道_____社区(盖章)　　　　　年　　月　　日

文化馆名称	
馆长姓名:_____ 性别:_____ 年龄:_____ 学历:_____ 职称:_____ 联系电话:_____	
办公电话:_____ 通讯地址:_____ 邮编:_____	

续表 5-1

馆舍情况		是否单独建设	
		馆舍面积(m²)	
	其中:(m²)	业务用房(m²)	
		公用(m²)	
		出租(m²)	
		挪用、挤占等(m²)	
人员情况		总人数	
	其中:	业务人员(人)	
		本科以上人数(人)	
		45岁以上人员(人)	
		30岁以下人数(人)	
		高级职称(人)	
		中级职称(人)	
人员结构		音乐(人)	
		舞蹈(人)	
		戏剧(人)	
		美术(人)	
		摄影(人)	
		书法(人)	
		文学(人)	
		理论研究(人)	
		电子专业(人)	
		其他(人)	
财政拨款(万元)		财政供给体制	
		全年财政拨款总额	
	其中:	个人部分	
		公用部分	
		业务活动经费	
		免费开放补助	
		馆内专用设备总额(万元)	

填表人：　　　　　　　　　　　　　负责人签字：

(五)确定调查时间和调查工作期限

调查时间是指调查资料所属的时间。如果所要调查的是时期现象,就要明确规定资料所反映的是调查对象从何时起到何时止的资料。如果所要调查的是时点现象,就要明确规定统一的标准调查时点。

调查期限是规定调查工作的开始时间和结束时间。其包括从调查方案设计到提交调查报告的整个工作时间,也包括各个阶段的起始时间,其目的是使调查工作能及时开展、按时完成。为了提高信息资料的时效性,在可能的情况下,调查期限应适当缩短。

(六)确定调查地点

在调查方案中,还要明确规定调查地点。调查地点与调查单位通常是一致的,但也有不一致的情况,当不一致时,尤有必要规定调查地点。例如,人口普查,规定调查登记常住人口,即人口的常住地点。若登记时不在常住地点,或不在本地常住的流动人口,均须明确规定处理办法,以免调查资料出现遗漏和重复。

(七)确定调查方式和方法

在调查方案中,还要规定采用什么组织方式和方法取得调查资料。搜集调查资料的方式有普查、重点调查、典型调查、抽样调查等。具体调查方法有文案法、访问法、观察法和实验法等。在调查时,采用何种方式、方法不是固定和统一的,而是取决于调查对象和调查任务。在市场经济条件下,为准确、及时、全面地取得市场信息,尤其应注意多种调查方式的结合运用。

(八)确定调查资料整理和分析方法

采用实地调查方法搜集的原始资料大多是零散的、不系统的,只能反映事物的表象,无法深入研究事物的本质和规律性,这就要求对大量原始资料进行加工汇总,使之系统化、条理化。目前这种资料处理工作一般已由计算机进行,这在设计中也应予以考虑,包括采用何种操作程序以保证必要的运算速度、计算精度及特殊目的。

随着经济理论的发展和计算机的运用,越来越多的现代统计分析手段可供人们在分析时选择,如回归分析、相关分析、聚类分析等。每种分析技术都有其自身的特点和适用性,因此,应根据调查的要求,选择最佳的分析方法并在方案中加以规定。

(九)确定提交报告的方式

需要确定的内容主要包括报告书的形式和份数、报告书的基本内容、报告书中图表量的大小等。

(十)制订调查的组织计划

调查的组织计划,是指为确保实施调查的具体工作计划。主要包括调查的组织领导、调查机构的设置、人员的选择和培训、工作步骤及其善后处理等。必要时候,还必须明确规定调查的组织方式。

三、文化资源调查的方法

想要成功地完成一次调查活动,选择一种良好的方法是最为重要的。只有正确而便捷的方法,才能为调查工作带来保质保量的成果,才能得到真实可靠的信息,保证提出观点的正确性和分析问题的深刻性,提升政策研究和决策水平,从而达到调查研究的目的。常见的调研方法有以下几种。

(一)典型调查法

典型调查是指从调查对象的总体中选取一个或几个具有代表性的单位,如个人、群体、组织、社区等,进行全面、深入、周密的调查研究。该种调查法较为细致,适用于对新情况、新问题的调研。使用典型调查法时需注意所选的对象要具有代表性,能够集中、有力地体现问题和情况的主要方面。

正确地选择典型对象是进行典型调查的关键。典型对象选得适当,调查的结果可以真实地反映同类事物的一般属性。典型对象选错了,调查的结果就不可能真实地反映同类事物的共性,只会得出错误的结论。典型对象是客观存在着的,不是调研者主观选就的。调查者选择典型的过程,是根据调研目的,在调查对象中发现和确定典型的过程。

典型调查的目的不在于认识少数的几个典型,而在于借助于典型认识它所代表的同类事物的共性。这就要求对个别典型进行深入、全面的直接调查,来认识同类事物的一般属性和规律。

(二)抽样调查法

抽样调查是指从调查对象的总体中抽取一些个人或单位作为样本,通过对样本的调查结果推断出总体情况。抽样调查法较普查法有方便、快捷的优点,适用于调查范围较广但又资源有限的情形。运用抽样调查法时要保证一定的样本数量,注意样本的平均分配,防止以偏概全。

与典型调查相比较,抽样调查一般是标准化、结构式的社会调查,它具有综合定性研究和定量研究的功能,因此,抽样调查已成为现代社会调查的主要方式。

抽样调查的调查对象一般要求采取随机抽样的方法确定。随机样本的代表性较少受到抽样者主观因素的影响,其代表性是由随机抽样方法来保证的。因此抽样调查的信度和效度首先依赖于科学的抽样方法。

根据调查任务的具体要求,确定总体的范围,这个范围就是抽样的范围。如果不能明确抽样的具体范围,就不能采取随机抽样的方法进行抽样。

(三)重点调查法

重点调查是通过对重点样本的调查来大致地掌握总体的基本数量情况的调查方式。所谓"重点",是指总体中那些在某一或某些数量指标上占有较大比重的单位或个体。

重点调查与典型调查一样,它们都不是采取随机抽样的方法确定具体的调查对象,因此,选点都易受主观因素的影响。但它们调查对象的数量都较少,因此都比较省时、省力、方便易行。两者的差异在于:重点调查的具体对象是重点,而重点不一定要有代表性或典型性,而要求在总体中具有重要地位或在总体的数量总值中占有较大比重,而典型调查的对象则要求其代表性或典型性;另外,重点调查主要是数量认识,而典型调查主要是性质认识。

(四)个案调查法

个案调查有两种情形,一是专项调查,即调查的对象只有一个个体,调查的目的只是为了解这一个体的状况。二是从某一社会领域中选择一两个调查对象进行深入细致的研究,这种研究的主要目的就是认识所选调查对象的现状和历史,而不要求借此推论同类事物的有关属性。因此,个案调查如需选择具体的调查对象,则并不要求其代表性或典型性,但要求个案本身具有独特性。

(五)问卷调查法

问卷调查是指根据调查内容设计调查问卷,对调查所得数据进行统计分析,最终得出结论。问卷调查法能使调查者更好地把握所需要了解的问题具有极强的针对性,是使用得最广泛的一种调查法。

(六)访谈法

访谈法是指用访问或座谈会的方式、获取相关资料和数据的一种深入的、面对面的互动式调研方法。访谈法适用于调查对象数量较少,需专门作深入调研的情况。此方法要求调查人事先作好充足准备,以应对各种可能出现的状况。

(七)普查法

目前,文化资源除了个别类别外,大部分文化资源的开发还处在无序状态,文化资源的管理缺位、错位、越位现象严重,个别地方未经规划审批擅自开发,严重降低和破坏了文化资源的价值,特别是一些商业资本进入文化领域,对文化资源的开发利用过度追求经济利益。

普查法指的是对调查范围内的每个样本进行毫无遗漏的全面调查。文化资源普查,是全面盘清文化资源情况、准确掌握文化资源状况、科学评价文化资源价值、建立分类分级管理制度、明确管理职责的客观需要,是对文化资源进行有效保护、理性挖掘、展示传承和开发利用的基础,是推动文化事业繁荣、文化产业发展的基本前提。

文化资源的普查工作在我国还没有全面展开,目前仅有几个省区完成了文化资源的普查工作。内蒙古自治区从2010年1月至2012年6月对辖区内的文化资源进行了普查。通过对内蒙古文化资源的整体梳理,共普查到19个大项目、134427个具体项目。甘肃省从2013年5月至2015年5月进行了文化资源普查,将甘肃文化资源分为历史文化、少数民族语言文字、非物质文化遗产、自然景观文化、宗教文化等18类,共梳理到18600多项省级以上文化资源。

第二节　文化资源评估概述

一、文化资源评估的概念

评估与评价是否为同一概念,学术界主要有两种不同的观点:第一种观点认为两者存在区别。有学者认为评估是对所做事情的量化,评价是对已经量化的评估标准进行判断。第二种观点认为两者没有根本的区别。在英文中,评估、评价英文的对应词都是"evaluating"(动词evaluate)。评估通常是指评估主体依据一定的标准,选择合适的范围,对评估对象的绩效信息进行全面的收集,最终得出评估对象好坏、优劣等价值判断的一个过程。

评估是对价值判断的过程。价值是指客体的存在、作用及变化对于主体的某种需要的满足。自然资源有经济价值,文化资源同样有其价值表现。文化资源作为人类创造的物质文化、制度文化和精神文化的总和,不仅具有独特的科学价值、物理价值、艺术价值,从资源对发展的有用性出发,它更具有经济价值。

自然资源是天然的,而文化资源却是人类社会发展过程中逐步积累起来的,文化资源和自然资源一样,有很多属于不可再生的,一旦破坏,就永远无可挽回。以文化资源为基础生产的产品,具有深刻的社会属性,它不仅仅是个人的、群体的或经济的、政治的意义和作用,更主要的是对于整个社会存在的意义和作用;文化活动及其产品不是单一的个体行为或群体行为,也不是纯粹的经济行为或政治行为,它有着广泛的外部性、社会性[①]。

物质形态的文化资产,其价值是显性的。物质和精神双重属性的文化资产,具有明显的资产价值;精神文化资产,在广泛的商品经济中,具有一般商品所包含的普遍价值。文化产品不仅具有使用价值,而且有作为商品赖以交换的价值。作为产品的精神文化,其有用性的形成需要花一定的劳动时间,它形成文化产品的交换价值,具有同其他社会产品交换的价值基础。

文化资源评估的研究,国内外已经有了不少的研究成果,联合国教科文组织针对世界文化遗产的确定有专门评估和鉴定方法。我国的文化和文物部门也有专门的历史文物鉴定办法,另外还有一些学者也对文化资源的评估进行了分析研究。但目前对文化资源的评价,更多是关于历史文化资源传承与保护,而针对广义上文化资源的评价,目前还没有形成成熟的评价测量体系。

现代意义上的评估开始出现在20世纪30年代美国的霍桑实验。但针对于文化资源评估而言,也就是近些年的事情,直到目前,文化资源的评估的界定还比较少。更多还是仅从文化资源的某一个方面进行评价研究。因此,对于广义上的文化资源评估,目前还没有一个公认的界定。

本书认为:文化资源评估是指通过一定的方法和指标体系的设计,对文化资源的资源禀赋和市场潜力进行价值评价的过程。在操作层面上,文化资源价值的判断,特别是它的经济价值的评估,涉及资源价值的量化问题,价值量化实际上就是文化资源价值的价格表现。

文化资源的评估主要内容包括:资源禀赋(文化特色、保存状态、知名度、独特性、稀缺性和分布范围)、资源效用(社会效用、经济效用、风俗效用)、发展预期(消费人群、市场规模、资源属地经济发展水平、交通便利度、服务能力)、传承能力(资源规模、资源综合竞争力、资源成熟度和资源环境)等。

二、文化资源评估的作用

不论是从政府与公民的角度,还是从文化资源评估的目的、用途、意义或作用的角度,都涉及这样的问题——什么时间、为什么要对文化资源进行评估?

在什么情况下需要对文化资源进行评估?主要考虑四个方面的条件:

一是文化资源管理过程的需要。为了有效地认识文化资源管理的过程,了解相关信息、需要对文化资源的管理对象进行一定的价值判断。

二是文化资源保护的需要。对文化资源采取什么形式的保护,需要对文化资源的情况进行全面的认知。

三是文化资源开发的需要。任何文化资源开发的活动都需要相应的投入与产出,并且要顾及到文化产业发展的实际效果。对文化资源进行开发可能会投入可观的资金、会有风险,这就需要对文化资源的价值进行评估以判断开发的成效,从而决定对文化资源进行如何开发。

四是发展文化产业的需要。发展文化产业需要对文化资源进行重新审视,为了衡量文化资源的价值和开发的效果,进行文化资源评估就显得尤为重要。

文化资源评估作为文化管理过程的重要环节,在文化资源管理中发挥着重要的作用,主要

---

① 李东红,杨利美.文化资源的价值评估、成本核算与经济补偿[J].思想战线,2004(3).

表现在以下四个方面:

(1)开发文化资源,发展特色文化产业,将资源优势转换为经济优势。首先需要对地域文化资源进行调查、统计和评估,摸清基本情况。根据评估结果挖掘文化资源的经济价值,制定文化资源产业化开发的政策和战略。

(2)对文化资源进行统计评价有利于明确资源价值,指出资源开发和发展的方向,对于文化资源的进一步产业化发展具有重要意义。历史文化资源、地理文化资源、民俗民风文化资源等不同的资源具有不同价值。有的文化资源只具有单一的产业价值,而有的文化资源则可能具有多重文化价值。只有科学地界定文化资源的产业价值,才能在进行产业化开发时,统筹规划,联动开发,不至于造成对文化资源的"滥砍滥伐"。

(3)文化资源评估有利于不同资源之间的横向比较,对于明确资源开发的重心,决定资源取舍具有重要价值。如对文化资源的不同种类、不同地域、不同朝代形成的文化资源进行比较优势评价,可以得到资源的综合性排序以及资源间相对量化的差异,有利于明确资源开发的重心。

(4)从产业角度看,文化资源产业化的前提首先必须是客观的评价。文化资源是文化产业发展的基础,但并不是所有的文化资源都可以进行产业化经营。发展文化产业要从资源禀赋和市场潜力等方面对文化资源进行评估。理清哪些是可开发的,哪些是现时不能开发的,为文化资源保护和开发的科学、合理规划提供重要参考。

三、文化资源评估的特点

(一)文化资源本身具有不确定性

文化资源的不确定性,主要是指随着时间推移,文化资源所表现出来的强烈的社会属性具有不确定性。这种不确定性主要表现在时间、地域、人群、历史等方面的差异,这些差异就外化为不确定性,这给评价带来了很大难度。例如浙江普陀山、山西五台山、安徽九华山、四川峨眉山和乐山都属于佛教名山,文化价值相差不大,但是由于这些名山所处的地理位置不同,从而旅游价值有很大的差别。这就给外化的资源价值评价提出了严肃的问题:是文化还是经济决定文化资源的存亡。

(二)文化资源形成过程的巨大差异

文化资源形成过程的巨大差异也对资源的合理评估造成了影响。一些文化资源受众群体较少,资源密集度不够,缺少更多的社会认同,因此,其外在的价值概念就不是很清晰,这对资源的评价产生了一定的负面制约。例如云南、贵州以及广西等少数民族聚居的地区,民族文化的差异使当地的文化资源十分丰富,也会给评估带来不便。人们很难在两个不同的民族文化之间作出好坏取舍,很难对现有的文化资源作出翔实的优劣度量。

不同文化资源的形成过程差异,导致评价结果的巨大反差。就像臭豆腐一样,虽然气味难闻,但对于特定人群来说,依然颇具吸引力。因此,在文化资源评估的时候,也要充分地注意这一点。因此,在选择评估方法和手段时就不能受到这些因素的干扰。

(三)资源所属人群的差异

目前,学术界有一个观点,认为文化资源是一种消费品,但是这种消费品具有强烈的受众特性。对于某些人群,某项资源可能是有价值的,而对另外一个人群,这个资源可能就没有

价值。

针对文化资源的这种属性,在对其进行评价的时候,就必须充分注意到不同人群对文化资源消费的效用差异。比如我国各地的饮食文化,就具有一定的可替代性,因此,饮食文化的差异相对就会少一些。而比如民俗文化,则存在显著差异,包括各地的婚丧嫁娶习俗等。这使得文化差异具有相当的人群差异,因此,也给文化资源综合评估带来了很大的局限性。

(四)邻近文化资源的可评价属性

文化资源的生成不同于任何其他社会性资源,有着强烈的共生特征。一般情况下,文化资源的发端和传承与相邻的文化现象有着深刻的必然的联系。邻近文化资源是否可以评价,是否可以与相关的资源一起形成文化产品,与特定文化资源的评价属性有着紧密的关系。

四、文化资源评估的原则

建立一个相对合理和有效的评价机制,对于资源的横向测量和评价具有积极意义,也使得客观的评价成为可能。

(一)客观性

客观性是文化资源评价的首要原则。然而,由于人的思维形成和所生活的文化环境存在紧密关系,作为文化资源评价主体的人的思维,必然会影响对文化资源评价的客观性要求。一个人生活的文化环境对本人的文化思维取向产生不可忽略的影响,这种影响是长远和巨大的。要想客观地评价自己文化体系中长期以来被贬低或压抑的部分,这是很困难的,一个可取的方法,利用客观化评价方法来降低个人对文化资源评价的影响力,从统计学的角度看,降低单个样本的影响,取得统计概念上的评价结论,而不是过度依赖专家或个人的意见。

(二)无宗教性

评价者的宗教信仰同样会对文化资源的评价产生较大影响。因此,在评价一个带有宗教色彩的文化资源时,必须使得这种资源的本质属性得以被客观反映,而不是主观性地得到一个有失偏颇的评价。

一般的,具有宗教背景的文化资源,在形成过程中,会对个人生活的方方面面产生深远的影响,甚至会波及个人的生活态度、价值体系、社会观点。因此,具有一定宗教信仰和宗教倾向的评价者,对宗教类文化资源的评价势必会产生一些偏差。消除这种偏差的方法就是改善评估方法,客观设计指标,选择与宗教信仰不相悖逆的评价主体。

(三)数量化

文化资源可评估的一个重要标志就是获得量化的指标。一般地,数量化是统计学的基本特征,利用统计学方法对文化资源进行评价,重要的一点就是活的数量化评价的指标体系和相应的分析方法。这样,就可以获得相对客观和准确的评价结论。

(四)可比性

针对不同的文化资源,可以借鉴生物学上对于生物种群的分类,作出一个简单的类比分类(参见表5-2),以便从中获得简化的评价思路。

表 5-2 文化资源的可比性评价分类(样例)

资源	界	门	纲	目	科	属	种	名称
宗教文化资源	佛教	净土宗	寺庙	建筑	塑像	泥塑	神像	双林寺彩塑
		禅宗						
	道教							
	其他							
……								
文物文化资源	艺术	书法	草书	唐代	真迹	怀素	作品	论书帖
		行书		宋代	真迹	米芾	作品	蜀素帖
民间传统资源	民俗	民俗	饮食	节令	喜庆	元宵	四川	赖汤圆

五、文化资源评估基本程序

一般而言,文化资源评估是一个有计划、有步骤的活动过程。尽管许多评估过程比较简化,不一定按照既定的程序和步骤实施,但作为一种逻辑上的流程,文化资源的评估应包括评估筹划、评估实施和评估总结三个阶段。

(一)评估筹划

筹划是评估的基础和起点,也是评估活动有序进行的前提条件。这个阶段主要解决这样几个问题:为什么要进行评估?对什么对象进行评估?评估采取什么样的途径和方案?评估需要什么样的条件?

(1)明确评估的目的。无论哪种类型的评估,实际上都存在着人们普遍关心的一个问题:为什么要对文化资源进行评估?评估为了什么?评估目的是文化资源评估计划阶段的逻辑起点,也是贯穿整个筹划、实施和总结三个阶段的总指向。

(2)选定评估对象。由于文化资源类别众多,涉及诸多的评估对象,这就需要根据现实的需要来选定评估对象,以有利于达到评估所要达到的目的。

(3)制订评估计划。具体的评估计划涉及以下几方面的工作:一是明确评估所需要的时间,初步规定评估工作开始时间和结束时间;二是圈定评估的范围、在何种范围对文化资源进行评估;三是确定评估的标准与方法,明确文化资源评估的经济标准、社会标准,采用多种评估方法,包括定量方法与定性方法;五是确定评估的短期目标和长期目标。

(4)评估条件。评估条件涉及方方面面,既有评估组织的设置、人员的配备,又有经费的落实、设备的购买。其中评估组织的设置是关键,只有评估组织健全的情况下,才能挑选优秀的评估人员,发挥评估人员的潜能,提高评估活动的质量。

(二)评估实施

文化资源评估的实施阶段是整个评估活动中最关键的阶段,如果没有良好的组织实施,所有计划与设想都没有实际的意义。文化资源评估实施阶段的主要工作是按照评估已设定的目标、收集文化资源相关的各种信息,做好文化资源的调查工作;设定评分等级标准并得出相应

分值;加权处置、建立数学模型并算出结果;通过数据分析,根据评估标准撰写评估报告,得出符合科学要求的结论。评估报告除根据评估情况提出建议外,还应当对评估初衷与目的、评估所使用的方法和评估中存在的问题作出说明。

(三)评估总结

这一阶段是对评估筹划阶段和评估实施阶段的一次全面回顾。通过总结,检讨前两个阶段存在的问题,以便于在其他文化资源评估活动时汲取教训,改正不足。具体的工作步骤是:首先听取文化资源管理部门的意见,以便进一步完善评估报告;其次,有些评估报告需要递交政府文化部门,为政府进行文化产业开发提供基础性的数据和材料,使评估报告在实际工作中发挥作用。

第三节 文化资源评估指标体系

随着文化产业的兴起,一些省份,如云南省从建设民族文化大省的角度制定了本省县域文化资源的评估指标体系。文化资源评估指标的设置合理与否直接影响评估的结果。测评的指标一方面是能使评估组织对文化资源的现状进行测评;另一方面还具有指向作用,对以后文化资源的建设提供价值标准。

一、建立评估指标体系的原则

综合评价的核心问题,是确定评价指标体系。指标体系是否科学、合理,直接关系到评价的质量。为此,指标体系必须科学、客观、合理并尽可能全面地反映影响系统的所有因素。但是,要建立一套既科学又合理的综合评价指标体系,却是一个非常困难的问题。为此必须按照一定的原则去分析和判断,才有可能较好地解决这一难题。

(一)目的性原则

指标体系要紧紧围绕改进系统这一目标来设计,并由代表系统各组成部分的典型指标构成,多方位、多角度地反映系统的水平。

(二)系统性原则

指标体系要包括资源所涉及的众多方面,使其成为一个完整的系统,这个系统必须考虑下面几个问题:

(1)相关性:要运用系统论的相关性原理不断分析,组合设计资源评价指标体系;

(2)层次性:指标体系要形成阶层性的功能群,层次之间要相互适应并具有一致性,要具有与其相适应的导向作用,即每项上层指标都要有相应的下层指标与其相适应;

(3)整体性:不仅要注意指标体系整体的内在联系,而且要注意整体的功能和目标;

(4)综合性:指标体系的设计不仅要反映资源状况的指标,更重要的是要有反映资源产业化的指标,才能更为客观和全面。

(三)可操作性原则

指标的设计要求概念明确、定义清楚,能方便地采集数据与收集信息,要考虑现行科技水平,并且有利于资源评价的改进。而且,指标的内容不应太繁太细,不要过于庞杂和冗长,否则会给评价工作带来不必要的麻烦。

(四)时效性原则

指标体系不仅要反映一定时期文化资源传承和发展的实际情况,而且还要跟踪其变化情况,以便及时发现资源消长,准确评价。此外,指标体系应随着社会价值观念的变化不断调整,否则,可能会因不合时宜而导致评估失误或非最优。

对文化资源时间价值进行评价必须考虑以下几个因素:

一是文化资源形成的历史久远性。一般地,形成的历史年代久远的文化资源,其时间价值要高于年代较短的资源。

二是文化资源的稀缺性。物以稀为贵,因此稀缺的文化资源具有较高的可度量价值。

三是文化资源生成年代的社会经济发展水平。

四是文化资源的比较优势。

五是文化资源的可替代性。文化资源能够传承,一定是具有了不可替代的传承价值。文化资源相对于其他资源具有非常显著的特征,因而文化资源的评估同样具有自身的特性。

(五)差异性原则

指标的选择要全面,但应该区别主次、轻重,要突出影响文化资源价值评估的最重要的问题,以保证突出资源的个性和特征,突出资源不同类别的长处,获得资源价值的真实再现。

(六)可比性原则

指标体系中同一层次的指标,应该满足可比性的原则,即具有相同的计量范围、计量口径和计量方法,指标取值宜采用相对值,尽可能不采用绝对值。这样使得指标既能反映实际情况,又便于比较优劣,反映资源相对优势状态。

(七)定性与定量相结合的原则

指标体系的设计应当满足定性与定量相结合的原则,亦即在定性分析的基础上,还要进行量化处理。只有通过量化,才能较为准确地揭示事物的本来面目。对于缺乏统计数据的定性指标,可采用评分法,利用专家意见近似地实现其量化。

二、文化资源评价的指标体系

良好的指标体系必须具备完整性、协调性和比例性三个特征。所谓完整性,就是各种指标相互补充、扬长避短,共同构成一个完整的整体;所谓协调性是指各种指标之间的相互关联的部分能做到相互衔接,相互一致,协调发展;所谓比例性是指各种指标之间存在一定的数量比例关系。

(一)定量指标的确定

对于文化资源的评估,本书借用了山西省文化资源评价课题组针对山西省文化历史资源,所提出的文化资源评估的一般性指标体系。这个指标体系的设计遵循了树形设计的原则,首先设计了5个一级指标,其次是25个二级指标。并从综合评价的角度出发,给定了一个模拟分值,并把它相对客观地分配在5组指标中,总分值设计为800分。如表5-3所示。

表 5-3 文化资源评价指标的设计

一级指标	二级指标	评价指标	模拟分值
资源品项指标	①文化特色;②保存状态;③知名度;④独特性;⑤稀缺性;⑥分布范围		200分,25%
资源价值指标	⑦文化价值;⑧时间价值;⑨消费价值;⑩遗产保护等级;⑪资源关联价值		160分,20%
资源效用指标	⑫社会效用;⑬经济效用;⑭民间风俗礼仪;⑮公众道德;⑯资源消费人群;⑰资源市场规模		200分,25%
发展预期指标	⑱资源属地的经济发展水平;⑲交通运输便利度;⑳生活服务能力;㉑商务服务能力		80分,10%
传承能力指标	㉒资源规模;㉓资源综合竞争力;㉔资源成熟度;㉕资源环境		160分,20%

上述指标体系中,为了能够对文化资源进行实际的评价,依据二级指标,还设置了三级指标,比如,在一级指标"资源发展预期"之下,设置了资源的"交通运输便利度"指标,见 5-4。做了这样的设计后,使得不同资源的评估结果具有可比性。

表 5-4 "交通运输便利度"评价得分表

距离中心城市		公路等级		资源辐射密度		资源内部密度	
≤20公里	10分	全程高速	10分	飞机	10分	≥100公里	10
≤40公里	8分	半程高速	8分	火车	9分	≥80公里	8
≤60公里	7分	干线国道	7分	大型汽车	7分	≥60公里	6
≤80公里	5分	支线公路	6分	小型汽车	5分	≥40公里	4
≤100公里	3分	旅游公路	5分	一般工具	3分	≥20公里	2
≥100公里	1分	其他	3分	步行	1分	≤20公里	1

需要指出的是,上述各项原则并非简单的罗列。也就是说,指标体系设立的目的性决定了指标体系的设计必须符合科学性的原则,而科学性原则又要通过系统性来体现。在满足系统性原则之后,还必须满足可操作性以及时效性的原则。这两条原则决定了指标体系设计应遵循政策性和突出性原则,此外,可操作性原则还决定了指标体系必须满足可比性的原则。上述各项原则都要通过定性与定量相结合的原则才能体现。所有上述各项原则皆由评价的目的性所决定,并以目的性原则为前提。

指标体系的结构,是指形成指标组合的逻辑关系和表达形式结构。依靠科学的结构,分散的指标才能排列组合成系统,真实地描述文化资源评价的实质性过程。

(二)定性指标评价值的确定

基础指标即评价指标体系中不能再进一步分解的指标,可分为定性基础指标和定量基础指标,简称定性指标和定量指标。因此,基础指标评价值的确定可分为两部分,即定性指标评价值的确定和定量指标评价值的确定。

在求基础指标评估价值时,一般多采用等级论域的方法,将定性指标取值范围按评语等级硬性划分几个分值范围,例如"很好"(90~100)、"较好"(80~90)、"一般"(70~80)、"较差"(60~70)、"很差"(0~60),而对于定量指标,也要确定相应于各评语等级的临界值。

这种做法有一定的局限性:第一,事物本身所具有的模糊性,决定了它没有固定的临界值,例如,从很好到很差,中间状态是模糊的,并不存在一个明确好与差的等级界限,因而由此计算出的指标评价值可信度是较低的;第二,定量指标等级临界值的确定非常困难,而它对于定量指标评价值的确定又是至关重要的,这给定量指标评价值的确定工作带来了不必要的麻烦。

基于上述理由,可以采用舍弃等级论域的方法确定基础指标评价值,即将指标取值范围规定为0~100,相当于将指标评判等级划分为几个等级,指标值越大,说明其隶属于优良资源的程度越高,同时也表明其价值越高。

对于定性指标,指标值具有模糊和非定量化的特点,很难用精确的数字来表示,只能采用模糊数学的方法对模糊信息进行量化处理。

第四节 文化资源评估方法

文化资源的评估方法也是借用了社会科学的研究方法,诸如统计报表的方法、问卷评价的方法、专家系统评价的方法等。

一、统计报表评价

统计报表的评价是对文化资源基础统计资料进行收集和整理的一个重要途径,也是文化资源评估的一个基本方法。按照统计学的方式来建立和完善文化资源的统计报表评价体系,这个体系大致包括以下内容:

(一)资源统计台账

统计台账是统计工作中最重要的部分,一般作为统计调查的基础资料,有时候也作为样本框。在对文化资源进行评价时,建立一套完善的文化资源统计台账具有重要的价值。

在我国,一些省份如湖南、贵州和山西等省份,积极开展文化资源调查,建立较为完善的资源登记制度,在工作的初期收到较好效果。但是,由于文化资源的种类繁杂,底子不清,相互关联较强,因此,难以得到满意的登记。如果在登记的开始,就系统地依托统计台账严格的数据登录和采集标准,严格统计,认真汇总,资源登记的效果会更好。

一个比较可行的方法是建立分类文化资源统计台账体系,做好各地区文化资源登记管理工作,建立基础的统计数据库,对文化资源的评价提供有效和长期的保障。

(二)文化资源月度/年度异动报表

由于文化资源和人们的生活息息相关,因此,各类文化资源每时每刻都在发生着一定的变化。民俗文化资源会发生改变,旅游资源不会出现变化,文物产品会发生耗损,传统习惯可能受到外来文化的影响,这些变化从统计学的角度看,完全变成了资源异动的信息。

建立一套月度/年度的文化资源异动报表,对资源的发展态势作出及时、积极的评估,对于文化资源的基础评价体系具有重要影响,对评估的可靠性和对资源瞬间状态的把握起着决定性的作用。

(三)文化资源存量报表

根据各地区文化资源统计台账,建立文化资源存量报表,有利于当地文化资源主管部门和相关机构了解和掌握当地文化资源的基本情况,把握文化资源的整体状态,对于保护和传承文化资源具有重要的意义。

比如通过存量调查,可以获得一个地区相对完整的资源统计数据,对文化资源的相对完整性可以作出积极有效的统计,便于就文化资源的整体当量,作出地区间的比较和判别。

(四)文化资源普查

普查是一项常规的国民经济管理策略,例如我国大约每隔10年进行一次大规模的人口普查。普查的一个优点是能够获得翔实的第一手资料。对文化资源的普查,是作好文化资源评价的一个重要手段,例如2007—2011年,所进行的第三次全国文物普查。从目前的情况看,一些省市对有关文化资源所作的普查基本上停留在局部和区域性的普查上,比如山西省对地方戏曲的普查、云南省对民族文化的普查等都是小范围的调查。

由于普查对于文化资源综合评价的权威性,各地应当适当地开展一些普查工作。但又由于普查具有耗时长、成本高、技术复杂等特征,现在进行大范围普查不太可能。

二、问卷评价

问卷评价一般采用定性和定量相结合的方式,对一些无法量化的指标进行评价。可根据文化资源评价指标体系中的二级指标进一步量化为三级指标进行评价。

对于一类特定的文化资源来说,问卷调查无疑是最有价值的。

问卷调查可以根据特定文化资源的特征,详细设计适合该类资源的特殊情况的问卷和问题,对于评价者的选择也具有针对性。

例如,当问及当地群众对于兵马俑出土文物的保护是否满意时,就可以选择当地的住户,以基本户籍为抽样框,设计相当有价值的随机抽样方案,以此进行调查。这对于反映相关的定性问题具有得天独厚的优势,其精度和可靠度无疑是有相当高的价值的。

适合进行问卷调查的文化资源主要有:民俗文化类资源、区域性人文资源、饮食文化资源、地域文化、乡土风情、民族音乐、宗教文化等。

另外还可以制作专门的调查问卷对资源的基本状况作出客观、公正、有效的评价,这样的调查结果将远远好于简单的专家评审或者会议评审。

三、专家系统评价

请相关专家对某种资源进行评价,也可以达到评价的目的。所谓的专家系统,是系统论的一个基本概念,也就是要通过对多名专家的意见征询,经过科学合理的总结评审,作出最后的评价,常用的方法是德尔菲法。

德尔菲评估法本质上是一种反馈匿名函询法。该法通常利用信函(含邮函和电子信函)的调查方式,请有关专家就文化资源相关价值发表各自的看法,然后将这些专家的意见汇总整理后告知各位专家,请各位专家在了解其他专家的意见后再补充修正以前的评估意见,以求得一个比较一致且可靠性程度高的预测性意见。该方法的理论假定在于:具有某种知识程度的人能够对文化资源具有较高的认知度,且具有相当的准确性;专家在不与外界接触、不受外界影响的情况下所作的判断往往具有较高的准确性。该方法最大的优势在于能让专家不受他人影响的情况下自由地、独立地发表自己的真知灼见。当然也有一些问题,如专家难以回答自己并不在行的问题,最终专家可能会屈从于专家集体的意见;匿名回信会降低一些专家对价值判断的责任感。

该方法的具体做法是,在对所要评估的问题征得首次专家的意见之后,进行整理、归纳、统计,集中汇总后,再匿名反馈给各专家,直至得到稳定的结论。

德尔菲法操作过程如图5-1所示:

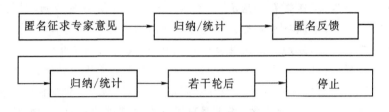

图 5-1 德尔菲法操作过程图

总之,它是一种利用函询形式的集体匿名思想交流过程。它具有区别于其他专家评价方法的三个明显特点:

一是匿名性。匿名是德尔菲法的极其重要的特点,从事评审的专家彼此互不了解,他们是在完全匿名的情况下交流思想的,因而不会存在权威或个人影响左右整体结论的可能。

二是多次有控制的反馈。小组成员的交流是通过回答组织者的问题来实现的,它一般要经过若干轮反馈才能完成评估。

三是小组的统计回答。以往,一个小组最典型的评价结果是反映多数人的观点,少数派的观点至多概括地提及一下,这无法表示出小组不同意见的分布状况。统计回答却不是这样,它报告一个中位数和两个四分点,其中一半落在两个四分位点内,一半落在两个四分点之外。这样,每种观点都包括在这样的统计中了,避免了专家会议法的又一个缺点。

 思考与练习题

1. 文化资源调查的目的是什么?如何进行文化资源的调查?
2. 什么是文化资源评估?
3. 文化资源评估的基本程序是什么?
4. 如何确定文化资源评估的指标体系?
5. 试述文化资源评估的基本方法。
6. 利用本章所提出的文化资源的评估方法,试选择某一类文化资源进行评估分析。

 案例

甘肃省对全省文化资源进行普查和分类分级评估

甘肃文化资源极其丰富。但除了个别类别底数比较清楚之外,大部分类别底数仍不清楚。一些地方对文化资源的开发处在无序状态,个别地方未经规划、审批,擅自开发文化资源,降低和破坏了文化资源的价值,特别是一些商业资本进入文化领域,对文化资源的开发利用过度追求经济利益的现象突出,文化资源普查和分类分级评估工作显得十分必要和紧迫。

2013年5月,甘肃省文化厅经过半年多的前期策划和论证研究,正式启动了文化资源普查和分类分级评估工作,制定了《甘肃省文化资源普查和分类分级评估工作实施方案》。该方案称,将坚持"保护传承、创新发展、合理利用"的方针,以建设科学的、大众的、民族的社会主义先进文化为宗旨,以保护和弘扬民族优秀文化、推动文化大省和华夏文明传承创新区建设为根本任务,通过普查和分类分级评估,摸清家底,更好地保护和开发利用甘肃文化资源提供科学依据。

根据实施方案,本次工作将普查盘清、评估认定全省文化资源的类别、级别、形态和总量,建立《甘肃省文化资源名录》和《甘肃省文化资源分类分级名录》,明确省级、市州级需要重点保护和开发利用的文化资源,分期分批向社会公布。同时,还将依据文化资源普查和分类分级评估的全部成果和数据,建立甘肃文化资源数据库,向全社会免费开放。通过文化资源普查与分级评估,明确省级、市州级需要重点保护和开发利用的文化资源,分期分批向社会公布;确定需要向国家申报纳入国家级的文化资源,积极争取国家有关部委的认定、挂牌、投资和建设;依据主要文化资源的蕴藏情况、流布地域、传承范围和衍变情况,建立甘肃省文化资源分类分级项目库;依据文化资源普查和分类分级评估的全部成果和数据,建立全省大型电子文化资源数据库;研究提出专题性文化资源保护、展示、开发和利用的对策建议等。

此次调查采取自下而上查报线索、由上而下指导采录、上下联动实施普查。结合华夏文明传承创新区建设需要,甘肃省将文化资源分为省级和市州级文化资源两个级别,分历史文化、少数民族语言文字、自然景观文化、新闻出版等十八大类。

在实施文化资源普查过程中,甘肃省文化资源普查办公室开发了一款专用软件。用于文化资源信息报送、审核、管理信息平台,并于2014年5月正式上线,这意味着甘肃文化资源普查从"案头梳理"进入"田野实地"阶段,基层部门将对当地优秀文化资源展开大规模的普查和上报。

根据《甘肃省文化资源普查和分类分级评估工作实施方案》,普查和分类分级评估工作于2015年5月结束,历时两年时间。通过普查,共盘摸出1.86万余项省级及省级以上文化资源,并形成了数百万字的汇总材料。最终,甘肃还将依据普查和分类分级评估的全部成果和数据,建立全省文化资源数据库,向社会免费开放。

案例思考题

1. 甘肃省为什么要对本省文化资源进行普查和分类评估,有什么重要意义?
2. 通过查找资料,讨论甘肃省文化资源普查与评估对全国其他省份有什么借鉴?

第六章 文化资源开发的理论

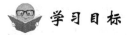

1. 说明文化资源开发的含义与文化资源开发的原则；
2. 比较文化资源开发的产品形态；
3. 了解文化资源开发的标准及要素；
4. 了解文化资源开发的政府规制；
5. 比较文化资源开发的模式（垄断模式、园区模式、赢利模式）。

文化产业与其他传统产业一样，发展均离不开对一定资源的占用、开发。或者说，无论是文化产品的生产，还是其他物质产品的生产，都必须有一定指向性的生产对象，而其产业发展过程，在本质上都是一个资源向价值的转化和实现过程，生产力的解放和发展也体现于这个过程中。从全球范围来看，文化资源的开发利用为世界各国所重视，开发利用文化资源已经成为当今发展文化产业的一种普遍模式，成为各地发展文化产业的主要路径。文化资源是文化产业发展的重要条件，而且文化资源越丰富，文化产业就越容易发展。但要把文化资源变为文化产业却是一个复杂的过程，涉及很多环节和因素，如资源开发、文化政策、文化法规、文化市场、文化资本、文化创意等，这些都决定了文化资源如何变为文化产业。

第一节 文化资源开发概述

一、文化资源开发的含义

一般意义上的资源开发是对地下矿物、土地、动植物、水力、旅游等资源通过规划和物化劳动以达到利用或提高其利用价值实现新的利用，后者也称资源再开发或二次开发。开发资源可以为人类提供新的物质财富，且避免因未被利用而造成的浪费；如果将废物作为资源进行再开发，还可以充分利用有效的资源，减少废弃物数量进而减轻处理的负担，可以节约非再生资源，以便为后代多保留些生活资料。

文化资源的开发是文化产业链上的首要环节，但不同于其他如自然、资金、人才等资源，文化资源的经济价值体现出了独特的属性，存在着许多传统经济学难以解释的地方，如资源本身的数量多少、质量高低等并不是决定产业开发有效性的关键因素。

文化资源开发是指为发挥、提高和改善文化资源的利用率，并使文化生产顺利进行所采取的一系列技术经济措施与活动。文化资源开发的实质，是尽可能地发现和利用各种文化资源，

通过劳动加工使其成为具有较高文化价值的产品。换句话说,文化资源的开发是将文化由抽象的概念开发成具体的商品的过程,也是文化产业化的过程。

二、文化资源开发的分类

(一)单项文化资源开发和多项文化资源的综合开发

对某项文化资源的利用现状进行比较分析,找出更有利于发挥作用的途径和方法,使之增添更大经济和社会效益的行为,叫做单项文化资源开发;若是考虑到各个文化生产部门之间的相互联系和互相作用,系统考察各种文化资源的利用现状,采取多种行之有效的措施,以提高文化资源的综合利用效益,这种行为称作多项文化资源的综合开发。综合开发的内容除了对文化资源的配置、布局调整之外,还包括文化生产协调、文化设施规划、文化事业的管理和人员培训等。

(二)外延式开发和内涵式开发

文化资源商品化(commercialization of cultural resources)指根据文化市场的供求关系,对现有文化资源进行合理配置,并开发成满足市场需求的文化产品的过程。文化资源的商品化最终要通过具体的开发活动来实现。文化资源的开发就是为了发挥、提高和改善文化资源的利用率,并使文化生产顺利进行所采取的技术经济措施与活动。一般包括外延的开发和内涵的开发两种方法。

所谓外延式开发,是指采用各种有效的手段,以增加文化资源的数量为主来实现对文化资源的充分利用。例如,根据各地区不同的发展历史和不同的文化传统特点,充分发掘各具特色的文化资源,为发展历史和不同的文化产业创造条件,使各种文化资源在数量上得到有效的扩展,从而推动文化事业的发展。我国具有悠久的历史和文化传统,各地区都有着各自的特色,因而对于增加文化资源数量的开发,有着巨大的潜力。同时,随着科学技术的进步和社会实践活动的日益丰富,对于进一步开发新的文化资源的外延开发,是一项重要的开发方法。当然,这种外延式开发往往会受到各种条件的限制。尤其是就某一地区来说,其传统文化的特点以及发展状况,会明显地制约和影响文化资源在数量上的开发。

所谓内涵式开发,是指采用一些新的手段,对现有的各种文化资源进行新的发掘,或者进行调节组织,以提高对文化资源的利用深度和利用效益。例如,针对某一项文化资源,运用现代科学技术手段进行开发,使其具有新的、更加丰富的表现形式和表现内容,在提高利用效益的同时,创造出新的文化内容,从而使该项文化资源获得进一步的发展。由于内涵的开发是以提高文化资源的利用效率和创造新的内容为目标,因而这种开发方法更具有积极意义。从某种意义上说,这种内涵的开发是无止境的。因而,无论是对于物质文化资源,还是精神文化资源,都必须注意内涵的开发,使得对文化资源的开发和利用,不断地向更高层次以及深度和广度发展。

三、文化资源开发的原则

文化资源开发的实质,是尽可能地发现和利用各种文化资源,通过劳动加工,使其成为具有较高文化价值的产品。文化资源开发过程中,无论是单项开发和综合开发,还是外延式开发和内涵式开发,必须遵循以下原则:

(一)创新性原则

人们所面对的文化,是从历史传承到现在的,对于当今的社会来讲,具有既成的性质,不以人类的意志为转移的性质。人类无不受到历史文化的影响、制约,无不打上历史文化的深刻烙印。对待历史的各种文化资源,保留它们的原貌就是积极地利用,就是丰富今天的生活,使人们从历史的各种文化中知道自己的过去,提高人的素养。所以文化资源的开发,首先是保护文化资源,尽量保存它们的原貌,珍惜文化遗产和文化资源。但是,文化要发展,就必须进行创新,创造今天的文化。今天的文化不是别的,就是以今天的生产方式为基础,对历史的各种文化作重新阐释,增加新的内容、新的理解,赋予新的形式,并根据今天的生产方式,创造新的文化,与历史的传统文化相衔接。于是,历史文化为今天服务,今天的文化有机地融入历史之中,实现了文化的传承与发展的有机统一。因此,对各种历史文化要用创新的眼光、态度和方法对待它们,是继承历史文化的必需,又是创造今天文化的必需。

(二)整体性原则

由于文化资源的种类繁多,内容丰富。对文化资源进行开发,就迫切需要有一个切合实际而且行之有效的整体规划。整合就是对资源进行相关分析,只有各要素进行综合平衡的组合之后,才能使资源开发发挥最大的效益。这种宏观布局的把握,取决于空间布局态势和内容上的分层开发。空间布局态势,就是在对文化资源调查分析的基础上,结合各地区文化现状的差异,确定各区域不同的重点开发目标,避免重复建设。有的地区开发目标是民族文化,有的地区开发目标是历史文化,内容上以分层开发为主,主要是指开发项目应满足资源享用者的某一层次或多种层次的需求,而不同区域具有相同的主要资源的时候,应当根据交通、资源量、声望等因素,确定不同的开发程度。

(三)协调性原则

所谓协调性原则,指文化资源的开发不仅要与自然环境相协调,而且要和当地社会发展水平相协调。一些文物遗存与它所处的自然环境本来十分和谐,这些文化景观和废墟遗址并不是孤立存在的,是和那种荒凉的、旷远的自然地理环境融为一体,如果在开发过程中人为地营造现代化的氛围,就使文物与环境协调性被破坏了。同时文化资源开发必须与当地的经济和社会发展相协调,没有经济建设做后盾,盲目的资源开发不仅是一种浪费,而且会导致资源的恶性消耗。经济文化一体化是现代社会发展的大趋势,经济发展为文化发展提供必要的物质基础,文化发展又为经济发展提供强大的推动力量。

(四)合理、适度原则

在文化资源开发中一定要避免过度市场开发和滥开发等不良行为,把文化资源当做拉动经济增长的"摇钱树",只顾眼前经济利益,一切向钱看,以牺牲文化资源为代价。人们平时总喜欢说"文化搭台,经济唱戏",这并不是一种符合文化保护要求的合理的开发行为,而是着眼于经济利益的商业性开发行为,这会使得文化资源开发变为获取经济利益的手段。这种开发利用往往使文化资源保护流于形式,成为一句空洞的口号。合理、适度的开发首先应考虑文化资源的生态恢复与生态需要,按生态要求而不是按经济需要来开发利用文化资源。这就要求在开发利用中一定要有文化保护意识,要以保护的方式来促进文化资源的开发利用。表面看来,保护和开发是一对矛盾,要强调保护就必然会影响到开发,实际上并非如此。

保护与开发也可以相互促进和有机结合,达到矛盾的统一,因为开发是在充分保护的基础上进行的,脱离保护的开发是不可取的,也不是真正需要的。所以,开发利用是一种保护性的开发利用,而不是盲目开发。一方面,这种开发尤其需要特别关注文化资源的生态现状,它包括:①文化资源的磨损、侵蚀和人为的破坏情况;②文化资源的生存环境;③外部因素对文化资源可能产生的不利影响等。另一方面,开发利用文化资源要合理、适度。合理、适度就是要考虑到文化资源的生态现状,按照生态要求和规律去开发利用文化资源,而不是去满足于人的利益需要。这样的开发利用才是符合生态要求的,才能促使优秀的文化资源得到更好的发掘,使传统文化的精华得到提升、弘扬和发展,避免对文化资源的任意篡改、滥用和庸俗化的做法。尤其是对于文化资源中的文化遗迹与"活化石"资源,开发中更要采取谨慎的态度,一方面要尊重历史、尊重文化,采取科学的手段对历史与文化进行复原,还原其历史面貌;另一方面要借助于开发使文化资源所包含的价值被当代社会所认识和了解。

例如,贵州黔西南贞丰布依族苗族自治县境内的纳孔布依族民俗村,是当地为了拉动旅游产业发展投资兴建的民俗文化村项目,想把布依族的文化风俗加以集中展示,以吸引更多的游客前来旅游。在民俗村中大量兴建了所谓的"徽式民居"建筑,但看上去都非常粗制滥造,很难让人体验到布依族独特的建筑文化内涵,这也体现出对民族文化的一种不尊重态度。

这样的事例在很多地区都不同程度地存在,这种停留在表面的民族文化资源的产业化开发,并没能让人切实感觉到真实的民族文化,只能是对民族文化资源起到破坏作用,最终变成一种庸俗化的东西,并没有产生多大的文化价值。所以,在开发利用文化资源方面,一定要保持文化资源本身的纯洁性和真实性,避免因曲解文化资源的文化内涵而产生的对社会的消极影响和负面效应。

(五)保护为主、开发为辅的原则

文化资源属于一种珍贵的资源,有的还属于濒危资源,具有不可修复性,它保留着许多"历史记忆"元素,具有极高的历史文化价值。为了永续利用,造福于子孙后代,必须对文化资源予以有效保护。

"保护是硬道理",这是人们对文化资源的一种基本态度。要做到更好地保护文化资源,不仅需要在认识上树立起明确的保护意识,而且还要制订出如何进行保护的具体措施和办法。例如,对我国传统节日文化的保护已经越来越受到关注,这是因为,随着全球化的到来,西方的强势文化对我国传统文化造成很大冲击,许多西方节日近年来在中国越来越流行,而中国传统节日文化随着商家对洋节日的炒作在不断消退,这可能使传统文化资源慢慢流失。

例如美国哥伦比亚大学周文中教授等主持的中美合作项目"民族文化的自我传习、保护与发展",其基本原则是:"通过与当地民族真诚的持续的合作,使各民族增强对自己文化的信心,提高对其文化进行自我传习、保护和发展的能力。民族文化的保护(conservation)必须是基于本民族自觉的内在的意愿,不是'冻结',更不能靠外在的强制力量来限制,发展也并非外来的开垦,而应该强调自动的演进(evolution)。"

文化资源开发一定要同文化资源保护有机统一起来,而不是对立起来,应处理好这两者之间的关系。事实上开发也可以促进保护工作,使人们意识到文化资源保护的重要性,这对文化资源保护、改变文化资源的生存状况是有利的。

保护文化资源除了采用特殊方式和途径外,还应该辅之以必要的法律手段作为外部措施,使文化资源保护做到有法可依、违法必究,还能将该项工作纳入制度化和规范化的轨道。尤其是对那些历史遗产资源和涉及知识产权的资源,通过法律的手段来加以保护显得非常重要。

四、文化资源开发的特点

文化资源开发有如下特点：

(一)无限性

文化资源的开发具有无限性的优势，可以无限开发，这是由文化的继承性和创造性特点所决定的。

(二)再生性和积累性

文化资源有很强的再生性和积累性。从某种意义上说，开发就是再生，也是积累。对文化资源的开发过程，就是对文化价值的再识、再挖掘、再把握，也就是其文化价值创造再生和积累增值的过程。

(三)多向性

同一种文化资源可以从多个角度，向多个方向进行开发。例如，儒家文化就可以作为政治资源、经济资源、军事资源、管理资源、科技资源、历史资源、教育资源、文学资源、礼仪资源、民俗资源、旅游资源等，从不同角度予以开发。

(四)环保性

对文化资源的开发一般不需要耗费大量的自然资源，有利于维护生态平衡，实现永续消费。

(五)低成本

文化资源的开发一般比物质资源开发的成本低，是一个低收入、高产出、高附加值的产业。有的文化产业甚至是一次投入长期回报。

五、文化资源开发的产品形态 [①]

文化产品包括两种基本形态，即文化实物产品、文化服务产品以及第三种衍生形态——向其他产业提供文化附加值、以著作权为核心的知识产权、数字化的文化产品。

(一)实物形态的文化产品

实物形态的文化产品，也叫文化实物产品，它既有独立的实物形态，又有文化符号的象征意义，如书籍、图画、摄影作品、音像制品等。马克思说："生产的结果是商品，是使用价值，它们具有离开生产者和消费者而独立的形式，因而能在生产和消费之间的一段时间内存在，并能在这段时间内作为可以出卖的商品而流通，如书、画以及一切脱离艺术家的艺术劳动而单独存在的艺术品。"[②] 文化实物产品是文化生产者根据自身体验，在物态材料上创造的文化符号凝聚物。文化生产者所创造的文化产品的价值可以离开生产者而独立存在，并通过市场分销而被文化消费者所占有。

(二)服务形态的文化产品

服务形态的文化产品，也叫文化服务产品，它与文化生产过程同时存在，文化生产过程与文化消费过程合一，如文化娱乐服务、文化咨询服务、导游服务等。消费者的享受与文化娱乐

---

① 吕庆华.文化资源的产业开发[M].北京:经济日报出版社,2009:60-62.
② 中共中央马克思恩格斯列宁斯大林著作编译局.马克思恩格斯全集(第26卷第1册)[M].北京:人民出版社,1972:442.

等服务过程同步。正如马克思所说,这类"产品同生产行为不能分离,如一切表演艺术家、演说家、演员、教员、医生、牧师等等的情况"①。"一个歌唱家为我提供的服务,满足了我的审美的需要;但是,我所享受的,只是同歌唱家本身分不开的活动,他的劳动即歌唱一停止,我的享受也就结束了;我所享受的是活动本身,是它引起的我的听觉的反映。"②服务形态的文化产品的提供,除表演艺术(音乐、舞蹈)、语言艺术(文学)、综合艺术(戏剧、影视剧)等传统行业外,现在已扩展到博物馆、展览馆、图书馆、互联网、广播电视电台等的展示服务、阅读服务、游艺娱乐服务和广播电视服务。

文化产品除了以上实物形态和服务形态两类外,现代市场经济条件下还有另外三种衍生形态。

(三)衍生形态的文化产品

1. 向其他产业提供文化附加值

文化符号创造价值,文化产业的目的就是创造一种文化符号,然后销售这种文化符号。原本价值700日元的女式帆布提包如果印上一个"G"字,便可卖到70000日元。这是因为"G"是表示由米开朗基罗、罗西尼创造的意大利超级流行文化的符号。手提包携带者确信,自己正在进行一种可与欧洲超一流阶层相媲美的消费行为。为了这种实践,他们情愿花费70000日元购买700日元的产品。20世纪80年代以来,在广泛培育和创建的企业文化、商业文化和消费文化是隐性的文化产业,企业文化、商业文化和消费文化分别是生产、流通、消费三个领域的文化,它们共同形成一个经济文化循环圈。经济文化因子在其他产业渗入,向其他产业提供文化附加值,促使其物质产品的文化附加值的提升,其文化符号的市场化运作,体现一种有别于一般物质产品的精神文化消费意义,是一种文化产品在其他物质生产领域渗透的衍生形式,它本身没有形成实物形态的文化产品或劳务形态的文化产品,而是附着或渗透在其他产品中,其价值通过所附着的产品的交换、流通来实现。比如,以色列"新绘建筑",利用7种颜色进行美学设计,提升建筑物的美学品位,增加了建筑物的文化符号价值。又比如,情人节的玫瑰花、端午节的粽子、中秋节的月饼,都渗透了特有的民族文化象征和情感体验,蕴涵着很高的文化附加值。

2. 以著作权为核心的知识产权形态

著作权既是人格权又是财产权,具有鲜明的知识产权属性,属于重要的衍生文化产品。外观造型设计型专利,具有文化独创性,体现了文化符号向其他产业渗透的内容。商标是一种产品区别于其他产品的标记,是识别符号、产品品质、企业声誉等长期积淀所形成的品牌,渗透了企业的文化因子,可以通过转让等市场交易方式实现其价值。总之,以著作权为核心的知识产权形态的文化产品,也是一种独特的衍生文化产品形态。

3. 数字化文化产品形态

数字化形态的文化产品拥有其他类型文化产品的全部价值,同样可以进入流通领域以产品的形式相交换,但又与前四种形态的文化产品有明显的区别,即虚拟性是它的存在方式。"要了解'数字化生存'的价值和影响,最好的办法就是思考'比特'和'原子'的差异。虽然我们

---

① 中共中央马克思恩格斯列宁斯大林著作编译局.马克思恩格斯全集(第26卷第1册)[M].北京:人民出版社,1972:443.
② 中共中央马克思恩格斯列宁斯大林著作编译局.马克思恩格斯全集(第26卷第1册)[M].北京:人民出版社,1972:446.

毫无疑问地生活在信息时代,但大多数信息却是以原子的形式散发的,如报纸、杂志和书籍。""印刷的书籍可能会绝版(out of print)。数字化的电子书却永远不会这样,它们始终存在。""第一批被比特取代的娱乐原子将是录像带。"①这种以虚拟性为主要特征的文化产品正处在生命的生长期,随着信息社会的迅速发展、互联网的普及,网上游戏、网上音乐、网上交流等文化活动将迅速发展。文化产品的数字化衍生形态必将成为文化市场的主角,成为未来人们文化消费的最主要文化产品形态。

第二节 文化资源开发的政府规制

一、文化资源开发的标准及要素

(一)文化资源开发的标准

文化资源的产业开发不仅要继承传统文化资源,而且要会通世界各国文化资源。在全球化发展的大背景下,继承传统文化资源必须涉及"中外",会通文化资源必须涉及"古今"。毛泽东曾经指出,所谓"古今"就是历史的发展,所谓"中外"就是中国和外国,就是己方和彼方。毛泽东的"古今中外"研究法是正确对待文化的全面历史研究法,文化资源的产业开发也必须遵循这一方法。一方面,当讲历史文化资源的古为今用时,必须基于文化现实资源,根据当前的知识、智力资源水平进行文化产业实践,坚持时代性标准;另一方面,当讲洋为中用时,必须基于中国文化资源的产业开发实践,坚持民族性标准。总之,文化资源的产业开发必须遵循时代性和民族性两大标准。

(二)文化资源开发的要素

文化资源的开发应立足全球文化市场,用资本和技术开发文化历史资源,或用智能和技术创造新的文化产品,为全球市场提供优质的文化产品和服务。只有投入一定量的资本、市场化的产业营运,才能把文化资源(包括文化历史资源和文化智能资源)转化或物化为有市场竞争优势的文化物品或服务。文化资源开发的要素,可以表述为如下等式:

文化资源开发 = 文化历史资源开发 + 文化智能资源开发 + 投资、可持续营销

市场经济条件下,文化资源开发的市场主体是文化企业,文化企业的职责是选择、评论、有效开发和管理文化资源,筹集资本、募集人才、寻找相关技术,为文化市场提供有竞争力的文化产品和服务,并自担风险、自负盈亏。文化产品不同于一般简单劳动产品,凝聚着知识、智力等现实资源和有形、无形文化历史资源,是人类复杂劳动的结晶。文化产业的竞争力主要取决于企业对文化资源的认识和转化赋形能力。文化企业发掘文化资源市场价值、捕捉商机的前提是:正确理解、评估、整理特定文化资源,并升华、转化或再赋形、商品化文化资源。文化企业要善于创造自己的核心竞争力。核心竞争力是指能使企业为顾客带来特殊利益的一类独有技能和技术,是企业能持续开发新产品和拓展市场的特殊性。文化资源的判断和选择,文化市场的知识,文化资源的开发技术,文化物品和服务的分销体系,以及整个产业开发过程的管理和控制等要素,构成了文化企业的独特价值链,并决定着企业的竞争优势。此外,中国文化企业还

---

① [美]尼葛洛庞帝.数字化生存[M].海口:海南出版社,1997:21-23.

应学习和借鉴国际文化企业的成功经验,探索多种方式开发文化历史资源,并与区域社会经济发展相结合。

消费者的现实和潜在文化需求构成文化资源产业开发的市场。文化资源的开发首先要科学评估文化资源,评估文化资源的社会文化价值、科技价值、科学思想和工艺价值、社会伦理和宗教价值、艺术价值以及市场经济价值等。其次把文化资源的开发纳入社会经济发展规划,赋予法律和政策的合理地位,充分发挥它在社会经济发展中的应有作用。再次把文化资源的开发同国际政治、经济、技术、文化交流结合起来,使之成为中国优秀传统文化走向世界的有效途径。最后定位文化市场消费需求,从文化偏好和社会阶级之间的关系来界定文化艺术受众。从生活方式的角度理解人们对特殊文化活动兴趣和介入的程度,是西方学者研究文化市场需求的重要视角。每一种生活方式都与不同的社会经济特征相联系,代表不同的欲望、信仰及价值观。美国学者魏斯认为,美国社会存在四十种不同的生活方式,生活方式相同的人群会选择相似的文化产品或服务。他研究了52个电视节目,有一半的电视节目得到一、两种生活方式人群的强烈偏爱,有9个节目受到四种以上生活方式的人群的强烈偏爱。

法国思想家布尔迪厄从哲理的角度概括了阶级与文化的关系。他认为,下层阶级的文化趣味由实用主义态度决定,娱乐可以帮助他们逃避或解决这些问题。不受经济需要驱使的上流阶级,从"为艺术而艺术"的角度看待文化,重视文化的形式与风格,不讲究艺术的实际内容和功能。中产阶级的文化趣味矫揉造作,反映了中产阶级渴望获取上层阶级地位而未能成功的努力。中国目前社会分化十分迅速,不同的社会等级和阶层初步形成,各阶层的生活方式、价值观念、生活趣味明显不同。目前中国的文化消费已出现三种类型,一种是以电视和全国性报纸主流媒体为核心的公众消费;二种是以畅销书、杂志、专业小报等媒体为核心的阶层消费;三是以音乐厅、展览馆、小剧场等都市文化为核心的阶层消费。各种类型消费群体的偏好和选择,正引导着文化资源产业开发的生产经营。

二、文化资源开发的政府规制

(一)文化资源开发政府规制的必要性

文化资源尤其是世界文化遗产、世界文化与自然双重遗产、口头与非物质遗产,其精华大多分布在国家历史文化名城、国家重点风景名胜区、国家级自然保护区、国家地质公园和国家森林公园等处。文化资源一方面通过"申遗"得到世人重视和保护,而另一方面往往面临"人满为患、楼满为患"等过度商业化、人工化、城市化局面。市场不是万能的,市场机制在有些场合无法做到资源的有效配置。文化资源的产业开发单纯依靠市场机制会导致市场失灵,因此,对文化资源产业开发进行政府规制,十分必要。

1. 文化资源具有自然垄断性

文化资源稀缺、不可替代,相互之间难以形成竞争;文化资源不可分割,其经营具有强烈的规模经济和范围经济,容易产生垄断。垄断经营意味着政府必须对文化资源产业经营者的收费实施经济规制,限制其垄断高价。经济规制的主要对象是接入费或门票,而对其他服务如旅馆或食品等价格则不需要(事前)规制,因为只有接入服务,即经营者为观览者提供的便利服务,包括提供的通路等,才具有垄断特征。

2. 文化资源具有公共物品特征

文化资源大多是俱乐部物品,消费者购买得到接入权以后,消费就变得具有非排他性,即一人观赏文化景观并不影响其他人的观赏。文化资源的公共物品特征决定了旅游消费中将会产生消费者对于观光服务的搭便车问题,文化资源经营者不可能根据成本对观光服务和接入服务各自单独收费,而必须将这些收费捆绑在一起。也就是说,文化资源风景区的收费必然存在交叉补贴。接入服务的收费或门票需要补贴提供其他服务的成本,如文化资源的折旧费、文化资源的维护费等。

3. 文化资源具有外部性

文化资源的外部性表现为:拥挤产生的外部性,由于文化资源的公共物品特征,消费者观赏决策时往往不考虑自己的决策对他人产生的影响;开发产生的外部性,经营者为了经济利益,过度开发文化资源而对文化景观产生损害。文化资源的外部性特征意味着,为了对文化资源进行适当的保护,避免过度开发,需要对文化资源开发实施严格的政府规制,如严格政府审批、征收庇古税、制定收费政策。收费既要考虑完全成本,又要考虑文化资源的维护成本、拥挤成本以及其他社会成本。

(二)文化资源开发政府规制的内容

文化资源开发政府规制的主要内容有:一是经济规制,包括接入收费(门票价格)、经营行为及利润的规制;二是质量规制,即对文化资源的开发和保护的规制,它是保护文化名胜的关键。

文化资源开发的政府规制的现状并不理想,一是文化资源的政府管理者与企业经营者之间的信息不对称的经济特征,产业开发与保护这两个规制目标之间存在着内在矛盾;二是文化资源产业开发的管理制度安排存在不少缺陷,又加剧了这种矛盾。

文化资源尤其是世界文化遗产,面临旅游超载、错位开发的严重旅游威胁,有的甚至面临存亡的抉择。道教圣地武当山,近年来毁景现象不断:太子养生堂被改建成宾馆、遇真宫大殿惨遭火焚、剑河峡上建大坝等。2003年,南京明孝陵的下马坊因拓宽公路面临拆迁,都江堰上游兴建大坝,张家界受世界遗产委员会警告等。旅游热带来的滚滚人流,大有踏平三山五岳之势。特别是节假日,各处无不爆满,文化旅游胜地不堪重负。最大容量不过一万多人的故宫一天之内竟涌入十余万游客。小巧玲珑的苏州园林内游人如"过江之鲫"。每年到丽江旅游的游客超过400万,严重破坏了丽江地区的文化和生态平衡,甚至玉龙雪山也因过多的游人导致雪线上移。在敦煌莫高窟,日益增多的游人给壁画、雕塑带来无法弥补的损害。

文化资源尤其是世界文化遗产的"商业化""人工化""城市化",更让人担忧。在世界文化遗产地附近、周围甚至景区内,到处都有市声喧嚣的商业街、土特产市场,如承德普宁寺的僧寮也改造成了商业街。最明显的人工化是索道的兴修,近年我国山岳景区兴建索道成风,如泰山、华山、黄山、峨眉山、青城山等全部建索道,有的甚至不只一条,名山铁索缠身,大煞风景。各种旅店、招待所、行业宾馆、部门饭店竞相破土动工,或进行升级改扩建,文化资源胜地城市化日益严重。

(三)文化资源开发的政府规制措施

文化资源产业开发必须在保护的前提下,在其环境容量允许的条件下进行,否则将带来人类文化财富的毁灭性破坏。

1. 质量规制手段

质量规制手段保护措施包括:其一,严格审批制度,避免过度开发。文化景区内禁止建设对环境有害的设施和项目,新景区的开发和旅游景点的兴建要进行环境影响评价,其废水、废气、废渣的处理处置设施和防止水土流失、植被破坏、景观破坏的措施,必须与主体工程同时设计、同时施工、同时投入使用。其二,通过对开发活动征税,减少经营者过度开发的冲动。其三,游客人数总量控制。政府规制机构通过测评文化资源景区的环境容量,确定各个景区年度可接待游客人数,以配额的形式下发给各景区,并监督其执行情况。国外的一些做法可资借鉴,如法国限制参观凡尔赛宫的游客人数,美国严格限制科罗拉多大峡谷自然旅游区旅游人数。我国敦煌莫高窟规定,旅游旺季每天接待游客数量控制在2000人以下,并限定游客的停留时间,以减少游客呼出的二氧化碳对敦煌壁画的损害。

2. 经济规制手段

经济规制手段主要是制定有效的收费政策,解决公共物品特征带来的拥挤外部性,防止出现不合理的垄断价格,实现资源的合理配置。目前,接入收费(门票价格)不仅要考虑到文化资源维护等成本,还要考虑到拥挤成本以及其他社会成本。可以实行分时区价格制度,旅游旺季,通过提高价格,限制游客数量;旅游淡季,通过价格下调,来吸引游客,从而平衡一年当中旅游人次的分布。政府出资或鼓励文化企业投资来保护民族文化资源,也是一种有效的经济规制手段。例如,为保护东巴文字、东巴古乐等民族传统文化资源,2003年,丽江古城管理公司出资200万元,支付古城房租,邀请纳西族知名文人、学者、手工业者在古城建立26个纳西文化传播点,开馆授艺,传承东巴文化。又如,云南省设立专项经费资助作家、艺术家创作,筹资2000万元成立云南聂耳音乐基金会,大力发展民族音乐产业。

3. 行政法律手段

文化资源的过度开发,需要政府采取适当的行政法律手段加以遏制。例如江苏周庄为了迎接第28届世界遗产大会在苏州举行,于2004年3月颁布《关于限制古镇区经营真丝产品的通知》,毅然"减商"。苏州市还决定取消周庄等多个古镇的GDP考核。国内的其他古镇或历史文化名城,比如著名的乌镇、同里、南得、青岩、镇远、芙蓉、婺源、凤凰、丽江、平遥等,都面临着"减商"的问题。

文化资源开发必须坚持科学的开发观,走可持续开发之路。"可持续发展首先是要发展,否则可持续无从谈起。片面强调保护而不强调发展,事实上保护就没有基础,也不是真正的可持续开发。"[①]

可持续开发就是要实现文化资源的优化配置与和谐利用,实现既满足当代人需要,又不对满足后代人的需要构成破坏和威胁。首先要了解和把握自身文化资源的"家底"和开发状况,要对现有文化资源尤其是历史文化资源进行全面的盘点和梳理,对各个文化门类的优势和劣势进行准确的分析和把握;其次要确立系统的开发思维,做到全面规划、统筹安排,制定相互衔接的远、中、近期的整体开发规划和实施方案;再次要强化政府对文化资源开发的规划、组织、管理、协调,打破区域相互封闭、条块分割、各自为政的局面,使有限的文化资源实现优化组合和共享,发挥整体开发的优势。同时还要加强立法管理,限制过度开发,提高开发和管理水平。总之,通过建立和实施可持续发展的开发理念,实现经济效益、社会效益和文化生态效益的最佳结合,推动社会全面进步和人的全面发展。

---

① 马锐.对中国旅游文化资源开发的探讨[J].兰州学刊,2005(6).

第三节 文化资源开发的模式

模式(pattern)是解决某一类问题的方法论。把解决某类问题的方法总结归纳到理论高度,就成为模式。模式是一种指导,在一个良好的指导下,有助于任务的完成,有助于作出优良的设计方案,达到事半功倍的效果,从而得到解决问题的最佳办法。文化资源的共同特征导致了开发中的一些共性问题,这些问题可以采取相同(或类同)的措施,通过共同的途径加以解决。根据这些共同特征、共同问题、共同措施、共同途径内在联系的规律性,即可抽象出具有一般性的程式化的事物——文化资源的开发模式,包括集群式寡头垄断模式、园区化开发模式。

一、集群式寡头垄断模式

集群式寡头垄断是这样一种产业模式,从市场结构上说,它是垄断型的;从企业关系上说,它是寡头垄断型的;从产业关联上说,它是集群式的。针对特定的文化资源,它的产业模式如图6-1所示。

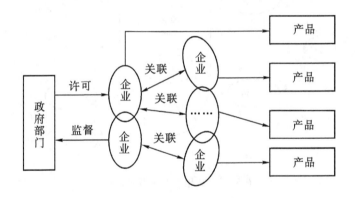

图6-1 集群式寡头垄断产业模式

在这种模式下,区域文化资源属于政府所有,经过评估审查,政府将文化资源的开发经营权授权给特定的企业,实行许可经营;政府通过监督资源的开发过程和市场的反应来影响特定企业的开发行为,控制文化资源的开发;这样就文化资源开发的政府模式形成了政府监督下的资源开发的寡头垄断模式。

特定企业根据产业组织的需要,邀请相关企业共同参与文化资源的直接或间接开发,企业之间基于产业链条形成战略联盟,各产品及服务之间形成特定的关联关系,这样就形成了文化资源主导下的产业集群。该模式的特点有:

(1)实现了文化资源的统一化、垄断性经营;
(2)实现了文化主体的多元化,服务的多样化;
(3)实现了文化资源开发的规模经济和范围经济;
(4)实现了政府对资源开发监管的高效、精准、到位。

这样既发挥了市场机制对资源的产业开发作用,又发挥了行政机制对文化的建设作用,实现了开发与保护相融合。

二、文化资源开发的园区模式[①]

文化资源的园区化开发模式是一种介于纯企业开发模式和纯政府开发模式之间的开发模式,它既可以实现企业的灵活经营,发挥市场机制对资源的配置作用,又可以发挥政府作为资源所有者和市场监管者的作用,保障资源的科学开发。从资源开发的产业角度来说,这种模式是与集群式寡头垄断相对应的。

(一)园区化模式的产业集群

从产业集群角度来说,文化产业园区是以核心文化资源为主导,以资源开发的产业链条为主线而形成的相互衔接、联动发展的产业集群。其中主导产业为文化产业,关联产业为服务业及其带动的一、二产业。其产业关联如图6-2所示。

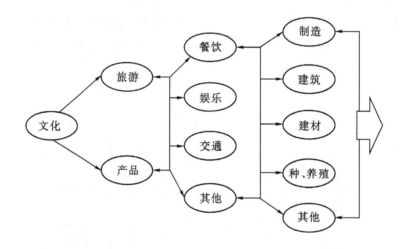

图6-2 文化产业关联带动图

在图6-2中,从左向右反映了文化资源的深加工和文化产业的关联带动效应。

第一层次是以文化为核心,是文化资源在物质表象层面的开发,属于文化资源的浅层次开发,这是文化资源开发的龙头,也是文化资源综合效益的表面部分,包括:①将文化遗址或景观进行包装展示,开展旅游观光服务;②文化遗产中的部分文化产品,满足文化产品流通及珍藏的需求。当然还有与旅游相关的诸如表演、演示等内容。

第二层次是文化资源在大文化服务业层面的开发,是将文化资源所蕴含的文化精髓渗透到餐饮、交通、娱乐、教育等服务项目中,用独特的文化理念提升区域服务业的水平,形成区域服务的特色化和文化,以此来提升区域服务业的层次和附加值,提高区域服务业的综合竞争能力。

第三层次是文化资源在第二产业及第一产业层面的开发,是将文化资源所蕴含的文化精髓渗透到食品、服饰、艺术品等具体的产品中;用独特的文化内涵提升有形产品的附加值,形成与区域特色文化相对应的区域特产系列。第三环是开发的高层次,是用文化产业提升区域产品层次和区域竞争力的重要内容。

---

① 任玉平.山西文化资源开发的园区化模式研究[J].太原大学学报,2008(3).

文化资源在开发过程中,三个层次并不是孤立或递延的,而是互动协调的,由此形成了以独特的文化理念为核心的产品系列、服务集合和以文化资源开发为核心的产业集群,该产业集群推进了地方第一、二、三产业的协同发展,使低污染、低消耗、高产值的产业项目在产业机构中占的比重越来越大,从而优化了区域产业结构。

(二)大中小企业共生并存的集团组织

文化产业园区可以形成一种以寡头企业为主导,大中小企业共生并存的企业网络。详见图6-3。

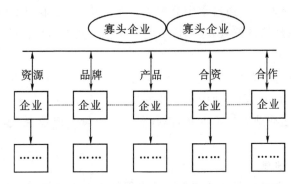

图6-3 企业网络

(1)资源授权。政府将文化资源的开发经营权授予符合一定条件的核心企业(寡头企业),寡头企业负责文化资源的开发、经营及管理。在开发过程中,从产业运营的角度,寡头企业可以采用BT或者BOT模式①将部分文化资源授权其他企业来开发或经营,这样便形成了资源授权的关联关系。

(2)品牌授权。核心企业或文化品牌的经营企业可以采用授权贴牌、品牌连锁等品牌经营方式与其他企业建立业务合作关系。品牌经营企业负责品牌的建设和管理,被授权企业负责品牌的使用。

(3)产品供给。核心企业可以将文化资源进行初次开发,将文化产品或半成品提供给下游企业二次开发或延伸开发;上下游企业通过供求关系基于产业链进行关联。

(4)合资经营。掌握文化资源的核心企业可以通过设立合资企业的方式与其他企业形成联盟组织,共同开发文化资源及其衍生产品。

(5)业务合作。核心企业在资源开发过程中,对于非核心业务可以通过外包、委托代理等方式开展,与其他关联企业建立业务协作。寡头企业通过资源授权、品牌授权、产品供应、合资合作等方式与相关企业形成联盟组织,共同承载文化园区的产业集群;关联企业之间也会因为业务与产品形成合资或合作关系,最终形成纵横交错的企业网络。

---

① BT和BOT都是工程项目融资的形式,BOT(build-own-transfer,建设—拥有—转让)是指政府通过特许协议,引入国外资金或民间资金进行专属于政府的基础设施建设,基础设施建设完工后,该项目设施的有关权利按协议由政府赎回。BT是BOT的一种变换形式,是指一个项目的运作通过项目管理公司总承包后,由承包方垫资进行建设,建设验收完毕再移交给项目业主。

(三)政府主导下的园区化开发机制

1. 集群溢出机制

集群溢出机制即在产业集群中,一个企业的建成将降低其他企业的成本或提高它们竞争力的现象,包括物理外溢和智力外溢两种溢出机制。物理外溢的典型表现是,进入集群的企业,可以与其他企业一起形成内部化的交易规则和信誉良好的供应网络,实现近距离的直接交易,降低各种交易成本,包括信息搜寻成本、商品运输成本和库存成本(甚至可以实现零库存)等。智力外溢主要是指集群内的技术和创新可以迅捷而有效地在不同企业之间传播的现象。实践证明,我国的中小企业正是通过集中分享了专业化协作、专业市场营销网络、社会化服务等外部规模经济和范围经济的好处,才形成目前已具相当实力的特色产业集群。

2. 集群竞合机制

在一个产业集群的各企业之间,往往既有直接或间接的竞争,又有直接或间接的合作,形成一种竞合发展模式。其中,合作使中小企业发挥集聚经济效应,弥补了中小企业规模不经济的缺陷;而竞争则促进了企业的技术创新,提升了服务质量与产业层次,从而为广大中小企业提供了一种创新激励。

3. 集群产业链延伸机制

产业链的纵向和横向延伸是产业集群迅速发展的一个重要规律。纵向延伸实际上是以文化产品为核心的产业分工细化、深化和专业化的主导产业链延长过程;横向延伸则是随着主导产业链条的延长及其规模的扩张而促成关联产业和支援产业发展的过程。这种延伸机制将推动一个产业集群逐步壮大、逐步升级、逐步完善。

4. 资源创新性整合机制

产业集群是以集群所在地的资源优势为基础发展起来的。努力挖掘当地特有的优势资源,对产业集群的发生发展所必需的资源进行创新性整合,一个特色产业集群就会快速形成。

5. 产业集群与专业市场互动机制

产业集群发展的一个特征是,存在显著的区域分布差异。各地发展市场经济的一个重要措施是建设各类专业市场,专业化市场在各地产业集群的发展过程中确实起了先导作用,同时产业集群的发展也推动了专业市场的发育。

(四)园区化开发模式的优势

文化产业园区在资源开发过程中,通过产业关联可以形成产业集群,实现第一、二、三产业的协同发展,提升区域经济整体竞争力,有效地实现文化资源产业化开发的经济、社会、可持续三重效益。

1. 文化产业园区可以提高资源开发的经济效益

首先,通过对文化资源的产业集群式开发,可以提高资源综合利用效率以及其文化带动价值。其次,企业集团和产业集群形成,繁荣了文化市场,充实了文化内涵,可以满足消费者不同层次、不同范围的文化需求,提高了经济效益。再次,在文化资源开发及文化产业的主导下,区域第一、二、三产业的产业结构明显优化,低消耗、低污染、高附加值的项目对区域GDP的贡献率明显增加。另外,文化产业集群和企业集团的形成可以形成良好的品牌效应,提升整体产品的档次,实现产品的高附加值,提高产业整体利润率。

2. 文化产业园区可以提高资源开发的社会效益

首先,文化资源的充分开发和第一、二、三产业的联动发展可以大规模地提高就业率。其次,文化资源的有序开发可以弘扬文化精神,传播文化理念,提升区域的文化影响力和文化竞争力。同时,文化资源的科学开发本身就是对传统文化的继承和发扬。此外,有形的文化产业园区和寡头企业主导下关联有序的企业组织便于政府实现有效监管、目标清晰、重点明确、执行有力。

3. 文化产业园区可以提高资源开发的可持续效益

一方面,历史文化传统在新的时代被继续发扬并且注入了时代的精神,使文化传统更富有活力,成长性更强。另一方面,文化资源开发过程中所产生的经济效益为文化投入奠定了物质基础;文化资源在开发过程中所产生的社会效益为文化投入奠定了人力基础;当全社会都在秉承文化理念、遵循文化传统时,文化资源便实现了科学保护。

此外,在文化产业园区运营中,文化的传播、产业的交融、群众的参与可以形成良好的人文环境;低污染、低消耗、高附加值的特色的文化产业集群的形成也可以创造出良好的自然环境。

三、文化资源产业化的途径

人类对文化产品的需求越来越多,而对文化产品的规模化生产便形成文化产业。早在20世纪80年代,前日本首相大平正芳就宣布,文化资源的开发和文化产业化进程将成为日本经济的主要构成。美国在发展高科技产业的同时,对文化产业极为重视,高科技产业与文化产业的结合成为产业发展的一大趋势。文化资源变为文化产业是文化资源开发利用的关键,要通过一定的途径才能实现。这些途径主要有资本途径、市场途径、资源整合途径、产业链途径等。

(一)资本途径

资本是形成产业的关键,文化产业也不例外。资本在现代社会中既是一种生产要素,也是一种市场要素。著名经济学家萨缪尔森说过,资本是一种不同形式的生产要素,它能带来经济的产出,资本作为生产要素显然是指资本对于经济活动的直接贡献作用,它具有内在的增值性,能给生产活动带来更大的经济利益。实际上在现代社会中,资本不仅仅是一种生产要素,还是一种十分活跃的市场要素,它可以有效地配置各种资源,使资源发挥更大的效益。善于资本运作已经成为现代企业集团进行扩张的有力手段,这种扩张实际上是一种资本扩张,它是通过资本的途径来完成的。这也是许多企业之所以能在较短的时期内迅速发展壮大的原因。例如文化企业中的盛大网络文化发展有限公司,走的正是资本扩张的道路。

文化资源变为文化产业,首先要善于通过资本运作来加速文化产业发展,文化资源的开发利用正是通过产业化过程使资本发挥作用。资本是发展文化产业的本钱,它不仅可以是资金,也可以是文化资源本身。没有一定的资本作为本钱,就很难使文化资源变为文化产业。而资本说穿了是一种利益诉求,因此,资本投入是讲回报的,这种回报就要求它一定要按照市场经济的利益原则进行,这也是资本运作的动力所在。

从现代社会发展趋势来看,文化经济已经成为当今社会诸种经济要素中最活跃的因素,成为新的经济增长点。文化经济最突出地体现了文化资本对社会的巨大作用和影响,通过文化资源来积聚资本,吸引社会对文化的投融资,进而借助于资本来开发文化资源,发展文化产业,已经成为一种重要的趋势。文化资本在文化产业发展中的作用表现得越来越明显,已经成为促进文化产业发展的有力手段。

(二)市场途径

市场化运作是文化产业发展的基本规律,文化资源变为文化产业离不开市场。市场机制是一切经济活动最突出的要素,文化产业属于文化经济活动的范畴,它的发展也要依赖市场机制。

市场机制的作用主要表现为:

首先,它可以使文化资源转变为文化资本。文化资源自身的价值可以使它变为文化资本,但文化资源要在市场中才能生成为文化资本。比如,少数民族歌舞是一种丰富的文化资源,这些资源在进入市场之前不过是一些分散的、存在于田间地头的原生态的东西,一旦进入市场,通过市场的作用把这种生活中原生态的东西发掘出来,这些文化资源就具有了市场价值和商业价值。

其次,市场可以促进文化产业结构的完善。文化产业结构包括很多方面,组织结构、产业形态、文化创意、管理机制、投融资渠道、经营模式、市场营销等。这些都要通过市场作用才能有效运作,只有市场机制才能使它们达到最优化状态,使它们的作用得以充分发挥。文化产业必须进入市场,在市场中去生存和发展。凡是不以市场的方式而是以行政的方式来代替文化产业的经营,都不可能取得最终的成功。

最后,市场可以使文化资源发挥出最大效益。文化资源开发的效益如何,要靠市场来验证,这个效益不仅仅指经济效益,还包括社会效益。发展文化产业离不开对文化资源的开发利用,但文化资源的开发利用有一个效益问题,违背效益原则的开发只能是对文化资源的一种破坏。

(三)资源整合途径

文化资源的整合是文化产业发展中的一个核心问题。文化资源整合指的是把原本分散的、零碎的、不成系统的文化资源根据市场的需要有效地加以集中、提炼和优化,使之能形成具有市场价值的文化产业资源的形式。文化资源整合是文化资源开发利用的一个重要环节,在整合文化资源的基础上才能形成文化资源的产品化。没有经过整合的文化资源通常是以各种不同的形式分布于我们的日常生活当中,甚至是散乱地分布在生活的各个角落,不为人们所注意。这种情况下的文化资源一般是不具有文化产品的性质的,因为它们还没有以产品的形态进入市场,成为被消费的对象。比如我们所熟知的一些文学作品中所描绘的历史故事和人物形象,还有那些丰富多彩的风俗习惯、节庆、宗教信仰、民间工艺、建筑、服饰、饮食、歌舞、民间艺术等。而这些代表着一个民族悠久历史的独特文化传统,具有很强的吸引力,有很多属于人类历史的"活化石",它们不仅仅是人类学、民族学的重要研究资料,而且还具有开发为文化产品的价值。这个开发是一种市场开发,也就是把它们潜在的市场价值发掘出来,加以利用。在没有开发之前,这些文化资源只是一些历史遗迹,还不具有市场价值。这个开发就是一种资源整合过程,把具有市场价值的资源加以整合,形成文化产品。

(四)产业链途径

产业链是指由一个产业衍生出来的与它相关联的其他相关产业。它是产业发展到一定程度必然出现的结果。当一个产业发展到一定规模时,它就会朝着产业链方向发展,带来产业的增值,文化产业也是如此。但是,文化产业的产业链不同于其他产业的产业链,这是因为文化产业存在着价值关联的原因,这是由文化的意识形态属性决定的,因而文化产品必然包含着与意识形态密切联系的文化价值内涵。

通过产业链的途径可以进一步加速文化资源向产业化方向发展,这样可以发挥文化资源的最大效益,给产业带来新的增值。但文化产业的产业链是其价值内涵的有效延伸,因此,在形成产业链过程中要注意文化保持问题。有了这种文化保持才能带来产业的附加值。例如,牛仔系列服装是人们十分喜爱的产品,也是当今世界上最经久不衰的服装款式之一,长期以来一直受到人们的喜爱。它的成功之处就在于,它是一种特定文化精神的象征,因为它延续了当年好莱坞电影中美国西部牛仔所表现出的粗犷、不羁与彰显个性的精神特质,因而成为许多年轻人所喜爱的一种服饰。由它构成的产业链也有很多种,从牛仔衣到牛仔裤,再到牛仔裙、牛仔包等,形成了一个牛仔服装家族。这是一种成功的文化资源的开发中的产业链环。

四、文化资源开发的赢利模式

美国企业战略设计大师亚德里安·J·斯莱沃斯基(Adrian J Slywotsky)在《赢利》一书中指出,赢利模式至少有23种,包括:客户解决方案模式、金字塔模式、多种成分模式、配电盘模式、快速模式、卖座"大片"模式、利润乘数模式、创业家模式、专业化模式、基础产品模式、行业标准模式、品牌模式、独特产品模式、区域领先模式、大额交易模式、价值链定位模式、周期利润模式、售后利润模式、新产品利润模式、相对市场份额模式、经验曲线模式、低成本商业设计模式以及数字化模式。

斯莱沃斯基认为,凡是卓越的企业,无一不是通过恰当地运用其中一种或二至三种赢利模式,从而成功地实现了企业的利润目标。例如,就从事文化资源产业开发的企业来看,马特尔公司通过生产不同档次的芭比娃娃成功地运用了金字塔模式;迪斯尼公司从关注产品拓展到关注整个体系,从而成功地将企业设计由一般电影制作模式转变为卖座"大片"模式。赢利模式各有利弊,其选择具有挑战性。从经验模式中可能获得巨大的好处,也可能会落入经验主义陷阱。例如,微软公司成功地赢得了行业标准,而Lotus公司却输掉了。文化企业赢利模式的选择,可以参考以下四条原则思路。

一是文化企业要获成功,往往要综合多种赢利模式。每一种赢利模式都会或多或少地存在难以克服的缺陷,不同赢利模式能够相互配合、构成体系,共同为文化企业的赢利作出贡献。事实上,多数文化企业就是同时运用若干种赢利模式而取得成功的,例如迪斯尼公司、时代华纳公司就同时运用了利润乘数模式和卖座"大片"模式。

二是文化企业同时采用多种赢利模式时,应有一种起主导作用的模式。例如IBM公司的行业标准自1964年以来一直靠其主机,英特尔公司所采用的速度模式多年来几乎无人可比,花花公子公司的价值链定位模式有利于其产业价值链的拓展。

三是不同的文化企业应分别采用适合自己的赢利模式。有些赢利模式只适用于某种类型的文化企业,例如出版业适合采用多种成分模式,影视代理公司适合采用配电盘模式。有些赢利模式适用于多数文化企业,例如客户解决方案模式、速度模式、独特产品模式等。每个文化企业都必须尽快地找到适合自己的赢利模式,从而加快赢利速度、增加赢利水平。

四是文化企业赢利目标的确定是赢利模式确立的基础。文化企业确立赢利模式前,首先要确定可以赢利的区域,即发现利润区。"企业的核心要义是产生利润"一语,是亚当·斯密以来对企业活动最简约的描述。利润区指的是为企业带来超过平均水平的持续高额利润的领域。在利润区内,持续、高额的利润将为企业带来巨大的价值。科学、合理的企业设计方案,有助于企业准确判断利润区的所在及其转移。

斯莱沃斯基说:"赢利也是一种思维方式,没有利润,就意味着没有能量,就没有能力参与

未来,也就没有能力建设未来。"其实,如同原版书的书名《The Art of Profitability》一样,赢利更是一种艺术。文化资源产业开发的赢利模式的选择和应用,同样是一种艺术。

 思考与练习题

1. 简述文化资源开发的理论依据。
2. 文化资源的园区开发模式是什么?
3. 从经济资源的有限性看文化资源开发的必要性。
4. 试述政府主导文化市场调节文化资源配置模式。
5. 试述政府主导文化市场调节文化资源配置模式存在的制约因素。
6. 试述文化资源开发所遵循的原则。
7. 试述文化产业强国的发展对我国的启示和借鉴。
8. 试述当前文化资源开发中存在的问题。
9. 试述文化资源开发的对策措施。

 案例

美文化人士:《功夫熊猫》有助美国人了解中国文化[①]

《功夫熊猫2》在美国上映一周后,许多美国观众表示喜欢这部影片,美国一些影评人和跨文化传播学者认为,这部影片有利于让更多的美国民众了解中国文化。

《功夫熊猫2》于2011年5月26日开始在美国影院上映,很多美国观众在阵亡将士纪念日的长周末全家一起到影院观看,大多数看过《功夫熊猫2》的人表示喜欢这部影片。新华社报道员在新泽西州埃奇沃特市一家电影院看到,该影院周末3天平均每日放映18场《功夫熊猫2》,大多数场次观众满员。

在《功夫熊猫2》的放映过程中,观众席里经常爆出阵阵笑声。菲亚尔斯·布朗与妻子及14岁儿子和9岁女儿一起观看了影片。他说:"一个古老而美丽的中国传说,加上美国卡通文化,好看又好玩。让孩子懂得中国式的内心平和比任何武器都好,对孩子有好处。"

美国观众劳拉·凯在雅虎网站上留言说:"我出乎意料地喜欢上这个片子。令人惊叹的高质量动画片,很棒的故事情节。我儿子笑得太厉害,几乎从座位上摔下来,我身边的一个陌生成年人也随着影片不断发出笑声。这个晚上过得太棒了。这个片子这么好,我很想自己再看一遍。"

雅虎网站为《功夫熊猫2》开辟了专栏,有影片介绍、专家评论和观众评论、网站投票评分等。迄今《纽约时报》《今日美国报》《芝加哥论坛报》《波士顿环球报》等媒体的专业影评人都发表了评论文章,多数文章都赞扬影片美丽的画面和东方故事。

雅虎网站的网络投票显示,截至2011年6月6日,1004人给这部影片的平均评分为"A"(Outstanding"优秀"),10家知名媒体影评人的平均评分为"B"(Good"好")。

美国Mojo票房统计网站的网络投票显示,62.3%的人给这部影片的评分为"A",26.7%的人评分为"B",认为这部影片很失败的人只占4.7%。

---

① 美文化人士:《功夫熊猫》有助美国人了解中国文化[N].北京晚报,2011-06-06.

美国卡布里尼学院传播学系助理教授徐华在接受新华社采访时说:"我喜欢这部电影,因为它成功地融入了许多传统标志性的中华文化元素,以吸引人的视觉艺术普及具有深厚文化内涵的中国人生活方式。美国许多亚裔父母带着他们的孩子去看这部影片,我相信这将帮助这些孩子了解他们文化的根。"

玛丽芒特曼哈顿学院传播艺术系助理教授阿纳斯塔西娅·库里洛说,这部影片有很多正面的文化信息,它为孩子们了解其他文化提供了一个机会。影片中的烟火让孩子们感到"酷"、好玩,这或许能促使他们更多地去了解中华文化,或许他们会因此而参加当地的庆祝中国春节的活动。孩子们还看到了中国功夫,许多没有机会直接接触中国功夫的孩子可能会受到影片的影响,这有助于培养健身的意识和兴趣。

"总体来说,我认为这类影片有益于跨文化交流。迪士尼的很多影片吸取了其他文化的精髓,例如《花木兰》《阿拉丁》《公主和青蛙》等,影片把其他民族的文化介绍给孩子,而对于孩子而言,这是他们首次接触这种文化。"库里洛说。

案例思考题

1. 国外电影企业为什么要对中国的传统文化资源进行开发?
2. 《功夫熊猫》的热映对中国电影企业有何借鉴意义?

第七章 文化资源整合与配置

 学习目标

1. 了解文化资源整合的概念、必要性；
2. 掌握文化资源整合的基本方法与程序；
3. 了解文化资源配置的概念与手段；
4. 比较文化资源的市场配置、宏观配置；
5. 掌握文化资源优化配置的手段。

文化资源是一种客观存在，只有充分发挥智慧力、创造力、想象力，提高对文化资源的开发能力，潜在的文化资源才能为我所用。在当今文化产业发展全球化趋势日益凸显的时代背景下，必须尽快全面提升发掘、整合、开发文化资源的能力，把丰富多彩的文化资源做成文化大餐以飨世人。

第一节 文化资源整合

一、文化资源整合的概念

（一）资源整合

"物竞天择，适者生存"，对于阳光、空气、土地、矿产等自然生成的资源，矛盾的焦点在于争夺；对于设备、企业、团队、文化等人类创造的资源，矛盾的焦点在于整合。资源整合是指组织对不同来源、不同层次、不同结构、不同内容的资源进行识别与选择、汲取与配置、激活和有机融合，使其具有较强的柔性、条理性、系统性和价值性，并创造出新的资源的一个复杂的动态过程。

(1)在战略思维的层面上，资源整合是系统论的思维方式。就是要通过组织和协调，把企业内部彼此相关但却彼此分离的职能，把企业外部既参与共同的使命又拥有独立经济利益的合作伙伴整合成一个为客户服务的系统，取得1+1大于2的效果。

(2)在战术选择的层面上，资源整合是优化配置的决策。就是根据发展战略和市场需求对有关的资源进行重新配置，以突显核心竞争力，并寻求资源配置与客户需求的最佳结合点，目的是要通过组织制度安排和管理运作协调来增强企业的竞争优势，提高客户服务水平。

（二）文化资源整合

从资源整合到文化资源整合，从逻辑学的意义上讲，是从一般到个别；从历史学的观点来看,则是从低级到高级——从讲求食物的丰富多样到讲求文化的丰富多样,正是社会进步的一种折射。

伴随着经济全球化进程的加快,文化的全球化正在日益凸显出来。美国文化霸权在全球的扩张,被形象地概括为"三片",即代表美国饮食文化的麦当劳"薯片",代表美国电影文化的好莱坞"大片",代表美国信息文明的硅谷"芯片"。以"三片"为形象代表的美国文化在全球的扩张,一条基本途径就是整合——以美国模式整合输入国资源。从《独立宣言》颁布至今,美国只有二百三十多年的历史,本土文化的积淀可谓浅矣,当今文化的扩张可谓快矣,秘诀何在?"虽楚有才,鲁实用之。"走进国内数百家麦当劳连锁店,一目了然的是中国的店员为中国的顾客服务,原料是国产的,用人民币作通货,而技术标准、管理制度、营销方式又全部是美式的。迪斯尼动画片风靡世界,故事取材包罗万象,无论是中东的《阿拉丁》、法国的《美女与野兽》,还是中国的《花木兰》,一经包装改造,便点石成金。《花木兰》在全美首映的周末三天票房记录就达到2300万美元,并且几乎一夜之间,全美麦当劳快餐店为儿童赠送的玩具娃娃,都替换成了花木兰的可爱形象,又为培养下一代忠诚消费者做了潜移默化的准备。

《三国演义》《西游记》《水浒传》《红楼梦》,中国古典文学四大名著,诞生于明清两朝,脍炙人口,历久不衰,其中的故事、场景,已经深深地影响了国人的思想观念、价值取向。在"读图时代"来临,"快餐文化"盛行的社会氛围之下,如何常读常新,永葆新鲜活力?用现代传媒手段予以整合十分有效。现在,图画版、漫画版、动画版、电影版、电视版、网络游戏版的四大名著层出不穷、各领风骚、蔚为壮观。再有,《同一首歌》创办7年,荟萃国内外歌坛的明星、新秀和一流的艺术家,以现代的包装方式,重新演绎经典歌曲,贯穿传统与现代,引领怀旧与时尚,成为中国最具权威的音乐品牌,中国最具投资潜力的媒体。

在我国,文化资源整合第一次出现在政府文件中是2009年7月22日我国颁布的第一部文化产业专项规划《文化产业振兴规划》。文化资源整合就是在保护各种文化资源的前提下将文化资源的各种要素进行科学规划和优化配置,让分散的文化资源产生聚合效应,实现文化资源优势互补,从而提高文化资源的整体效益和利用率。

通过上面的分析,可以得出:文化资源整合是指政府组织或文化企业对不同来源、不同层次、不同结构、不同内容的文化资源进行识别与选择、汲取与配置、激活和有机融合,使其具有较强的柔性、条理性、系统性和价值性,并创造出新的资源的一个复杂的动态过程。文化资源整合的目的是为了实现文化资源整体利益的最大化,以利于文化资源的开发利用。

(三)文化资源整合的必要性

无论从观念还是到实践,文化资源整合在我国尚属新生事物,这是因为,中国正在经历中华民族振兴史上意义深远的转轨变形期,资源整合包括文化资源整合只不过是这一伟大进程的协奏曲。文化资源整合的必要性主要体现在以下三个方面:

1.国民经济的发展给文化资源的整合提供的前提条件

经过30多年高速增长,2011年,我国人均国内生产总值达到35083元,折合5432美元,正稳健地向惠及全体国民的小康社会迈进。"仓廪实则知礼节,衣食足则知荣辱。"衣食住行等基本生活资料的满足之后,对精神文化产品的需求就急剧上升,这既表现在数量上要求更多,更表现为质量上趋向于多元、多样、多变。显然,过去那种低水平、广覆盖、区域性、同质化的文化产品供给方式就与之不相适应,具有倍增与优化功能的文化资源整合就会应运而生。

2. 文化体制改革为文化资源的整合带来了可能性

改革之前，无论是物质财富还是文化财富，国有单位都是主要提供者。新中国的文化体制是在新民主主义革命时期解放区文化体制的基础上建立的，这种体制是与当时的社会主义计划经济体制相适应的，在历史上发挥了积极作用，产生了许多优秀作品和优秀人才。随着时间的推移、经济的发展、生活的改善、社会的进步，现行文化体制的弊端也就暴露得越来越充分。现行文化体制的弊端何在？"大锅饭"、"铁饭碗"、高投入、低效率等是其内部表现，外部则表现为文化供给与文化需求的不相适应。

总体而言，以十一届三中全会、中国共产党第十四次全国代表大会、中国共产党第十六次全国代表大会为标志，我国文化体制改革经历了三个大的历史阶段。可以说，关于文化体制改革的理论逐步深化，思路逐步清晰，方向逐步明确，方法更加细致，步骤更加具体，效果更加显著。2005年年底，中共中央、国务院下发了《关于文化体制改革的若干意见》，这在历史上是第一次，以此为标志，一个更大程度上的文化体制改革热潮正在全国兴起。值得注意的是，对国有文化单位的体制改革，是与全社会的文化资源整合同步进行的。我国先后颁布了《关于非公有资本进入文化产业的若干决定》《关于文化领域引进外资的若干意见》，对民营资本进入文化领域，划分为鼓励、允许和禁止三类，对外国资本则分为允许和禁止两类。不难看出，国有资本对于文化市场的垄断经营格局正在打破。

3. 对外开放给文化资源的整合产生了紧迫性

根据我国入世承诺，过渡期满后将在WTO谈判框架内开放文化市场，将由政府配置文化资源为主转向市场配置为主。而现实情况是，与物质产品的持续外贸顺差形成鲜明对比，我国文化贸易上存在巨大赤字。以图书为例，多年来我国进出口贸易大约是10：1的逆差，其中对欧美的逆差则达到100：1。中华民族文化长期以来与高新技术隔离，与产业化隔离，与市场经济体制隔离，这种情况下有可能不仅走不出去，甚至可能是阵地丢失，因此对文化资源的开发与整合迫在眉睫。

二、文化资源整合的方法 ①

经济学要真正成为"经世济民"之学问，必须首先解决好三个基本问题：生产什么、为谁生产和如何生产。作为文化生产单位，要以"两为"方向和"双百"方针为指导，生产既"叫好"又"叫座"的文化产品，解决好生产什么的问题。通过繁荣文化事业，满足大众文化需求；要通过大文化产业，满足"小众"文化需求，从而解决好为谁生产的问题。解决如何生产的问题则较为复杂，以供给需求的平衡对接为依据，整合不同类型资源以提高使用效率和边际效益，不失为一种基本选择取向。

（一）做减法，合并同类项

做减法，操盘手可以是政府，也可以是企业。例如，秦腔是陕西的特色剧种，西安市原有国有性质的四家秦腔艺术表演团体，市场狭小，同质竞争，活得都不好。于是，西安市文化局按照"消肿、松绑、减负、放开、搞活"的思路，首先将这四个秦腔剧团合并重组，成立西安秦腔剧院，在很大程度上激发了活力。在广东，政府出面将广州交响乐团、广东星海音乐厅和广东实验现

---

① 李强.让更多的人仰望星空——一个诗人的文化梦想[M].武汉:武汉出版社,2009.

代舞团强强联合为广东星海演艺集团,也取得了不俗的业绩。在重庆,政府主导以红岩革命纪念馆和歌乐山革命纪念馆为核心,整合周边地区革命文化资源,组建了"红岩联线",合并了同类机构,降低了管理成本,提高了运营效率。由浙江电视台、浙江有线电视台、浙江教育电视台三台合并组建的浙江广播电视集团成立伊始,就着手进行频道资源、节目资源、公共资源、产业资源四大整合重组,成效明显。

(二)做加法,延长产业链

例如,北京儿童艺术剧院在转企改制之初,就明确了三大目标:一是创作儿童剧精品,二是制作开发课本剧,三是打造文化产业链,开发儿童剧衍生产品。北京儿艺将剧目的衍生产品带进剧场,配合剧目的演出在现场销售,创造了"边厅文化现象"[①]。2005年,该院在儿童玩具、图书、服装、教育培训等方面的衍生收入就达到了100万元。杭州宋城集团以"创建中国旅游休闲第一品牌"为己任,斥巨资建设了宋城文化主题公园,承办了2006杭州世界休闲博览会,从而与天赐美景西湖结合起来,形成了"西湖观光,宋城怀古,休博园度假游"的杭州主流旅游线路。从宋城经验说开去,演艺与旅游结合产生的"白天看景、晚上看戏"的关联放大效应,已经在全国各地生根、开花、结果,如西安华清池的《长恨歌》,丽江的《丽水金沙》,大理的《蝴蝶之梦》,昆明的《云南印象》,郑州的《风中少林》,不一而足。

(三)做乘法,产权多元化

例如在浙江,国有文化单位改革与民营文化资本的结合上做出了积极探索,取得了新的经验,如杭州大剧院、宁波游泳健身中心、萧山剧院等专业文化设施,先后运用市场手段委托专业公司或民营企业经营;民办横店集团、广厦集团、雅戈尔集团也分别参与了国有单位的改革发展。2005年,由横店集团与武汉影视艺术传媒有限公司、《中国国土资源报》合资组建了浙江九歌影视艺术传媒有限公司,一年时间内,该公司就已拍完电视剧《农民代表》(22集)、《色拉青春》(30集)、《武昌首义》(32集)。这些作品立意健康向上,制作质量一流,既叫好又叫座,足可为后来者参考借鉴。

三、文化资源整合的要点

文化资源整合的过程就是一个价值发掘的过程,它可以从三个方面进行:

1. 文化资源的梳理和提炼

文化资源的梳理和提炼主要是通过对文化资源现状的调查,理清文化资源的现状,然后对文化资源进行进一步的优化选择。文化产业的发展,如果没有富有地域特色或者文化优势的浸润,区域经济无法"活"起来,所以要梳理和提炼具有地方个性或优势的文化宝藏,为区域文化产业发展服务。

2. 文化资源的深入发掘

文化资源整合过程中需要深入发掘文化资源所隐含的意义。很多文化资源长期以来散落在文献资料或民间生活中,有些甚至是被淹没在历史的尘埃中,尤其是那些历史上的人物、传说、故事、传统民俗等,由于这些文化资源大都属于时代久远的历史文化的范畴,它们本身并不

---

① 边厅文化现象是指剧团在演出剧目的同时,将剧目的衍生产品带进了剧场,配合剧目的演出在现场销售,从而产生更大的社会与经济效益。

是一种文化产业形态,还不具有真正意义上的市场属性,因而在没有开发前它们只是一种历史文化资源而已,要使历史文化资源通过开发而成为一种文化产业形态,就要对这些历史文化资源进行深入发掘,要把那些在今天仍然具有市场价值的文化元素发掘出来,为当代社会所认识和了解,使它的价值能与当代社会的精神产生互动,与当代人的情感产生共鸣。这也是一种古为今用。这样才能使这些历史文化资源在现代社会中找到生存的土壤,成为一种具有生命力的活的资料。

3. 文化资源的价值再造

许多历史文化资源由于是在以前形成的,与时代精神格格不入,形成一种价值上的错位,如封建孝道、妇女贞节观、三从四德、忠君思想、侠骨义胆等。这就需要对传统文化资源进行价值再造。传统文化思想已经深入到人们的血液之中,人们都是在继承传统文化的基础上去创造新文化的。新文化资源实际上离不开对传统文化资源的改造,这个改造主要是一种价值观念的改变与更新,它要求在我们的文化中自觉地融入符合时代精神与需要的价值观。

就文化资源整合而言,价值观的再造包括了对那些历史文化资源价值的重新阐释与判断,并赋予它们以现代的意义,使传统文化资源在现代社会中发挥出更大的作用。价值再造中要注意对民族优秀文化传统的弘扬与维护,不能因发展文化产业而大肆诋毁民族传统的价值观和伦理观,也不能因市场开发的需要而歪曲历史文化的本来面目,更不能为了赚钱而滥用文化资源。

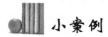

西安是秦、唐文化的发祥地。体现唐文化的代表作"大唐芙蓉园"的建成,让世界了解中国盛唐文化的辉煌与灿烂,极大地提升了西安的国际知名度。兵马俑国际旅游广场的建成,同样是西安文化旅游产业向国际化现代化发展的标志性项目,是西安市临潼秦文化旅游大板块必须具备的现代化服务配套设施,是继大唐芙蓉园后西安的又一个文化旅游亮点工程。临潼秦文化旅游板块的目标是:依托秦兵马俑,把项目建成以秦文化为特色,集展览、演艺、会展、住宿、休闲、娱乐、购物为一体的中外游客一站式首往目的地。改变传统的一日游旅游模式,利用三年的时间打造成全方位的旅游示范区,成为中外游客和西安乃至周边四省区上千万市民欣赏历史文化、休闲度假等新的选择目标,成为世界高端会议会展的理想之地。应该说项目的建成对世界第八大奇迹——秦俑馆的保护利用,对周边环境的治理,为游客提供一个舒适的购物环境,形成旅游产业链,为区域经济的发展、安置劳动就业都作了积极的贡献。

第二节 文化资源配置

在开发文化产品的过程中,就必须对现有文化资源进行合理配置。这就要求文化资源的配置应尽可能地与人们对文化产品的需求相适应;产业构成要合理;要注重经济效益。文化资源的配置方式一般有市场调节、计划调节、计划调节与市场调节相结合三种方式,在社会主义市场经济条件下,文化资源的配置方式只能是计划调节与市场调节相结合的方式,即在国家宏观计划调控下使市场对资源配置起基础性作用。

一、文化资源配置的理论

(一)文化资源配置的概念

在经济学中,资源有狭义和广义之分。狭义资源是指自然资源;广义资源是指经济资源或生产要素,包括自然资源、劳动力和资本等。可以说,资源是指社会经济活动中人力、物力和财力的总和,是社会经济发展的基本物质条件。资源配置是指资源的稀缺性决定了任何一个社会都必须通过一定的方式把有限的资源合理分配到社会的各个领域中去,以实现资源的最佳利用,即用最少的资源耗费,生产出最适用的商品和劳务,获取最佳的效益。资源配置即在一定的范围内,社会对其所拥有的各种资源在其不同用途之间分配。

文化资源配置是指将不同的文化资源经过合理的搭配、组合,从而实现文化资源市场整体利益的最大化,从而形成统一、开放、竞争、有序的现代文化市场体系,更大程度地发挥市场在文化资源配置中的基础性作用。

(二)文化资源配置的分类

在社会化大生产条件下,资源配置有两种方式,即计划配置方式和市场配置方式。

1. 计划配置方式

这种方式是计划部门根据社会需要和可能,以计划配额、行政命令来统管资源和分配资源。在一定条件下,这种方式有可能从整体利益上协调经济发展,集中力量完成重点工程项目。但是,配额排斥选择,统管取代竞争,市场处于消极被动的地位,从而易于出现资源闲置或浪费的现象。

2. 市场配置方式

这种方式是依靠市场运行机制进行资源配置的方式。这种方式可以使企业与市场发生直接的联系,企业根据市场上供求关系的变化状况,根据市场上产品价格的信息,在竞争中实现生产要素的合理配置。但这种方式也存在着一些不足之处,例如,由于市场机制作用的盲目性和滞后性,有可能产生社会总供给和社会总需求的失衡,产业结构不合理,以及市场秩序混乱等现象。

文化资源的配置按照配置的主体,有微观的文化资源配置和宏观的文化资源配置两种。

(三)文化资源配置的原则

资源配置合理,就能节约资源,带来巨大的社会经济效益;资源配置不合理,就会造成社会性资源浪费。随着社会和经济的发展,对资源的需求在增加,而大多数资源是有限的,不能再生。因此,合理配置资源,使资源得到有效使用是经济发展的一项重大任务。合理配置资源,必须遵循以下原则:

1. 优化配置资源

使全社会资源生产总量与使用总量平衡,资源的生产结构与需求结构一致,全社会资源配置合理。

2. 节约使用资源

努力降低消耗,有效使用,对贵重稀缺资源,可采取替代措施。

3. 保证重点产业对资源的需要

根据重点产业对资源的要求,重点支持国家重点产业和企业的生产。资源配置的方法主要有计划配置和市场调节配置。在市场经济条件下,市场调节配置对资源配置起基础性作用,即根据市场供求规律和支配资源流向、流量及消费强度。

(四)文化资源配置的意义

1. 推动科学技术和经营管理的进步,促进劳动效率提高

企业作为市场主体以利润最大化为目标从事生产经营活动。企业要使产品价格具有竞争力和实现利润最大化,必须使自己生产商品的个别劳动时间即个别价值低于社会必要劳动时间即社会价值。在竞争的作用下,劳动生产率较高、个别价值较低的企业,在竞争中处于主动地位,能够以高于个别价值的价格出售产品,以此获得较高的收入。相反,劳动生产率较低,个别价值较高的企业,在竞争中处于被动地位,可能按低于其个别价值的价格出售产品,获得较少的收入以至蚀本。这样,企业作为市场主体,在市场机制的调节下,从自身利益出发,会主动地采用先进的科学技术,改进经营管理,以提高劳动生产率,进而带动整个社会生产力的迅速发展。

2. 引导企业按照市场需要优化生产要素组合,实现产需衔接

企业作为市场调节信号的接受者,主要通过市场价格的涨落,了解市场供求状况,并据此安排和调整生产经营方向、品种、数量和规模,进行生产要素的组合。当某种商品的价格上涨,意味着该商品在市场上供不应求,企业就会自动扩大生产经营规模。反之,若某种商品价格下跌,表明该种商品在市场上供过于求,企业则会缩小生产规模,或调整经营方向,转而生产其他商品。市场是企业的"生命",关系到企业经营效益的好坏和企业的发展。所以,面向市场进行生产经营,是企业发展的内在要求。

3. 发挥竞争和优胜劣汰机制,增进商品生产经营能力

企业从事商品生产经营必然为争夺市场份额展开激烈的竞争。竞争以外部的强制力,迫使企业在生产经营中强化管理,降低成本,提高效益;激励企业面向市场自主经营、自负盈亏、自我积累和自我发展,促使企业增强创新意识和锐意进取的活力。

二、文化资源的市场配置

资源优化配置主要靠的是市场途径,由于市场经济具有平等性、竞争性、法制性和开发性的特点和优点,它能够自发地实现对商品生产者和经营者的优胜劣汰的选择,促使商品生产者和经营者实现内部的优化配置,调节社会资源向优化配置的企业集中,进而实现整个社会资源的优化配置。因此,市场经济是实现资源优化配置的一种有效形式。

文化既然作为资源就涉及对其进行配置和管理的问题。市场经济是迄今为止社会资源的配置最为有效的一种经济形式。市场也是文化资源配置的有效经济形式。文化资源市场作为市场体系内容之一也保持着市场的特征,对文化资源的配置起着基础与主导作用。

(一)文化消费的现状和趋势①

我国城乡居民用于文化消费的比重与世界发达国家相比仍然偏低,但是随着我国经济的发展,居民消费水平的不断提高,社会需求结构和消费结构已经发生了深刻变化。

在居民消费结构中,用于文化教育消费的部分越来越大,增长速度越来越快。我国恩格尔

---

① 李燕.文化资源宏观调控的功能与机制[J].文教资料,2006(10).

系数逐年下降,居民消费结构中教育文化娱乐服务方面的实际支出和所占比例在不断增加。相当一部分居民群体的消费中心开始向教育、科技、旅游及精神产品消费等领域转移,在文化娱乐、广播影视、图书出版、体育康复、旅游休闲等精神生活方面提出了更多更高的要求。

在居民文化消费中,就传媒消费来说,居民对电视的接受程度最高,互联网接触率呈上升趋势;休闲娱乐活动以简便易行、花费低廉的项目为主;体育消费作为文化消费的一部分,在我国日渐兴起,居民的体育消费呈增长态势;旅游也成为近年来我国的消费热点,各个城市居民旅游消费的比例较高,未来旅游消费的比例高于目前旅游的比例,反映了城市居民旅游消费增长的趋势,今后居民旅游选择的地区大多是省外或海外。

1. 市场机制的失灵

纯粹的市场配置文化资源,以获取经济利益为第一目标,必然会给文化市场配置特殊的文化资源形成很大的缺陷。市场体制的前提,即完全竞争市场状态,这是一种企业自由竞争,没有垄断的状态,市场反映资源供求状况的价格波动能及时达到与边际成本相平衡(没有溢出或外部经济效果)。这只是新古典经济学家运用数学工具作出的抽象理想的"帕累托最优化"效率状态。在现实经济市场中,完全竞争状态是不存在的,市场价格只能大体反映资源的相对稀缺程度。

从信息机制看,在市场交易中所得到信息具有短促性和局部性,这会导致经营者的短期行为决策,从激励机制看,经营者从市场竞争出发,立足于自身利益的最大获取,这会形成分配上的两极分化,以及社会公共事业的无保障化。另外,市场使文化产品结构简单化,削弱了文化价值的整体性,更不能保证文化的公益性。市场机制配置文化资源失灵的原因还在于文化资源价值的特殊性。

文化产品价值的精神性使文化资源的价格失衡。物质商品价值规律是,价格以货币形式表现商品价值,商品价值是由生产商品的社会必要劳动时间决定的。文化商品具有精神性,一般来说,文化市场上流通的文化商品的价格并不包含,或不能完全包含其精神价值,文化市场流通的文化商品价格仅仅反映了文化商品物质载体部分生产所用的社会必要劳动时间,或部分地反映了精神生产所用的社会必要劳动时间,其精神形态部分是难以用价格来计算的。文化商品的价格与价值失衡。

文化商品价值的滞后性使文化市场供求规律失效。文化市场则因文化产品价值的滞后性,使商品供求之间不能同步。一方面需求力表现为多元化,人们的文化商品需求从低到高呈各层次,另一方面文化商品消费不仅受到闲暇时间、经济承受力、年龄的影响,还受到文化程度、思想素质、审美观念的支配。因此,在文化市场其供给只能满足于某一需求层次。拥有某种文化商品的人不能感受到它的潜在价值,而能体验到其潜在价值的人却不拥有。那些层次高,需求量相对较小,在短时期内难以扩大消费面的实际需求,或是潜在需求,往往得不到满足。

文化资源的价值特性与市场配置的失效可以说是互为因果的。文化资源的价值特性决定了完全靠市场是难以对其进行有效配置的,反过来,纯粹市场机制必定会限制文化价值的充分体现,限制文化的发展。

2. 宏观调控的功能

如前所述,市场机制在一定范围内虽然能够对文化资源进行有效的配制。但对文化资源价值的整体性和承传性的实现却无能为力。因此,要实现文化资源的有效合理的配制,还必须依赖政府的宏观调控。

文化资源行政计划管理体制是纯粹的以计划机制配置文化资源。这种机制特别重视文化资源精神形态和整体性的作用,以社会效益导向和完全非市场形式支配精神生产的文化资源配置。政府计划调控文化市场总体方向和总体结构,使文化生活总供给与总需求达到平衡。政府宏观调控可以制约价格的异常波动,平衡文化资源的价格,充分实现文化资源的价值。

政府调控不仅可以控制市场机制在文化资源上的价格失衡和供需规律失效,而且能够充分实现文化资源价值的整体性和承传性。政府法规又控制市场竞争的秩序。政府宏观调控可以规定文化的政治思想的价值取向,引导市场文化消费观念趋向。政府制定专门条例(包括经济上的)进行奖励或惩罚,减少文化资源在经济上有效配置中的负面精神效应,抑制不良文化产品的生产。政府在市场资源配置效率收入参数的基础上,运用征税手段(累进制所得税、娱乐高消费税)进行收入再分配,或以一种财税直接流转政策,使文化娱乐业的累进税或高消费税有利于公益文化事业全面的发展。

(二)市场的配置作用

市场通过经济利益支配文化资源的流向来配置文化资源。为追求经济利益的最大化,总是驱使创造最好效益的部门得到较多的文化资源,而创利较小的部门就只能得到较少的资源,有时甚至得不到。在市场中,社会文化经营者都会从权衡自己切身利益出发,依据市场信息,完成自己的经济计算,做出自己选择文化资源配置的决策。

市场配置文化资源的主要功能表现在:

1. 调节资源配置,提高资源的微观效率

在利益动力的驱使下,企业实行动态调节,反馈频率高,决策较为准确,使资源配置率提高。用边际分析方式配置替代平均分析方式配置,以投入与产出的关系数值,计量每个单位的产出效率,以最边缘产出为投入的极限点,从而达到资源效率最大化。

2. 拓宽资源配置的渠道

在市场机制运行中,资源配置不再是纵向的行政渠道,而是横向的社会化的多元化渠道。

3. 促进经营者的改革与创新

市场的比较利益规则,会准确地反映经营者的经营状况,在比较利益的驱动下,经营者必然要采取新科技改进经营管理,以推动资源产出率的提高和产品消费率的下降来获得更多的文化资源。

文化市场配置文化资源的市场运行一是通过价格机制,从市场的横向信息传播获得市场价格尺度,并对照供求状况,以边际分析方式计算资源配置效益;二是通过激励机制,以经营者在文化市场的竞争意识与能力,力求获取经济效益的最大化,激励制定资源配置最优化的决策。

在我国文化市场体制形成以来,市场机制的运行使文化资源微观优化配置功能已初步显现出来。一是吸引和激励了社会投资文化事业发展。特别是娱乐业,已基本上靠社会资金建设,这也使国家的投资风险分流。二是培育了文化经营人才,促进了文艺人才的流动。三是拓展了文化商品的流通渠道,加速了文化产品的传播。四是逐步提高了文化产品的质量,注意了文化资源的利用率和产出率。

通过市场化配置,文化产业可以充分获得发展所需的各类资源,有效降低文化生产成本,

增强产品和服务的市场竞争力;通过市场化配置,促使文化产品生产者为了在竞争中取胜,不断创新和采用新技术,提高劳动生产率;通过市场化配置,可以实行优胜劣汰,使资源向社会效益与经济效益突出的文化生产部门和产品倾斜,推动文化产业的结构调整和升级,形成文化产业竞争优势。以市场为主要手段进行资源的优化配置,是在社会主义市场经济体制条件下发展文化产业的客观要求,是实现"十一五"时期全面建设小康社会文化建设任务的唯一现实途径。

(三)文化资源市场配置的缺陷

市场机制自由选择配置文化资源,只有在完全、纯粹市场状态下,才能使资源得到最优的配置。现实中,由于制度的不完善,或信息的不完全,市场对资源的配置是难以达到理想状态的。因而,市场的作用与能力也是有限的。文化资源与自然资源既有相似的属性,更有许多差别。文化资源的特殊性,使文化市场成为特殊市场。

文化资源的市场配置有着明显的缺陷:

1. 使文化产品结构单调,文化投资方向盲目化

在经济利益的驱动下,文化经营者使文化资源流向投入少、产出大的产业,特别是那些投资小、收效快的娱乐业,造成娱乐业的高速发展,而其他文化产业,特别是收益小、见效慢的,例如带有公益性的文化产业吸引不到投资,难以发展。

2. 文化商品(劳动力)价格失衡

有的经营者为了经营效益与文化资源的获得,人为制造市场价格效应,如娱乐业哄抬门票或最低消费价;又如影视演出业炒"星"使其"身价"数百倍地增长。这使市场价格与价值不仅不相平衡,而且还形成向反比例发展的趋势。

3. 文化生产短期行为严重

由于市场信息的近期性和市场供求预测的短期性,使经营者对文化资源的决策均为短期性,急功近利可谓其显著标志,这也使文化资源得不到充分利用。

4. 公益文化生存困境化

公益文化一般是只有投入而没有什么经济效益的。纯粹的市场调节中,社会上的经营者没有这方面投资的积极性来分担这一社会公共责任。

三、文化资源的宏观配置

(一)宏观调控的功能

现有的经济理论和管理理论是对传统的自然资源管理实践的概括和总结。因为文化资源的特殊性,不能完全照搬到文化资源的管理上来。纯粹的文化市场对文化资源的配置,能起一定的积极作用,但也显出很大的局限性。所以,正如实物商品市场需要市场和计划的混合经济一样,文化资源也必须有政府计划经济的宏观调控,才能够有效合理地配置。

(二)宏观调控的目标与机制

文化资源的优化配置应该是社会利益和经济利益的最大化。要从文化资源的物质形态与精神形态相互统一的两方面的投入与产出来核算其价值转换的最大效应,而不能只偏其某个方面。稀缺的文化资源同样是要有实现其价值的价格,使文化资源能在文化产品中得到不低于其机会成本的社会的和经济的效益。

1. 宏观调控的目标

就优化配置资源的一般规律来看,其基本原则是:以稀缺的资源去追求产出利益的最大化。首先。稀缺的资源应该表现为有价值。正确的社会计划要求所有的稀缺资源使用应定出适当的价格,以确保社会能决定如何以最好的生产方式来生产物品。其次,要以资源在用作何种产品生产中机会成本值来决定资源在最合适的地点以及最合适的时间被分配到它们最好的用途中去。

具体来说,政府宏观调控的目标有:①从宏观发展战略上把握资源配置;②协调文化发展不平衡;③完善文化市场秩序;④通过资源配置调整利益关系。

资源的优化配置必须依赖于信息机制和激励机制。文化资源配置优化过程的信息机制必须是在市场供求信息与价格信息基础上的与文化发展战略相结合的信息处理,其激励机制必须是与社会效益与经济效益、整体利益与局部利益相对应的。

文化资源优化配置的内容是与社会文化需求联系在一起的,没有社会文化需求,就不存在文化资源的配置问题。首先,文化资源的配置要与广大人民群众的文化生活需求相适应,即与文化消费的购买力以及知识能力相适应。其次,文化资源的配置与社会整体文化发展需要相一致,即从社会发展需要的角度出发使资源为社会公共文化事业基础设施建设和人才队伍培养发挥作用。

2. 宏观调控的机制

为了实现宏观调控的目标,政府主导文化市场调节文化资源配置框架下的政府宏观调控机制为:

信息—计划机制:针对市场价格信息瞬时而产生的配置资源波动制定宏观的文化经济计划,以指导性计划改变市场信息结构,稳定文化市场资源配置的不确定性和调节失灵。

竞争—约束机制:政府制定文化市场法律法规,从宏观上调控文化市场的正常运行,使经营者平等竞争文化资源的配置。

价格—奖惩机制:政府制定专门条例(包括非经济上的)进行奖励或惩罚,减少文化资源在经济上有效配置中的负面精神效应,抑制不良文化产品的生产。

收入—再分配机制:政府在市场资源配置效率收入参数的基础上,运用征税手段(累进制所得税、娱乐高消费税)进行收入再分配。这一税收政策从市场经济体制的整体中体现出来。

风险机制—产业结构政策:政府发挥国家财政力量来调整产业事业结构。

鉴于文化资源和文化市场的特殊性,文化经济管理体制作为市场经济体制的组成部分,在以市场配置资源方式为基础,政府宏观管理、行政干预相调节的框架下,应更偏重以政府宏观调控为主导。

四、文化资源的优化配置

资源优化配置是指在市场经济条件下,不是由人的主观意志而是由市场根据平等性、竞争性、法制性和开放性的一般规律,由市场机制通过自动调节对资源实现的配置,即市场通过实行自由竞争和"理性经济人"的自由选择,由价值规律来自动调节供给和需求双方的资源分布,用"看不见的手"进行优胜劣汰,从而自动地实现对全社会资源的优化配置。

（一）完善文化市场体系

在市场经济的环境下发展文化产业，需要充分发挥市场配置资源的基础性作用，逐步打破现有的条块分割、地区封锁、城乡分离的市场格局，进一步形成统一、开放、竞争、有序的现代文化市场体系，从而实现文化产品和生产要素合理流动。当前，完善文化市场体系需要做好的工作包括以下几个方面：

1. 发展文化产品市场，逐步完善文化要素市场

重点培育书报刊、电子音像制品、演出娱乐、影视剧等文化产品市场；发挥大中城市中心市场和区域专业市场的主导和辐射作用；加强资本、产权、人才、信息、技术等文化生产要素市场建设；培育和规范以网络为载体的新型文化市场；扶持鼓励农民自办文化，开展多种形态的文化经营活动，大力培育和开拓农村文化市场；充分利用国内外资本市场，拓展文化产业投融资渠道。

2. 完善现代流通体制，深化国有发行企业改革

打破按行政级次、行政区划分配文化产业的旧体制，发展现代流通组织形式，推进连锁经营、物流配送、电子商务，加快文化产业物流基地建设，实行新型代理配送制度；积极扶持农村连锁网点；建立书报、影视产品、音像制品、电子出版物、艺术品、演出剧目的现代市场营销系统；建立以大中城市为中心、中小城市相配套、贯通城乡的图书发行网络；发展跨区域、数字及特色电影院线。

3. 建立健全市场中介结构和行业组织

完善和发展经纪、代理、评估、鉴定、推介、咨询、拍卖等中介机构，提高文化产品和服务的市场化程度；推行知识产权代理、市场开发、市场调查、信息提供、法律咨询等专业化、社会化服务；制定行业规范，加强行业组织建设和改造，依照有关法律规定和章程，履行市场协调、监督、服务、维权等职责。

4. 加强文化市场监督

建立依法经营、违法必究、公平交易、诚实守信的市场秩序，创造公开、公平、公正的市场竞争环境；健全市场规则，建立市场准入和退出机制，明确准入条件，严格市场主体资质审查，把好资质、产品、资金、人员、技术等准入关；构建文化市场管理信息网络，建立文化企业信用档案和文化市场信用制度；加强知识产权保护，严厉打击盗版、侵权等非法行为；整合现有文化、广播影视、新闻出版等有关行政执法队伍，组建文化市场综合执法机构，在公安、工商等部门的配合下，实行统一执法。

（二）推进政府职能转变

发展文化产业必须更大程度地发挥市场在文化资源配置中的基础性作用，同时健全国家的宏观调控制度。

1. 发挥市场的基础性作用

文化资源市场化配置，是指不同地区、行业的市场主体，为完成文化产品生产，在地区之间、行业之间或行业部门之间，对一定的文化生产要素通过市场进行有效合理的交换。目前，应做好以下几方面工作：

第一，培育文化市场主体。着力重塑文化市场主体，提高国有文化竞争力，鼓励民营资本

进入文化市场,形成以公有制为主体、多种所有制共同发展的文化产业格局。

第二,健全各类文化市场。建立健全门类齐全的文化市场,促进文化产品和生产要素合理流动。健全各类行业组织,充分发挥其市场协调、行业自律、监督服务与维权等职能,促进行业健康发展。适应城乡居民消费结构变化的趋势,创新文化产品和服务,培育消费热点,拓展消费领域,引导社会公众的文化消费。

第三,发展现代文化产品流通组织和流通方式。推进连锁经营、物流配送、电子商务,加快文化产品物流中心建设,实行新型代理配送制度,建立以大城市为中心、中小城市相配套、贯通城乡的文化产品流通网络。

第四,建设现代文化市场体系。打破条块分割、地区封锁、城乡分离的市场格局,形成统一、开放、竞争、有序的文化市场体系,使各市场主体平等竞争,生产要素自由流动、合理配置,市场运行井然有序。

2.健全宏观调控机制

要优化配置资源,必须健全改善宏观调控机制,充分发挥政府在文化资源配置中的应有作用。

第一,适应新形势的要求,加强对文化发展的方向、总量、结构和质量的宏观调控,增强工作预见性、主动性和时效性,推进文化管理工作的科学化、制度化、规范化。

第二,完善文化领域预报、引导、奖惩、调节、责任、监督、保障、应对机制。健全有利于理论创新的课题规划、成果评介和应用机制。全面开展文化事业和文化产业统计工作,发挥文化统计工作在政府决策和公共服务中的信息、咨询、监督作用。完善全国性文艺新闻出版评奖办法,努力提高评奖的科学性和权威性。

第三,加强文化市场管理。健全市场规则,完善市场准入和退出机制,把好资质、资金、产品等准入关。创新监管方式,建设全国文化市场监控平台和国家出版物信用管理查验系统,构建统一高效、覆盖全国的文化市场管理信息网络。加强信用监督,健全失信惩戒制度,形成依法经营、诚实守信的市场秩序。

(三)重塑文化市场主体

文化市场主体是文化市场运行过程中具有自我调节、自我组织、自我约束的经济体,即介入文化市场运行的有关当事人或实体,包括决定市场供求的主体和介入文化市场运行的主体。从文化市场的发展过程来看,文化市场主体主要有文化消费者、文化企业及文化中介结构。

(四)鼓励和引导文化消费

为了鼓励和引导文化消费,必须适应城乡居民消费结构变化的趋势,创新文化产品和服务,培育消费热点,拓展消费领域。文化产品生产企业面向群众,努力降低成本,提供价格合理、丰富优质的产品和服务。具备条件的地方,可采用政府补贴的方式,向社会提供低价文化产品。要大力提高国民的阅读意识和文化消费意识,拓展教育培训、健身、旅游、休闲等与文化相结合的服务性消费。进一步改善文化消费环境,加强文化产品价格监管,建立和完善文化产品消费投诉、受理机制,以维护广大消费者的合法权益,促进和推动广大居民的文化消费。

 思考与练习题

1.如何理解文化资源整合的必要性?

2. 文化资源整合的主要方法有什么？
3. 简述文化资源的优化配置的思路和方法。
4. 试述文化资源市场合理配置的基本原理。
5. 试述文化资源市场配置的缺陷。
6. 试述市场机制配置文化资源失灵的原因。

 案例

案例 1

文化信息资源整合：传播模式代表商业模式①

文化信息资源整合和开发利用对于文化事业和文化产业的发展至关重要。无论是文化事业还是文化产业，只有不断实现文化资源的价值最大化，才能够更好地实现文化事业和文化产业的健康、可持续发展。在信息化的时代背景下，必须利用信息技术实现文化信息资源的价值最大化。

在 2000 年八国集团首脑会议发表的《全球信息社会冲绳宪章》中明确提出："信息与通信技术是推动经济与社会发展的本质，它的力量能够帮助人们和社会利用知识和创意。"也就是说，信息化的真正目的和核心任务，是知识资源的开发利用，这其实也表明了文化信息资源开发利用的重要性。

传播模式代表商业模式

文化资源包含的内容是多方面的，既包括影视娱乐资源，也包括音像出版资源、传统民族文化资源、网络文化资源等。文化资源价值几许？这个问题很难回答清楚。文化资源的影响力和渗透力在直观上表现为文化本身所能传播到的范围的大小，所能传播的范围越大，其影响力和渗透力就越强。即便是同样的文化资源，如果存在形态、传播途径、价值实现方式或社会价值观念不同，那么其传播范围和渗透力度也就会不同，进而影响其价值实现。

比如：同样是一篇有较高学术价值的论文，通过纸质媒介进行传播所能实现的价值，可能就会远远小于通过网络进行传播所能实现的价值。《中国学术期刊网络出版总库》通过网络的方式进行传播，仅 2005 年的全球文献下载量达到 12 亿篇，服务对象约为 2600 万人，这些传播效果是任何纸质的媒体所不能比拟的。再比如：三国的故事在茶馆里讲述、写成三国志书籍、拍成电视剧和在互联网上进行游戏对弈，这四种对"三国的故事"文化资源进行开发利用的办法，其在存在形态和价值实现方式上的差异，以及由此所造成的传播价值大小的区别是显而易见的。

这其实也是一个文化信息资源传播模式的问题。传播并非只是位移，并非只意味着从一个地方转移到或流动到另外一个地方，文化信息资源传播的背后有着一系列的因素在支撑，所有这些因素有机地联系在一起，共同发挥作用，就形成了文化信息资源的传播模式。

文化信息资源体现了文化资源的信息形态，而信息化则赋予了文化信息资源开发利用与价值提升的可能性和有效途径，这其中的关键就在于传播。互联网的应用使得任何的文化信息资源在一瞬间可以由一个地方传播到全球所有的地方，实现全球范围内的低成本传播。在

---

① 李锋白. 文化信息资源整合：传播模式代表商业模式[EB/OL]. 赛迪网，2006-11-29.

瞬间内从一点传播到全球范围,文化资源本身的价值就可以实现无限度提升,而这样的一个动作,体现了在信息化时代,文化信息资源传播的速度、范围、载体和模式已经发生了深刻变化,甚至能够改变文化产业的运作模式。

对于传播工具的变化所带来的文化信息资源传播模式的变化,美国社会学家阿尔温·托夫勒在其著作《第三次浪潮》中谈到:"传播工具的非群体化,也使我们的思想非群体化了。第二次浪潮时代,由于传播工具不断向人们的头脑输入统一的形象,结果是产生了批评家称之为'群体化的思想'。今天广大群众接受到的,已不是同一的信息。比较小的、分散的集团彼此互相接收并发出大量他们自己的形象信息。随着整个社会向多样化转变,新的传播工具反映并加速了这一过程。"

非群体化传播反映了信息化时代文化信息资源传播的基本特征。事实上,导致出现托夫勒所谈的传播工具非群体化现象的正是日益普及的信息技术应用所造成的影响。计算机、互联网的出现提供了新的传播工具和传播载体,让文化信息资源继承、保存和传播的模式发生了变化,使得原本广泛存在着的、具有差异需求的分众性群体或个人,在不断低成本或零成本地传播与接收不同的文化信息资源,从而使得广大群众所接受到的不再是同一的信息。

只有传播,才能提升价值。文化信息资源的传播模式在本质上也是一种商业模式,它反映了对文化信息资源进行商业运作的产业价值链上各个环节之间的利益关系,而这种利益关系的和谐与否,则直接影响着传播模式的效率与效益。因此,完善传播模式就成为经营文化信息资源产业的必修之课。在完善传播模式的过程中,观念认识、知识产权保护和信息安全成为首当其冲的问题。《中国学术期刊网络出版总库》花了十多年的时间,才让全国99.9%的学术期刊同意将他们的内容收录到出版总库中,并用自主知识产权技术解决了知识版权问题。

集成化增值性整合传播模式将成为趋势

在信息化时代,文化信息资源的传播模式一定要满足个性化的文化消费需求,在个性化需求得到满足的同时,也要注意到,共性需求也在不断变化并得到加强。更重要的是,随着新技术的应用,新的价值观在逐渐形成,新的服务模式也不断出现,并逐步产生新的生态环境和新的秩序。在这样的背景下,集成化增值性整合传播可以说是满足共性需求、适应未来发展的新传播模式。

信息技术的应用使得电影、电视、音乐、软件产品、文化知识可以通过下载、搜索等技术手段来实现传播,像中国知网、新浪、搜狐、百度、Google等这样的网站都是文化信息资源进行传播的有效途径。

而单纯的下载、搜索技术已经不能满足文化信息资源增值性开发利用的需要。以学术文献检索为例,通过信息技术实现文献检索,离不开网络出版。实践证明,离散化的网络出版,或者简单的网页搜索方法都不能有效解决传播问题,不能满足学术期刊传播的需要。

为了解决这个问题,《中国学术期刊网络出版总库》采取了集成化的办法:充分利用文献内容体系自身的有序性和知识内在关系的有组织性,形成覆盖知识生产、传播、扩散、应用、评价以及知识资源保存和增值利用全过程的产业价值链,创造出文献大规模、系统化集成的优势,从而更为有效地向用户揭示文献内容和知识,更广泛、深刻地吸引读者,提升文献资源的传播价值。

曾有学者在美国《未来学家》杂志撰文,提出了"全球综合电子大百科"的概念来描述集成化增值性整合传播模式,它包括动画、电影、音乐、录音,以及其他目前还想象不出来的新型媒体方式。而《中国学术期刊网络出版总库》这种集成化的办法恰恰是印证了电子大百科的概念,将各种中文的学术类期刊、杂志、论文等以电子出版的形式整合到网络出版总库之中,通过技术性的排重、甄选,最大程度地满足用户的确切需求,免除了用户在基于 Web 的各种搜索引擎中面对上百万条相关信息而无从下手的尴尬之苦。

其实,集成化的办法是从文化信息资源面临的问题出发而采取的。当前,我国文化信息资源总量仍严重不足,文献资源建设的范围、层次、种类不够完备,图书类资源建设刚刚起步,数值型、事实型资源还有很多领域基本空白,多媒体资源仍未构成规模,并且知识资源质量总体落后,信息加工与知识挖掘深度、资源激活力度明显不足。

这些问题一方面要求实现更大程度的集中化,另一方面也要求对文化信息资源进行增值性开发利用。集成化和增值性贯穿文化信息资源开发利用和整合传播的全过程。在网络出版业,文化信息资源开发利用的重要性已经获得广泛认同,但我们国家文化信息资源开发利用现状并不令人乐观的一个重要原因,就在于很多文化信息资源在整合的同时,没能提供必要的关联、聚类、排重等技术服务,没能把最有用的信息资源从百万乃至千万数量级的检索结果中挑选出来。

信息技术成了实现集成化增值性整合传播的关键性手段。《中国学术期刊网络出版总库》能够通过增值性服务而实现整合传播,关键就在于它采用了智能全文检索、知识挖掘技术、网格技术、搜索引擎技术等基础性、关键性信息技术,特别是所采用的清华同方知网软件公司的 KBase 全文数据库管理系统和 TPI 数据库建设与管理系统,使得检索的功能更加强大和完善,确保了总库能够对海量非结构化的数据进行良好的存储管理,并能够为用户提供导航、链接和检索等增值服务。

在集成化增值性整合传播的影响下,文化产业的产业链构成要素和运作模式正在发生变化,新的利润模式也在不断涌现。不仅在网络出版领域,在数字娱乐等领域实现集成化增值性整合传播,同样效果明显,由此形成的数字化供应链正在冲击着陈旧过时的娱乐产业制作和发行系统。在此过程中,信息技术虽然是关键性因素,但合理构建产业链,建立长效机制,应该比信息技术本身更重要。

案例 2

美国首都华盛顿的史密森尼博物馆群落

史密森尼博物馆群落是用英国科学家詹姆士·史密森尼(James Smithson)赠的专款,于 1846 年开始逐渐创立的。那是一套完整的现代博物馆系列,从国家历史博物馆、国家自然博物馆、国家美术馆、国家雕塑馆、国家美洲艺术博物馆、艺术和工业大楼,一直到反映现代科技尖端的国家航空航天博物馆,几乎包容了整个美国文化从历史到当代的全部面貌。

史密森尼博物馆群落,不单单是一个陈列机构,是为游客们开放和参观的服务设施,它更重要的还是全世界科学和人文学科最先进的研究中心之一。它的每一座博物馆都开展其本科目里的尖端研究,并和世界有关方面保持密切的联系。

案例 3

建川博物馆聚落

建川博物馆聚落,位于四川省成都市大邑县,聚落内将建设抗战、民俗、红色年代艺术品三大系列 20 余个分馆,是目前国内民间资金投入最多、建设规模和展览面积最大、收藏内容最丰

富的民间博物馆。

建川博物馆聚落匠心独具地突破了传统意义上的单纯的"博物馆"的概念,不仅超乎想象地在国内第一次将多达20余个博物馆汇集在一起,而且还进一步将各种业态的配套,如酒店、客栈、茶馆、文物商店等各种商业等汇集在一起,让这些配套设施呈现亚博物馆状态,形成一个集藏品展示、教育研究、旅游休闲、收藏交流、艺术博览、影视拍摄等多项功能为一体的新概念博物馆和中国百年文博旅游及乡村休闲度假旅游目的地。

 案例思考题

1.案例1所提出的"传播模式就是商业模式"的观点,在互联网+的背景下有何现实意义?

2.案例2、案例3所介绍的博物馆聚落,对于文化资源的保护与开发有什么重要意义?

3.博物馆聚落这样的模式有没有推广的价值,结合本地博物馆建设的现状,试进行讨论和分析。

第八章 历史与智能文化资源开发

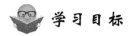学习目标

1. 掌握历史文化资源的概念；
2. 说明历史文化资源分类及其开发的策略；
3. 了解历史文化资源的行业开发；
4. 理解文化智能资源的涵义及形式；
5. 掌握授权经营的概念及其方式；
6. 掌握知识产权的开发的方式；
7. 了解创意产业的发展及开发。

人类社会经历数千年的繁衍发展，积累了丰厚的文化资源，不仅拥有世界教科文组织认定的世界文化遗产，而且随着科学技术的发展，也产生十分丰富的智能文化资源，成为人们宝贵的社会精神和物质财富，因此历史文化资源和智能文化资源开发是文化资源开发的两个重要方面。

第一节 历史文化资源的开发

一、历史文化资源的概念

文化资源作为历史积淀的产物，它与其他物质资源相比，更具有高价值性和不可交换性。历史文化资源是历史发展的产物，主要是指前人创造物的凝聚，按是否有实物性形态可分为有形文化历史资源和无形文化历史资源，其典型代表是文化遗产。

历史文化资源是指人类为开辟、发展和完善自己赖以生存的环境，在改造利用自然、维系社会规范和塑造人类自身的长期实践过程中所创造的物质文化、制度文化和精神文化资源。作为人类文化传统和精神成就的载体和见证，历史文化资源是人类社会的共同财富，可以鉴史，可以育人，可以兴业，在经济建设、社会发展和对外文化交流中，其现实意义都非常重大。

一般来讲，一个城市可以依靠丰富悠久的历史文化资源形成自己特有的城市形象和城市文化，丰富城市魅力，并据此形成特有的促进社会经济发展的文化平台。历史文化资源是城市文化建设最基本的依据，它是城市的根脉，并从一开始就决定了城市的文化形象和人们对城市

的个性评判。城市文化建设应当对自身历史文化资源的特点做出准确判断,从而选择合适的发展模式,或倚重历史资源,或凭借现实创新,塑造出独有的文化个性来。

二、历史文化资源的特征

作为人类历史积淀的历史文化资源具有以下特征:

(1)具有时代性和历史性。它们不是自发的自然历史进程的产物,而是人类祖先和大自然的共同恩赐,深深打着时代和历史的烙印。

(2)从性质上看,它们具有人类灵性和自然物性交融的特点。历史文化资源是人类智慧(思想)、人类劳动(实践)和自然资源、自然奥秘的奇妙结合,是人文荟萃的第二自然、人工自然,是人类本质力量的对象化。它们不仅具有时代、地域、民族和贤哲、巨匠们的个性特征,而且闪耀着人类与大自然和衷共济、开拓创新的不朽光辉。因而从本质上看历史文化资源乃是人性化的自然资源,正如马克思所说:人却懂得按照任何一个种的尺度来进行生产,并且懂得怎样处处都把内在的尺度运用到对象上去。人的尺度塑造的对象当然是人性化的对象。有些专家强调物质载体的形象性和直观性,进而认定它的物质性。

(3)从功能上看,自然资源有些能量很强、作用很大,比如能源资源、核能资源、稀缺金属能创造巨额财富。但其作用却比较单一,主要是物理、化学或生物功能。历史文化资源的功能,却比较蕴藉和含蓄,似乎是"随风潜入夜,润物细无声";实际它的作用却极其繁富,是社会精神功能和自然物质功能的统一。某些珍宝资源也能创造巨额财富。近年来随着文化产业、教育产业和知识经济的兴起,我们应该深思历史文化资源招财聚宝、创汇增收的潜能,试探地建构一种具有民族特色、文化神韵、某些知识经济要素和文化产业要素的独特经济模式,这或许能成为老少边穷地区、发展中地区、发展中国家脱贫致富的有效途径。

(4)从价值上看,功能和价值有相通性,所以自然资源的价值同样相对单纯。主要是有形价值、物质价值、经济价值。而历史文化资源则往往是复合的价值载体,即令是物化型资源往往也是多种物质的复合,而且闪耀着人类精神的灵光,并且满载各自历史时代的政治、经济、军事、科学、文化方面的信息,在这个意义上,它也是一种具有宝贵信息价值的资源。至于精神型资源那就更是人类心灵的镜子、人类特征的大观园了。

(5)从构成形式上看,历史文化资源多为复杂的有机复合体。如宫殿、园林,不仅它的物质结构复杂多样、巧夺天工,它的精神内涵更是博大精深,往往成为后人挖掘不尽的宝藏。

(6)历史文化资源具有不可再生性和不可替代性。历史文化资源的时代性和历史性决定它所承载的历史信息、历史材料、历史文化内涵、历史地位作用是不可再生的,无可替代的。真品损毁一件、一处就永远失去一件、一处,永远消失了一个历史符号,可不慎哉? 不过还应看到:历史文化资源毕竟闪耀着人类智慧的灵光,自然的演化又相对缓慢;因此使用类似的材料,采用类似的智慧,进行仿制、模拟、修复、重建(黄鹤楼、岳阳楼、滕王阁),甚至迁建都是可能和可行的(如张飞庙),但必须严格控制。总之,历史文化资源是一种原生的、古朴的、具有人类灵性的、软硬兼备、软资源特征非常强烈的资源,也是一种能够震撼人类心灵和智能的特异资源。它承载着国民性和民族魂,构成了国家民族的、实质性传统(Substantivetradition)、克里斯玛(Charisma)特质,因而具有极高的现代价值和永恒的历史意义。

三、历史文化资源的分类

(一)文物

文物是人类在历史发展过程中遗留下来的遗物、遗迹。各类文物从不同的侧面反映了各个历史时期人类的社会活动、社会关系、意识形态以及利用自然、改造自然和当时生态环境的状况,是人类宝贵的历史文化遗产。文物的保护管理和科学研究,对于人们认识自己的历史和创造力量,揭示人类社会发展的客观规律,认识并促进当代和未来社会的发展,具有重要的意义。

1. 历史遗迹类

历史遗迹指人类活动的遗址、遗物和其他有历史与纪念价值的遗迹。

(1)古人类遗址。古人类遗址是指人类的起源到有文字记载以前的人类活动遗址。人们通过对古人类遗址的观赏可获得有关人类起源与进化、史前人类住所、生存环境、生产和生活工具等方面的知识。中国很多地方都有古人类活动的遗址,如北京的山顶洞人、云南的元谋人、陕西的蓝田人遗址等。

(2)古代都城遗址。中国的漫长历史上,不同的朝代、不同的诸侯国、边塞邦国、小王国都有自己的都城。经过千年的风雨沧桑,大多数均只留下遗址。例如西安城墙遗址、山西的平遥古城遗址、湖南的凤凰古城遗址等。

(3)古战场遗址。我国历史上由于各派割据势力之间的冲突和新旧势力的争斗曾发生过不少的战争。如山西由于特殊的地理位置,历来成为兵家必争之地,因而留下许多古战场遗址。

(4)名人遗迹。名人遗迹包括历代名人故居、名人活动遗址以及相关的纪念性文物与建筑。

(5)近现代重要史迹。主要为鸦片战争以来所留下的革命遗址、革命遗迹、重要会议会址、烈士陵园、纪念性建筑物等。

2. 古建筑类

古建筑是历史文化资源中最多的一类。我国各种古建筑遍布全国各地。主要有:

(1)长城、关隘、城墙类。我国的长城有战国长城、汉代长城、南北朝时期的长城、隋唐长城、明长城和清长城。长城沿线的重要驻兵据点,多建在出入长城的咽喉要道上。关隘之地,地势雄伟,关塞险峻,是长城的典型代表,具有极高的旅游价值。城墙作为中国古代最重要的防御工程,不仅有很高的防御功能,而且在建筑艺术上也达到了很高的水平。例如平遥城墙是山西现存历史较早、规模最大、保存最完整的一座县城城墙。

(2)坛庙。坛庙,其中主要是庙,在我国的古建筑占有很大的比重,其建筑规模之大,造型之精美已达到了相当高的程度。庙,是古代祭祀性建筑。例如北京的天坛以及山西的晋祠、关帝庙等。

(3)民居。民居是指除宫廷、官署、寺观以外的居住建筑。我国是一个多民族的国家,民居形式多样。例如山西的乔家大院、渠家大院、曹家大院、王家大院、丁村民居,陕北的黄土窑洞式民居,福建的土楼等。

3. 古代陵墓类

陵墓作为旅游资源,主要分为帝王陵墓、名人陵墓、悬棺三类。例如,秦始皇陵、明朝的十

三陵、汉阳陵等。

4. 城镇类

历史文化名城是指有悠久历史,在地面和地下保存着重要历史价值、艺术价值、科研价值的文物、建筑、遗址和优美环境的城市,如平遥古城、凤凰古镇、丽江古城等。

5. 宗教文化类

宗教文化是我国传统文化的组成部分,宗教建筑、雕塑、绘画、音乐等是我国传统文化的瑰宝,有些佛教石窟造像、道教宫观壁画等,更是稀世国宝,成为著名的旅游资源。

(1)佛教文化。佛教寺庙是供奉佛像、存入佛经、举行佛事活动和僧侣们生活居住的场所。不仅建筑古老,宏伟高大,有一定的特色,而且寺庙内保存大量的不同时代的佛像雕塑和壁画。

(2)道教文化。道教宫观是道士修行、忌神、祈祷的宗教活动场所。我国有许多道教宫观,其中最著名的有湖北的武当山、四川的青城山等。

(二)历史文献

历史文献是指重要典籍和地方文献。主要包括古籍、志书、档案以及其他能反映历史事实的资料信息。

(三)重要历史事件和人物

其主要指历史上发生的重大历史事件以及在历史上产生过积极影响的社会各界人士。

(四)红色文化

如新民主主义革命时期发生的重要历史事件和重要机构旧址;历史人物活动纪念地;革命领导人故居;烈士墓、纪念设施;等等。

四、历史文化资源开发策略

我国是历史文化资源大国,占有资源的独特优势,其总体特征是:横向看丰富多彩,气象万千;纵向看源远流长,递进创新;整体结构既体现了兼容并包又突现了特立独行,充满博大精深的中华智慧。为更好地保护和研究开发历史文化资源,按时间顺序,可以将其区分为上古资源、中古资源、近现代资源。按地域方位可以划分为藏文化资源、中原文化资源、巴蜀文化资源,等等。按属性则可分为物化型资源、精神型资源、交叉型资源三大类。我国的物化型资源有数不尽的宫殿园林、琼楼玉宇、画栋雕梁、奇珍异宝、古物珍玩,在地下和海底我们还拥有许多珍宝王国(如秦始皇陵、乾陵、三千多艘沉船等)。此外,我国还有博大精深的精神型资源,像传统的知识框架、主义学说、价值观念、制度体系、元典精神、审美意境等。因此,历史文化资源的成功开发利用既源自一种丰厚的文化底蕴,更是这种文化的张扬与发展。

(一)景观化——在保护历史文化资源的条件下开发旅游景观

我国有数千年历史,文化遗传十分丰富,但历经战乱动荡和自然灾害,也受到不少破坏,需要大量投入以保护和修复。为解决投入的回报,建立自身的造血机制,结合旅游业的发展适当开发为旅游景观已成为较普遍采用的一种模式。如江南水乡古镇周庄、乌镇、西塘、朱家角等都已开发成为旅游胜景。

上海对石库门住宅的开发利用,是旧城改造中的一个成功案例。

 小案例

石库门在传统江南民居的基础上,继承了传统中国式建筑以中轴线为对称布局的特点,同时吸收了西方人称为"联排房屋"的建筑形式,是上海近代史上中国传统建筑装饰和西方的建筑细部融合而成的独特的时代产物。20世纪90年代以来,石库门建筑在上海城市改造中被逐步拆除。从建筑的角度看,石库门是特定历史时期的产物,走过一百多年的历史,而且有些石库门的空间结构也已不适合现代人的居住观念,因此拆除是正常的。但另一方面,石库门又是充满怀旧风情的老房子,是上海独有的"建筑艺术品"。全都拆了,就等于中断历史,因此需要保留一部分,以传承历史文化。上海新天地以上海独特的石库门建筑为基础,保留了当年的砖墙、屋瓦,将上海传统的石库门里弄与充满现代感的新建筑结合起来,集历史、文化、旅游、餐饮、商业、娱乐、住宅等于一体。不仅是一个展现上海历史文化风貌的都市旅游景点,而且是领略上海历史文化和现代生活形态的最佳场所。新天地改变了石库门原有的居住功能,赋予其商业经营功能,把这片反映了上海历史和文化的老房子改造成集国际水准的餐饮、购物、演艺等功能于一体的时尚、休闲文化娱乐中心。在怀古的外表下面,每座建筑的内部,则按照21世纪现代都市人的生活方式、生活节奏、情感世界量身定做,无一不体现出现代休闲生活的气氛。漫步新天地,感觉仿佛时光倒流,犹如置身于20世纪二三十年代的上海。但当跨进每个建筑内部,则感觉非常现代、时尚。新天地的外观是仿古建筑群,但在功能上没有泥古,而是既具有海派文化的底蕴,又具有强烈的时尚气息。因此,无论是老年人、青年人、中国人、外国人,都会对新天地产生一种情感上的认同感,都愿意亲身体验这里的东西文化交融和古今文化交汇。

类似的案例很多,如西安的大唐芙蓉园再现盛唐京城场景,也加入了当代的时尚元素;成都的锦里再现老成都风情,而又不失为现代时尚的休闲景点。瑞典打捞出18世纪的哥德堡号沉船,重新再造了一艘,保持原来外观,但内部机械都已现代化了,并沿原来的贸易航线再航行,经西班牙到我国广州、上海,不仅促进了贸易,还增加了旅游收入。

(二)以故事力活化资源,以艺术秀增强感染力

我国历史文化源远流长,民间传说、民俗风情丰富多彩,可以编撰演绎各种故事,开发利用历史文化资源就要以故事力来活化这些资源。另一方面,当全面建设小康社会并进入体验经济时代时,"秀"已成为产品和服务的一种重要表现形式,开发利用历史文化资源就要以"秀"增强感染力,从而吸引消费者。如广西有脍炙人口的壮族民歌和关于刘三姐的传说,经过创意策划,开发了以名胜风景漓江山水为背景的"印象刘三姐"大型歌舞剧,在2004—2006年的三年里接待了160万观众,获得1.2亿多元门票收入,有力地拉动了旅游业。在这三年里,阳朔县的旅游总收入增加了6亿多元,同时景区和县城土地平均增值5倍多。类似的情况还有嵩山少林寺开发的"禅宗少林"音乐大典,张家界将民间传说"刘海砍樵"结合土家族民歌改编成大型实景歌舞剧《天门狐仙》,吸引了大批旅游者,更出现了一票难求的盛况。目前,许多地方都在挖掘本地历史文化资源,通过编撰故事、策划"艺术秀"来吸引消费者。如山西开发晋商文化,编演了话剧《立秋》。成都考古挖掘出金砂遗迹,编演了音乐剧《金砂》,不仅在当地演出,还到外地巡演,既扩大了市场,也通过文化传播增强了吸引力。西安华清池的实景剧《长恨歌》根据白居易的《长恨歌》,再现了唐朝由盛转衰以及唐玄宗与杨玉环的悲情故事,吸引了大量游客观看,成为西安重要的文化品牌。

(三)凸显文化特色,策划项目,吸引社会资本

许多地区经济建设发展面临资金瓶颈和招商引资的难题,利用历史文化资源,通过创意策划和市场运作,在吸引社会资本联合开发上,往往会取得良好的效果。海南三亚市南山佛教文化苑的发展就是一个很好的例子。

三亚市的南山区本是一个比较荒凉的渔区,其发展的难题是缺乏资本。南山文化旅游开发公司利用传统文化中"南海观音"和"福如东海、寿比南山"的传说,将该区打造成一个文化旅游区。南山区的开发理念是"大生态、大文化、大教育、大旅游",即以生态建设为基础,以文化建设为核心,将南山建成具有中国特色和国际水准的生态文化旅游示范基地。他们以文化为魂,借助南山(寿比南山)和南海(南海观音)的传说,规划了数个主题景区,将传统文化和生态文化深深植根于每个项目、每个景观之中,并运用现代技术来提高其文化层次和品位。绝妙的创意和精细的策划引来了大量投资和社会捐赠。目前,南山佛教文化苑已建成"一寺一佛一谷一湾"的主体景观群,主要标志性建筑群有:南山寺、108米的南海观音、不二法门、吉祥如意园、观音文化苑、梵钟苑、福寿街等。多年来,南山获得了社会效益和经济效益双丰收:年均游客量200多万,平均营业收入1.4亿元,成为海南省的纳税大户。

又如在成都的锦江之上,有一座年久失修的廊桥,当地政府缺乏翻建资金。然而通过创意策划,决定将廊桥建成两层,下层维持原貌,仍然免费通行;上层则新增数千平方米的空间供投资商用作营业场所。结果是,不但廊桥的翻修没花政府一分钱,而且上层开设的饭店(廊桥饭店)借助廊桥的历史文化氛围和优美的锦江风光成为成都上好的一处用餐场所,吸引客人纷至沓来,提升了餐饮服务的附加值。这种政府与投资商的"双赢",依靠的就是对资源的有效经营。

(四)提炼文化符号,塑造品牌

利用符号意义创造价值和知识产权保护,是构成创意产业的重要核心元素。因此,提炼文化符号、塑造品牌也是开发利用历史文化资源创造价值的一种重要模式。如生产"石库门"老酒的上海金枫酒业公司,诞生于1939年,原来生产的是"金枫"牌黄酒,虽然品质不错,但通常被用作烧菜的料酒,价格不高,一瓶售价约两三元。后来,酒厂借助石库门的文化符号,成功推出了"石库门"老酒,以现代独具创意的理念重新打造品牌。全新概念的包装设计精美,产品配方合理,口味口感良好,酒瓶造型新颖,具有中西文化交融及海派文化底蕴,更容易捕获消费者的猎奇目光,一上市就为消费者所接受和青睐。这是因为,"石库门"老酒卖的不仅是酒,还有酒的文化,还有上海人的石库门生活情结,符合现代人的怀旧时尚。

从以上案例不难看出,历史文化资源的成功开发利用既源自一种丰厚的文化底蕴,更是这种文化的张扬与发展。

五、历史文化资源的行业开发

历史文化资源,包括有形文化历史资源和无形文化历史资源,是文化产业发展的重要基础。文化历史资源通过旅游、艺术、音像、影视、出版等开发,相应形成现实的旅游业、艺术业、音像业、影视业和出版业。

(一)历史文化资源的旅游业开发

中国旅游业的快速发展,得益于中国丰富的历史文化资源,包括有形文化历史资源和无形

文化历史资源。文化历史资源的旅游业开发主要有以下几种形式：

1. 历史文化遗迹资源的旅游业开发

古代人类劳动创造的物质性遗存，一般分成遗迹和遗物两大类。遗址是指从历史、审美、人种学或人类学角度看，具有突出的普遍价值的人类工程或自然与人联合工程以及考古地址等地方。遗址也是人类社会政治、经济、军事、文化等活动的结晶，它凝聚人类智慧，见证历史发展轨迹，是前人留给后人的宝贵财富，是十分重要的有形文化资源。

(1)古人活动遗址。古人活动遗址是有文字记载历史以前的人类活动痕迹，大约有300万年的进化史。由于历史久远，它只留下古人类化石、原始聚落遗址，以及原始人使用的生产工具和生活用品等，在漫长的古人类演化历史中，能考证的时代有旧石器时代和新石器时代。这些古遗址、遗迹以及出土文物，具有很高的文化价值。

(2)古城遗址。中国是世界著名的文明古国，自商周以来，历朝历代遗留下了举世闻名的古城遗址，主要有：殷商都城殷墟遗址、周朝都城丰镐遗址、汉长安城遗址、齐国都城临淄遗址、洛阳汉魏古城遗址、西安古格王国遗址、敦煌沙洲古城遗址、威墨水国城堡遗址、新疆高昌古城及楼兰古城遗址等。许多古城遗址成了旅游景点，如淹埋于黄河水下的河南开封宋朝王宫，经仿真开发而形成的"开封宋都"，每年吸引数万游客。国外的许多古城遗址也被列为旅游景点，向游人开放。例如，埋没于丛林莽野中的柬埔寨吴哥古城，其宫殿城垣、古寺等古迹被列为建筑珍品，吸引了世界各地游客。

(3)古战场遗址。我国的许多历史名城、交通要道和军事重地，曾经都发生过重大战役。历史上影响深远的著名战役发生地的古战场遗址，常成为旅游资源。古战场遗址的历史价值很大，这是因为每次战争或战役的发生，都是一系列政治、经济、军事等方面矛盾激化到一定程度的产物，这些矛盾激化演化过程是由许多政治家、思想家和军事家联合导演的。通过古战场遗址可以研究当时的社会政治、经济、文化、军事等方面的情况，以及其发生、发展变化的规律性，具有很高的科研价值，是旅游者学习历史的活教材。

(4)名人活动遗址。中外历史上，出现许多为人类作出杰出贡献和留下不朽作品的伟大人物。人类社会发生的沧桑变化，年代久远的历史名人故居和他们活动场所无迹可寻。为他们修建的纪念馆、纪念碑、博物馆等，通过文字、图片、文物等，展示了其人生经历和丰功伟绩，给人类社会留下了精神财富，也成为历史文化旅游的景点，可以激发旅游者的兴致和学习热望。比如，山东曲阜孔府孔庙，延续2000多年，举世闻名，已成为旅游胜地。又比如，浙江金华保存完好并列为文物保护单位的就有冯雪峰故居、朱丹溪墓、李渔坝、吕祖谦墓、吴晗故居、陈望道故居、宗泽先祖墓、陈亮墓、艾青故居等名胜。

(5)古道遗迹。古道是地区之间物质文化交流的主要"桥梁"和"纽带"，古道遗迹反映了当时社会交通状况，如"丝绸之路""玉石之路""茶马古道"等。古道或由人们长途跋涉逐步形成，或是开凿而成，或为某种特定需求而修建，如为战争而"明修栈道，暗度陈仓"。沿古道修建的驿站、城堡、住宅、佛塔、集贸市场以及古迹村落，都成了文化旅游资源。有的古道路线很长，沿途要经过绿洲、戈壁、沙漠、雪山、湖泊、江河和山川等；还有的古道路边的石窟、佛寺很有特色。例如，我国西部秦岭高山峻峰，是古代南北交通的重要障碍，为了打通南北交通，修了武关道、金牛道、奸道，成为古代重要的交通要道。又比如，举世闻名的丝绸之路，被称为"欧亚大陆桥"，是我国历史上最长的国际古道，也是世界上最长的旅游线路。沿着这条古道可以领略沿线的长城、石窟、烽燧、村落、集镇等文化历史景观。国外的许多古道遗址也被列为旅游景点，日本的"熊野古道"横跨奈良、和歌山及三重等县,因众多的"灵场"(神社、寺庙等)、"参诣道"(古人为参拜寺庙神社而修的古道)被评为世界文化遗产。

2. 历史文化建筑资源的旅游业开发

我国古代建筑种类繁多,形式多样,内容丰富,是一个建筑科学宝库,留存下来的建筑物有宫殿、楼阁、城防工程、古镇古村落、园林以及民居、陵墓、庙坛、亭台等,具有很高的艺术欣赏价值,是吸引游客的重要文化旅游资源。

(1)宫殿。宫,指房屋;殿,是高大宽敞的大堂。古代社会统治者富甲天下,喜欢居住宏大豪华的房屋,宫殿成了历代帝王居所的代名词。历史上遗存下来的宫殿,都成了旅游者青睐的游览物。汉代有长安长乐宫、未央宫、建章宫,以及洛阳南北二宫;唐代有著名的太极宫、大明宫和兴庆宫;元代有大内宫、兴圣宫和隆福宫;明代有南京宫和北京宫;清代有名震中外的故宫。朝代的更替和历史的延续,许多宏伟辉煌的宫殿被毁,有的只剩遗址,有的留存部分建筑物。我国保存比较完整的宫殿,有北京故宫、沈阳故宫和西藏布达拉宫。

(2)楼阁。楼阁多为两层以上的木制或砖石结构的古代建筑物。楼与阁在建筑结构与风格上有较大差异,其用途也有差别。楼,又称古楼,在我国各地均有建造,保留下来的主要是明清两代的古楼。现存的名胜古楼主要有:武汉的黄鹤楼、岳阳的岳阳楼、南昌的滕王阁、成都的望江楼、昆明的大观楼、广州的镇海楼、嘉兴的烟雨楼、贵阳的甲秀楼、台湾的赤嵌楼等,其中黄鹤楼、岳阳楼和滕王阁合称为中国三大名楼,而黄鹤楼最为辉煌耀眼,是中国名楼之首。阁,又称佛阁。它是古代珍藏图书、佛经、佛像之"圣地",是重要的文化旅游资源和旅游景点。阁在外观上与楼没有较大差异,但在规模上比楼宏大,气势庄严。北京故宫的文渊阁、杭州的文澜阁、北京颐和园的佛香阁、圆明园的文源阁、承德避暑山庄的文津阁、扬州大观堂的文汇阁、镇江金山的文宗阁、沈阳故宫的文溯阁、宁波的天一阁、蓬莱的蓬莱阁等,都是闻名中外的名阁,是人们喜爱的文化旅游景点。

(3)城防工程。城防工程筑墙护城,防御敌寇,在我国具有十分悠久的历史。我国古代城防工程最早出现在夏商时期,河南登封古城遗址和偃师二里头遗址被认定为夏城遗址,郑州古城遗址被认定为商城遗址,安阳古城遗址被认定为殷墟遗址。我国城墙建筑防御体系很完整,城墙外有护城河环绕、吊桥控制出入,城墙上有垛口、射孔、角楼、敌楼和观望台,城门设有瓮城、箭楼、城楼、屯兵洞和马道等。一座完整的城防工程,壮丽庄严。我国保留较好的城墙有湖北的江陵城、江苏的南京城、陕西的西安城、山西的平遥城和云南的大理城等。

而作为旅游资源的长城,西起甘肃省嘉峪关,东达河北省山海关,全长达6700公里,横穿甘肃、陕西、宁夏、内蒙古、山西、北京和河北,形成了许多个以长城为依托的旅游景区景点,其中著名的旅游胜地有山海关长城、八达岭长城、慕田峪长城、雁门关长城、嘉峪关长城。闻名中外的八达岭长城,更是国内外游人向往的游览胜地。

(4)古城镇古村落。我国古城镇和古村落的选址考究、设计奇特,讲究天人合一、阴阳互补,具有很高的观赏价值和历史价值,是重要的文化历史旅游资源。平遥、丽江、西递、宏村等通过申报世界遗产成功而一举成名,吸引了大批游客。云南建水、四川阆中、湖南洪江等古城,浙江西塘、南浔以及湖南黔阳等古镇,江西流坑、湖南高椅、浙江诸葛和俞源等古村落,都纷纷在游人面前亮相,获得良好的效益。例如,浙江金华的诸葛八卦村和俞源太极村就是世界罕见的奇特村落。诸葛村依据诸葛亮九宫八卦阵式布局,村内巷道阡陌纵横,内里玄机无穷,明清两代的大建筑有200余座;俞源太极村的村口巧妙地设计成一副巨型太极图,一条"S"型溪流从南到北缓缓流出,活像太极两仪(俗称阴阳鱼)。四周山岗、阴阳鱼构成黄道十二宫,八卦型排列的28座堂楼,对应着28个星宿。《四库全书》《二刻拍案惊奇》等书记载了村里的许多古迹。又如,闽西永定的土楼,是"中原土族,三代遗民"客家文化的产物,其形状有圆、方、凹、八卦、半圆等,独特的结构和深厚的文化内涵,吸起了国内外学者的关注,美、日等国的专家学者、游客纷纷前来考察、观光。

(5)古代园林。中国古代园林经过唐、宋、元、明、清历代的发展,无论是皇家园林,还是私家园林,其山水画、山水诗文富含艺术情趣,艺术水平都很高。中国古典园林多属自然式园林,即利用自然风趣,通过概括与提炼,把客观存在的模山范水移缩到有限的空间范围内,在园林中创造出各种理想意境。园林中的水光山色和四时景象,不只是单纯的自然模仿,而是自然的艺术再现,既出于自然又高于自然,把自然美和人工美巧妙地结合起来,形成赏心悦目、可游可居的优美环境。具有很高美学价值的中国园林代表——颐和园、承德避暑山庄、苏州拙政园等都已被认定为世界文化遗产,成了观光游览的名胜。

3. 文学艺术资源的旅游业开发

(1)文学书法。中国古代闻名于世的文学作品非常多,许多旅游名胜古迹,就是因为著名文学作品而游人如织,比如,江南名楼江西滕王阁有王勃的《滕王阁序》,湖南岳阳楼有范仲淹的《岳阳楼记》。又如张继的《枫桥夜泊》使苏州的寒山寺出名,每年吸引了大量的日本、韩国游客,前来聆听除夕钟声、感受其中韵味。中国书法艺术举世无双,许多风景名胜区的独特书法艺术,如匾额、楹联、诗词等,给旅游景点增添了中华文化历史的神韵。如书圣王羲之的《兰亭序》使绍兴的会稽山成了书法艺术的圣地,到此的游客,既可以观赏流觞曲水之美景,又可以抒发旷达淡远之幽情。

(2)古代艺术。中国古代艺术资源十分丰富,可以分为艺术遗迹和艺术遗物两大类。其一艺术遗迹类。艺术遗迹是指地上或地下的古代建筑附属装饰,又分中国古代壁画和中国古代雕塑两类。中国艺术遗迹独树一帜,具有很高的审美价值和文化价值。中国古代壁画是指装饰壁面的画,具体分为岩画、建筑壁画、墓室壁画等,史前新石器时代就已出现,早于帛画、绢画、卷轴画等绘画种类。中国古代雕塑大多是留存于地面的古代艺术品,具体分宗教建筑雕塑艺术、陵墓石雕艺术等,前者如山西大同云冈石窟,后者如陕西兴平西汉霍去病墓前石刻"马踏匈奴"。其二艺术遗物类。艺术遗物主要是指经过艺术加工创造的绘画、雕塑、碑刻书法作品以及实用和审美相结合的工艺美术品。绘画艺术品分帛画、绢画、木版画、木简画、卷轴画等;雕塑艺术品分陶塑艺术品、瓷塑艺术品、木雕艺术品等;碑刻书法艺术品有甲骨文、金文、简帛文字、石刻文字等;工艺美术品有陶器艺术品、玉器艺术品、铜器艺术品、漆器艺术品、瓷器艺术品、丝织艺术品、金银艺术品、骨牙雕艺术品等。

中国著名的博物馆如北京故宫博物院、台北故宫博物院、陕西省历史博物馆、湖南省博物馆等,都收藏大量字画、青铜器、金银玉器、陶瓷碑刻等富含艺术价值或历史价值的珍贵文物,一般都向游人开放,是一项重要的文化旅游资源。例如,台北故宫博物院珍藏文物约25万件,每次展示约3000件,可以轮流更换80多次,如果每半年更换一次,全部展完需要40余年。

4. 文化民俗风情、宗教资源的旅游业开发

民俗文化旅游产品的开发模式主要有6种,即原生自然式、集锦荟萃式、仿古再现式、原地浓缩式、短期流动式、主题附加式。例如,民族文化是云南的主文脉,采用"原生自然式"开发建成的云南民族文化村,已成为昆明旅游线路上的必游景点。深圳的中国民俗文化村,抓住深圳对外开放窗口、地处汉族分布地区的文脉特征,进行"集锦荟萃式"开发,吸引了大量游客。

(1)民俗风情。一项美、日、英、法、德五国游客访华动机的综合调查表明,游客访华的首位动机是了解当地民众的生活文化,占100%;第二位是了解历史文化,占80%;第三位是游览自然风光,占40%。可见,民俗风情是当前中国最重要的文化旅游资源。民俗风情包括的内容广泛,主要有饮食、婚丧寿诞、岁时节庆、服饰、居住、交通、贸易、信仰禁忌、娱乐游戏等。中国饮食文化丰富多彩,除著名的八大菜系外,全国各地还有各式各样的风味小吃和饮食习俗。比如饮茶,各地的方法都不一样,福建闽南有"功夫茶"、四川成都有"茶道"、云南大理有"三道茶"、鄂西土家族有"四道茶"等,文化内涵各不相同。奇异的婚丧习俗对游客也有吸引力。比如,云南泸沽湖畔摩梭人的走婚制是母系氏族公社的一种孑遗,崇尚两情相悦、男女人格独立,富有纯洁浪漫的色彩。近年大量中外游客不远万里慕名而来,走进摩梭人那神秘的女儿国。岁时节庆既能表现某地区某民族的民俗,又有很强的可参与性,领略民俗风情的游客,往往选择民族节庆的日子前往游玩,如蒙古族的那达慕大会、傣族的泼水节、苗族的三月三、汉族的龙舟节、哈尔滨的冰雪节、山东潍坊的风筝节、北京天桥庙会等。

例如,云南省境内群聚52个少数民族,其中15个为云南所特有。云南省的民族风情旅游资源的开发实践,充分考虑了少数民族的文脉特征——独特性、集中性、规模性和多样性。文脉是指在一个区域范围内自成体系并世代相承的文化现象,文脉表征是指文脉通过一定的载体形式显现出的内在规律和外部特征。云南少数民族的文脉——传统习俗、服饰、舞蹈、音乐、仪式、建筑、医药、手工艺品以及民族节日,都尝试开发成各类旅游产品,形成具有地域特色的产业集群,并在旅游市场上确立了自身的差异化竞争优势。

(2)宗教。宗教作为一种特殊的文化现象,对特定的群体往往具有吸引力。如观音是我国民间信奉者最多的佛教神,浙江普陀山作为观音的圣地,每年吸引了数以万计的朝圣者。妈祖是备受东南沿海民众崇拜的女神,拥有众多的信众。福建湄州的妈祖庙,在全世界妈祖信众中具有崇高的地位,迎来无数朝拜祖庙的香客和观光者。西藏拉萨的布达拉宫不仅是藏传佛教的中心,而且是藏族历史文化的集中地,前往西藏的游客一般是必到的。另外,道教名山如武当山、三清山、龙虎山等,也都是游客乐意前往的文化旅游胜地。

(二)历史文化资源的艺术业开发

中国文化艺术积淀深厚,异彩纷呈,深受世人喜爱。民族风格浓郁、古香古色的艺术节目,深受广大观众喜爱。根据创造艺术形象所使用的物质材料不同,艺术可分为表演艺术、造型艺术、语言艺术和综合艺术四大类,其中表演艺术包括音乐、舞蹈、曲艺、杂技等,造型艺术包含工艺美术,综合艺术包括戏剧、电影、电视剧等。

1.历史文化资源表演艺术业开发

(1)音乐艺术的再创作。以历史上的音乐为题材,进行再创作。如中国最著名的钢琴协奏曲《黄河》、小提琴协奏曲《梁祝》,分别以抗日歌曲《黄河大合唱》、越剧《梁山伯与祝英台》音乐为原始素材,结合西洋经典钢琴、小提琴技巧和表现手法创作而成。两首曲子感人至深,在舞台上长演不衰,成了经得住时间考验的艺术精品。

复原和发掘古代音乐,把它原汁原味地再现给观众。比如,在云南丽江的纳西族民间,流传着被称为"音乐活化石"的源自唐朝的纳西古乐。纳西古乐的发现震惊了世界音乐界,人们纷纷到丽江考察、研究、欣赏。近年,经过有关部门的开发、培植和完善,形成了以"宣科古乐队"为代表的纳西古乐产业。以宣科为会长的纳西古乐会仅1999年收入就超过250万元。

利用考古发现,复原和发掘历史上的表演艺术。如2004年在湖北省随县出土的全套战国时期的编钟,音色优美、音域宽广,变化音比较完备。有关艺术团体用编钟演奏古今乐曲,深受中外观众的欢迎。以文化遗址做舞台背景,进行音乐艺术表演。激光、旋转或升降舞台等技术的雷同应用于舞台设计,已经没有任何创意。以文化遗址为舞台背景进行音乐艺术表演,也是一种成功创意,如帕瓦罗蒂等"三高"音乐会在北京故宫举行,演出场面气势恢宏,文化底蕴深,民族特色浓,并成功地融合了中西文化。又如正大综艺的云南大理文化专辑,以大理古城作为舞台背景,充分展示了大理白族文化的深厚历史积淀。

(2)舞蹈艺术的创新。以某一历史时期的文化为主题,进行艺术表演的创作。如浙江杭州原是南宋都城临安,有深厚迷人的江南文化底蕴。杭州宋城艺术总团下辖宋城民俗团、杭州乐园艺术团、服饰舞蹈团等分团,共有演职人员300名,是国内规模最大的民营专业艺术表演团体之一。该团以杭州历史文化为背景,以宋城集团各大主题公园为依托,创作上演了"宋城千古情""民俗艺术大游行""欢乐颂""美丽天城"等大型歌舞晚会,演出数千场,观众达500万人次,获得良好的经济效益和社会效益。又如,轰动一时的舞蹈《丝路花雨》,以敦煌壁画中盛唐舞蹈、音乐以及丝绸之路作为创作元素,运用现代舞台手段再现历史的辉煌,其艺术效果令世人震撼。中国的民族舞蹈源远流长,支系种类众多,各民族都有独特的舞蹈动作风格,样式极其丰富。比如,民族歌舞《云南映象》主要由农民表演,注重民族歌舞的原生态,加上民间资本投放,市场化运作,先后在昆明、杭州、上海等地演出129场,收入数百万元,还获得了中国舞蹈"荷花奖"金奖。派格太合环球公司将《云南映象》更名为《寻找香格里拉》,经再加工、再提炼,提升艺术性、观赏性,在美国等十几个国家举行近110场的演出。云南民族歌舞文化历史资源的自主品牌创意开发,使《云南映象》走出了一条成功的道路。又如,陕西大幅度跳跃的"安塞腰鼓",安徽女子踩男肩叠起的"花鼓灯舞",技巧高超,造型独特,舞姿优美,也可以进行产业开发。

(3)服装设计艺术的演示。中国少数民族众多,56个民族基本上都有自己的特色服装;我国历史悠久,每个朝代初建之时,都要正衣冠,因此,留下了汉服、唐装、清服等不同时代的服饰。这些琳琅满目的民族服装和古代服饰,为中国服装设计提供了取之不尽的素材和灵感。具有浓郁民族特色的中国服装,也引起世界服装设计界的瞩目。比如,2001年APEC会议在上海召开,官员穿着中国"唐装",会后"唐装"不胫而走,风靡于世。又如清代满族宫装"旗袍",以其典雅、庄重、高贵成为中华女性的典型服装,享誉世界,盛行不衰。

2. 历史文化资源的工艺品业开发

中国的艺术品、工艺品形式多样、特色鲜明,如能捕捉商机创造性地加以开发,就有可能带来可观的经济效益。

(1)陶瓷艺术品。陶瓷艺术品是中国传统的工艺品,历史上享有盛名。当前,陶瓷艺术品种类丰富,既有仿古的作品,也有现代意识的创新作品,如唐三彩、北京景泰蓝、景德镇瓷器、德化瓷器以及瓷画等。这些陶瓷艺术品文化气息浓郁,高贵典雅,是当代室内装潢摆设的理想作品。

(2)铸锻工艺。中国铸锻工艺源远流长,早在夏商周就开始铸造青铜彝器;到了汉代,青铜器冲淡了神秘凝重的原始宗教色彩,赋予青铜艺术以崭新的美学品质,其杰出代表是武威出土的"马踏飞燕"和湖北满城出土的"长信宫灯"。中国历史上的铸锻工艺材料主要以铜、锡、金、

铁为主,其种类主要为香炉、酒壶、灯台、花瓶、神佛、动物等。这类工艺品历史感强,严肃庄重,拥有特定的消费者群。

(3)雕刻艺术。中国雕刻艺术历史悠久,种类繁多。从雕刻的材料划分,主要有石雕、玉雕、木雕;从雕刻的技艺划分,则有圆雕、浮雕、线雕、镂空、影雕、微雕等;雕刻的内容主要有神佛、人物、飞禽走兽、山水、花卉、花纹图案等。雕刻作品艺术性强,可用于建筑物装饰、摆设或掌中赏玩等。雕刻作品因其材料、形状大小和技艺高低等不同,价格差别很大。大型贵重者如著名建筑物门前的巨型石狮、寺庙中的龙柱,小型低廉者如印章钮头的装饰。同是神佛雕像,木雕与玉雕的价格就有很大差别。

此外,中国以苏绣、湘绣、粤绣、蜀绣闻名的刺绣,以北京雕漆、扬州螺钿、福州脱胎闻名的髹漆,以及笔墨纸砚文房四宝、剪纸窗花、泥玩具等,都极富民族特色,有待于发扬光大,开发出更多的文化产品。

3. 历史文化资源的戏剧业发掘

中国地域辽阔,民族众多,地方戏曲剧种繁多,据《中国戏曲剧种手册》记载,有多达275种,其中影响最大的有京剧、昆曲、越剧、黄梅戏、沪剧、评剧、粤剧、扬剧、吕剧、川剧、豫剧、湖南花鼓戏、梨园戏、闽剧、歌仔戏等。这些戏曲都具有浓郁的地方色彩、乡音乡情,牵动人心,拥有各自的观众群。这是一块取之不尽、用之不竭的艺术宝藏,值得发掘、保护和开发。如歌剧《刘三姐》,就是以广西壮族的美丽传说和民歌为素材而创作成功的,其艺术魅力和崇善除暴的精神感染了几代人。又如,白先勇为了传承中国的"口头和非物质世界文化遗产"——昆曲,排演青春版《牡丹亭》,上承《西厢》,下启《红楼》,很好地表达了中国优秀传统文学底蕴和昆曲艺术思想。2004年4月开始,先后在台北、香港、苏州、杭州、北京、上海等地演出,深受大学生及其他年轻人的喜爱。

(三)历史文化资源的音像影视、出版业开发

历史文化资源的音像影视、出版业开发,不像旅游业受到时间、交通和经济实力的制约,也不像艺术业受舞台等即时性消费的限制,比旅游业和艺术业有更广阔的发展空间。

1. 历史文化资源的音像、影视业开发

通过现代科技音像制品,即通过图像、文字、音乐、语言再现风景名胜、历史文化、习俗风情、音乐舞蹈、地方戏曲等,图文音色并茂,直观形象。历史文化资源的音像业开发,具有广阔的市场潜力。音像制品如《中华泰山》、《云南风光》、《纳西族古乐》、红色经典《红太阳》、黄梅戏《女驸马》和《天仙配》、小提琴协奏曲《梁祝》、钢琴协奏曲《黄河》等,都深受各个阶层消费者的欢迎。

20世纪80年代以来,中国投入巨资,陆续将《三国演义》《水浒传》《西游记》《红楼梦》等古典文学名著拍摄成电视连续剧和电影等,获得成功,深受观众好评,不少国家向中国购买版权。这不仅获得高额的经济回报,而且向世界宣扬了中华优秀传统文化。好莱坞著名导演斯蒂芬·斯皮尔伯格,在1997年和两位电影特技及电脑专家合股成立了一家命名为"梦工厂"的电影小公司,注册资本38万美元,但美国评论界认为"公司资本的市场值至少有500万,因为大导演的才华、创意和名声是巨大的无形资产"。这恰好验证了马克思"关于艺术,大家知道,它的一定的繁荣时期绝不是同社会的一般发展成比例的,因而也绝不是同仿佛是社会组织的骨骼的物质基础的一般发展成比例的"的著名论断,文化智能资源的投入,为影视业的发展产生了

倍增效应。又如美国迪斯尼公司将中国妇孺皆知的花木兰故事用高科技手段制成动画片,风靡世界,带来了几千万美元的收入。

华风气象影视集团公司制作的 10 集文化系列片《徽州》,首次再现了徽州美丽的山水和精致的人文景观,全方位诠释了徽州的村落、民居、祠堂、牌坊、老桥、书院、戏曲、绘画、医学、工艺、商帮、市井、民俗、人文思想等,呈现了古徽州人的生活方式和伦理准则,并揭示了这些文化遗存所蕴涵的内在文化精神。《徽州》于 2004 年 2 月在中央电视台播出,获得了很高的经济效益和社会效益。又如,1993 年宁夏文联主席张贤亮投资 78 万元,以宁夏文联的名义筹建西部影视城,到 2004 年西部影视城已从一片废墟变为国家 4A 级风景区,2004 年游客多达 30 万人次,为中国影视业和旅游业的发展,作出了较大的贡献。

此外,从 1995 年开始,浙江横店集团按 1∶1 的实景布局,建起了广州街、香港街、清明上河图、秦王宫、明清宫苑、明清民居博览城、古战场等 13 个影视拍摄基地,景区基本荟萃了华夏民族历史文明的精华,横店影视城接待了《鸦片战争》《英雄》《荆轲刺秦王》等 150 多个剧组,近 3000 部(集)影视剧取镜于横店。影视拍摄文化产业创造就业机会,带动邻村近 1000 多人就业,农民群众演员收入近 100 万元,也带动了服装、道具、停车服务等行业的发展。另外,电影《英雄》《十面埋伏》就是挖掘中国传统武侠文化,运用现代高科技进行产业开发的成功范例。

2. 历史文化资源的出版业开发

书籍、报刊虽然不能像音像制品那么直观形象地展示客体,但它通过文字可以表达较深刻的思想和体验,给读者留下更广阔的想象空间。比如,同样是介绍世界文化遗产——丽江古城,图书的表述就比音像深刻,学术品味更高。

文史哲名著、文物、民俗图册、画册、字帖等图书,常常是图书市场的"长销"书,销量稳定、持久。经营者如能重视质量,讲究印刷、纸张、装帧等,持之以恒打造精品,定能获得可观的经济效益和社会效益。如中国书店 20 世纪 90 年代末,曾连续 3 年年均销售各种版本《史记》3000 余部。一次订货会上,单价 16 万元的中华版豪华羊皮面《二十四史》就订出 20 套。人民出版社的《中国通史》10 卷本,首印 1 万套被订购一空,加印 8000 套又告售罄。四大古典名著、"三言二拍"、《古文观止》、扬州八怪画册、王羲之《兰亭序》、颜真卿《祭侄稿》和《勤礼碑》、怀素《自叙帖》等图书画册通常被爱好者收藏。

20 世纪 80 年代,台湾漫画家蔡志忠将中国古代思想家孔子、孟子、庄子等的思想,用现代漫画的形式介绍给中外读者,让今人与古代哲人在精神上对话。他把中国古代绘画的朴实大方与现代漫画的浪漫调侃结合起来,用现代人可以理解的绘画语言,深入浅出、幽默风趣地表达了古代东方哲人的深刻思想。蔡志忠的漫画作品使当代年轻人能避开艰深隐晦的文字,在轻松愉悦中了解中国古老文化。他的漫画集以 19 种不同文字出版,至 1999 年底总销售量就达 3400 万册。

随着人们经济收入和文化水平的提高,图书画册将拥有越来越多不同层面的购买者,如《哪吒传奇》《宝莲灯》等动漫书刊,其目标顾客主要是青少年读者。以连环画形式出版的《三国演义》等四大古典名著,也深受广大消费者喜爱,发行量高达几百万册。山西省万荣县号称"笑话大王",当地有关部门致力于笑话资源的整合开发,编辑出版了笑话集、VCD 视盘、录音带、录像带,把笑话民俗资源开发成文化实物产品,2001 年销售额高达 500 万元,获利 325 万元。

第二节 文化智能资源的开发[①]

文化资源是人类劳动创造的物质成果和精神成果,按历时性一般分为历史文化资源和现实文化资源两大类。现实文化资源主要是指人类劳动创造的物质成果及其转化。按物质成果转化的智能含量,一般又把它分为文化(现实)智能资源和文化(现实)非智能资源。本书主要讨论文化(现实)智能资源的产业化动作问题,为方便起见,在下面的行文中把"文化(现实)智能资源"简称为"文化智能资源"。

一、文化智能资源的涵义及形式

文化智能资源包括以下两种存在形式:一是外显文化智能资源,即一切可以带来价值或效用的智力成果,包括创意、发明、专利、著作、作品、商标、声誉、有价信息等,智力成果的核心要素是知识;二是内隐文化智能资源,是指减去体力劳动部分后的人力资本,即脑力资产,脑力资产的核心要素是智力。知识和智力是文化智能资源的两个核心要素,智力成果和脑力资产共同构成文化智能资源。在现代文化产业发展中,可以通过产业开发的相应形式,积极利用与开发文化智能资源,使之形成版权业和创意业这两个重要的文化产业类型。

二、外显文化智能资源的版权业开发

(一)版权业是当代国际文化产业发展的决定力量

版权是出版者复制和销售出版物的权利。瑞典、德国等早在20世纪80年代就开始研究版权产业(copy right industries)。1990年11月,美国国际知识产权联盟发表了它的第一份报告之后,不少国家纷纷仿效。人们发现,无论在发达国家还是发展中国家,GDP中版权产业所占份额大约在3%~6%。版权产业一般是指生存和发展以版权保护为条件的一个产业群。美国版权产业分为四组。"核心"版权产业是最重要的一类,是指以创造享有版权的作品作为其主要产品的产业。它们是电影产业(电视、戏院和家庭之录像)、录音产业(唱片、磁带和CD盘)、音乐出版业、图书和报刊出版业、软件产业(含数据处理、商用以及交互式游戏软件)、合法剧院、广告以及无线电、电视和电缆播放业。其中的大多数主要从事生产、制造和传播新的有版权的物品。核心版权业构成整个版权业的主体,约为三分之二。第二类是"部分"版权产业,其产品仅有部分属于享有版权的材料。较典型的是纺织品、玩具制造、建筑等。"发行业"是第三类,它们面向商店和消费者发行版权物品,如有关的运输服务、批发与零售业等。第四类是"版权关联"产业,其所生产和发行的产品完全或主要是与版权物品配合使用,如计算机、收音机、电视机等。以上四组,并称整体版权产业。

近年来,版权产业尤其是核心版权产业,已经成为当代文化产业的重要组成部分,其庞大而快速发展的技术构成、经济规模与效益、经营方式,是当代国际文化产业发展的重要力量。根据世界知识产权组织2014年发布的对42个国家的调查数据分析,版权产业占这些国家GDP和就业率的平均值分别为5.18%和5.32%。

---

① 吕庆华.略论文化智能资源的版权业与创意业开发[EB/OL]. http://news.sina.com.cn/c/2006-12-16/060010785453s.shtml.

(1)澳大利亚的版权产业。澳大利亚国家统计局2013—2014财政年度的统计数据显示,澳大利亚版权产业已经发展成为仅次于金融保险业、采矿业、建筑业的国民经济第四大产业。

就产业规模而言,2013—2014年度,澳大利亚版权产业行业增加值为1114亿澳元,占该国当年GDP的7.1%,高于制造业和医疗服务业的行业增加值。其中,核心版权产业增加值为734.02亿澳元,占当年GDP的4.7%。与同期计算出版权产业行业增加值的国家相比,澳大利亚版权产业占本国GDP的比重仅次于美国(11.3%)、韩国(9.9%)和匈牙利(7.4%);核心版权产业则位居第三,仅次于美国和巴拿马。

就发展速度而言,2003年至2014年的12年间,尽管受到2008年全球金融危机的冲击,澳大利亚版权产业仍保持了稳定的状态,行业增加值总体规模增长了21.5%,其占GDP的比重保持在7%的水平线以上。

在创造就业机会方面,2013—2014年度,澳大利亚版权产业就业人数超过100万,占该国当年总就业人数的8.7%。版权产业从业人员的平均年薪为6.896万澳元,高于澳大利亚平均薪酬水平。在同期调查的国家中,澳大利亚版权产业就业人数占总就业人数的比例较高,仅次于墨西哥(11%)和荷兰(8.8%)。澳大利亚迅速发展的文化产业不断为众多创意人才提供大量就业岗位。

以上数据充分表明:尽管电子化的发展对版权产业尤其是高产值领域,如音乐、电影、游戏、软件、图书、报纸、电视等的传统商业模式带来了巨大的挑战,版权产业在澳大利亚经济中仍具有重要地位,版权产业已经成为澳大利亚国民经济的支柱产业之一。

除了经济收益外,澳大利亚版权产业的发展刺激了业内在艺术、游戏、设计、电影等创意领域的原创性,从而产生了积极的文化收益和社会意义。

(2)美国的版权产业。2010年,美国核心版权产业的行业增加值达到9318亿美元,约占美国整个国民生产总值的6.36%。同年,整个版权产业的行业增加值为16269亿美元,占整个美国国民生产总值的11.1%。2007年到2010年,核心版权产业和整个版权产业所取得的实际增长率比美国整体经济的增长率都要高。2010年,美国核心版权产业的就业人数达510万人,整个版权产业就业人数为1060万。核心版权产业从业者的人均工资超过了美国经济整体从业者人均工资的27%。整个版权产业支付给从业者的人均年薪超过了美国工人人均年薪的15%。

美国版权产品的销售额在海外市场不断增长。版权产业2007年在海外市场的销售额为1280亿美元,2010年达到1340亿美元。版权产业的海外销售大大超过了美国其他产业,如飞机、汽车、农产品、食物和制药。这些持续增长趋势巩固了版权产业作为美国整体经济增长核心引擎的地位。随着新技术对合法版权产品新发行方式的改变,版权产业将对美国经济增长继续保持积极的影响,加上美国强有力的立法和有效的执法,其必将继续为美国国内和全球市场的经济增长铺平道路。

(3)我国的版权产业。近些年来,中国版权产业继续健康发展,实现较快增长。其对国民经济的贡献率已达7.27%,创造了42725.93亿元的行业增加值,提供了1643.81万个就业岗位。

我国版权产业的行业增加值和就业人数增长较快,核心版权产业增长显著。中国核心版权产业的行业增加值在2013年突破2.5万亿元人民币,占全部版权产业行业增加值的59%。其中,软件和数据库、出版、设计、广播影视等版权产业中的主要行业发展势头迅猛,是版权产

业中比重较大、增长最快的几个产业组。

经过多年发展,中国版权产业的经济贡献与美国等发达国家的差距正不断缩小。2012年,我国版权产业行业增加值逾3.57万亿元,占国内生产总值的6.87%。2013年美国版权产业行业增加值占GDP的比重为11.44%,高于中国4.17个百分点,同比减少0.42个百分点。中国版权产业行业增加值占GDP的比重已经接近澳大利亚,高于荷兰、芬兰等国。

可见,版权业尤其是核心版权业,已经成为当代文化产业最重要的主体,其庞大而又快速发展的技术构成、经济规模与效益、经营方式,是当代国际文化产业发展的决定力量。

(二)外显文化智能资源版权业开发的主要营运模式——授权经营

1. 授权经营的含义

版权叫著作权,是知识产权的重要组成部分。知识产权是一种法权,它是民事主体在科学、技术、文化、艺术领域对其智力创造成果依法享有的专有权利。知识产权通常分为工业产权和著作权两大类。著作权(版权)又分为两部分:一是著作财产权,二是著作人格权。著作财产权可以直接转让、继承;而著作人格权不能直接转让和商用,但可以通过授权许可经营。在中国,著作权法的保护期限是作者有生之年加上死后的50年。作者去世50年之后,作品就变成公共财产,大家都可以使用。在作者去世后的50年内,著作权的人格权只有通过人格权拥有者的授权,才能用于版权业开发。著作权的版权业开发的途径包括复制、公开展示、改作、出租等。复制权是著作权的主体,版权业授权经营的基础是作品的复制权。

以全球授权零售市场为例,授权零售市场包括艺术与出版授权市场、人物玩偶授权市场、娱乐授权市场、网络授权市场等,2002年增长约4.3%,总产值约1728亿美元,比2001年增加约72亿美元。其中,艺术与出版品授权部分增加10亿美元,达到约180亿美元,总营业额比传统艺术市场的90亿美元高出一倍;文化艺术授权商品业是所有授权类别中,营业额成长最快的一类,2002年的产值比1998年增长了约50%。从美国授权商品市场规模来看,以文化艺术为标的物的授权对象以家用品、家居布料及五金类为主,约占50%(郭羿承,2003)。许多艺术家和百货公司达成协议,将艺术作品陈列到百货公司货架,方便消费者购买。一些艺术家和文化公司合作,将其艺术作品应用于家饰品、家用品、家具、日历、书本的制作。随着网络文化产业的发展,电视媒体将成为文化艺术品市场最佳的销售利器。总之,文化艺术与商业、媒体结合,加速了艺术授权市场的发展。

2. 授权经营的特点

版权业的授权经营不同于传统的文化产业经营。传统文化产业所经营的是出版物的财产权,而授权经营既涉及著作权的财产权又涉及著作权的人格权。买下一张作品并不等于可以随意用它制作月历或复制销售,如果没有取得著作权所有人的书面同意,复制是违法的。比如北京书生数字技术有限公司,在未经许可、没有获得信息网络传播授权的情况下,在互联网上向公众提供郑成思享有著作权的作品,便构成对郑成思作品的信息网络传播权的侵犯。

传统文化生产囿于单件作品的创作,没有常态的市场供给和需求,不可能形成规模化的产业。授权经营凭借现代科技手段,应用数字化复制技术,大批量复制生产,并通过各种渠道包括互联网渠道大批量流通,可以形成规范化的授权经营市场和规模化的授权经营产业链。"授权要约"版权交易模式适应数字化、网络化发展的要求,将取代纸介图书等文化产品的一对一洽谈版权交易模式得以全面发展。授权经营不仅出售与文化艺术相关的产品,而且提升传统产业的附加值;不仅出售一般意义上的消费品,而且出售具有文化附加值的产品。也就是说,授权经营除了销售艺术作品,还销售"负载着艺术家创造的艺术符号"的高艺术附加值的消费品。随着授权经营产业链的延伸,广大民众的日常生活将充满文化艺术气息。

3. 授权经营的运作及法律保障

授权经营的运作,必须通过一系列的授权才能实现,版税也从授权经营中产生。在艺术家许可的前提下,授权商通过授权经营得到应有的报酬,并把所得报酬的一部分以版税的形式,回馈给艺术家。理查德·E·凯夫斯指出:"版权的法定有效期决定了原创作者、表演者可以获得版税的期限,版税就是原创作者的赢利。这种持久性就是艺术的永恒性。"(理查德·E·凯夫斯,2004)因此,在大多数情况下,创作者不能把作品直接卖给公众。他们宁愿把作品卖给或授权给市场中介商,如零售商、雇主、出版商或制造商,中介商也愿意投资经营具有市场竞争力的艺术作品。

"版权共同所有者"买下了创作者所有的或一部分的权利,然后从这些版权中开拓出许多税源。例如,一本书写于印度,通过授权,被排成戏剧在伦敦西区剧院上映;然后该剧在好莱坞又被搬上银幕,有关它的录音带、T恤衫和玩具创制于中国台湾;接下来这部电影又在意大利的电视台上演,电影录音在加纳的广播电台播放;电视时尚和造型激发了慕尼黑设计师的灵感,他发布巴黎时尚预测;俄亥俄的家具制造商被授权模仿制造影片中的家具;还有一本关于电影结局的书写于纽约,而该部电影却拍摄于加拿大的萨卡斯通。以上一系列授权经营所产生的收入,都来源于最初创作的这本书的版权,而书的作者拥有的设置价格的契约权或对这部书保持的剩余索取权却是有限的(哈利·希尔曼沙特朗,2004)。

法律保障是外显文化智能资源版权业授权经营得以顺利开展的关键因素。1994年,世界贸易组织(WTO)取代原来的GATT,并签署了《贸易相关知识产权协议》(TRIPS)。这份协议涵盖了所有创意产品,包括专利、著作权及其邻接权、商标和服务标识、产地标识、新植物的保护、工业设计、集成电路的布局及商业秘密等(张玉国、朱筱林,2003)。《贸易相关知识产权协议》为文化艺术授权经营的可持续发展提供了重要法律依据。

三、内隐文化智能资源的创意业开发

(一)创意业的基本含义及中外实践

英国是第一个为创意产业(creative industries)下定义的国家,并且这一概念影响了欧洲、美洲、亚洲等许多有意发展创意产业的国家。在英国之前,澳大利亚于1994年就已提出"创意国家"的口号,并制定了第一份文化政策。1998年,英国文化媒体体育部成立了由前布莱尔首相任主席的"创意产业特别工作组"(Creative Industries Task Force,简称CITF),定义创意产业为"源于个体创意、技巧及才能,通过知识产权的生成与利用,而有潜力创造财富和就业机会的产业",共包括13个行业:广告、建筑、艺术及古董市场、工艺、设计、流行设计与时尚、电影与录像带、休闲软件游戏、音乐、表演艺术、出版、软件与计算机服务业、电视与广播。创意产业这个概念在英国被正式命名后,在短短几年内迅速地被新加坡、澳大利亚、新西兰、中国香港与中国台湾等国家和地区略作调整后采用,在全球范围内产生了广泛影响。

新加坡政府的创意产业工作组于2002年9月提出的第一份发展创意产业文件《创意产业发展战略:推动新加坡的创意经济》,采用的基本上是英国定义,其创新之处是提出了"创意聚集"(creative cluster)的概念。报告提出将文化艺术、设计与媒体作为发展新加坡创意产业的3个重点：文艺复兴城市2.0、设计新加坡和媒体2.1。该计划的目标是要把新加坡建设成为一个全球媒体城市，鼓励实验与创新，发展高附加价值的媒体研发与制作，同时定位新加坡为媒体的交易中心，以各种优惠方案吸引媒体资本进驻新加坡，同时拓展海外市场。

中国香港特区政府中央政策组委托香港大学文化政策研究中心研究并完成了《香港创意产业基线研究报告》(2003年)。在这个报告中，共有11项产业被纳入创意产业的范围，并依其属性分为3大类。文化艺术类：艺术、古董和工艺、音乐、表演艺术；电子媒体类：数字娱乐、电影与录像带、软件与计算机、电视与广播；设计类：广告、建筑、设计、出版。2004年，香港特区政府委托香港大学拟订的"香港创意指数"也宣告完成。"香港创意指数"以美国理查德·佛罗里达教授(Richard Florida)3TS(技术 technology，人才 talent，包容 tolerance)理论为基础，拟定了香港5Cs创意指标：创意效益、结构，制度资本，人力资本，社会资本与文化资本。报告既探讨了创意产业与经济发展的关系，也讨论了创意成长、制度与社会文化价值的关联。为了更加明确努力的方向，2005年香港把创意产业改称为"文化创意产业"(cultural and creative industries)。

中国台湾"经济部工业局"将文化创意产业定义为："源自于创意或文化累积，透过智慧财产的形式与运用，具有创造财富与就业机会潜力，并促进整体生活提升之行业。"其范围也包括13个产业：视觉艺术产业、音乐与表演艺术产业、文化展演设施产业、工艺产业、电影产业、广播电视产业、出版产业、广告产业、设计产业、数字休闲娱乐产业、设计品牌时尚产业、创意生活产业、建筑设计产业。

以上国家和地区，不管是叫创意产业，还是叫文化创意产业，其内涵和外延都很接近，与英国提出的定义相仿。创意产业的界定着眼于整个产业链，特别强调的是产业存在和发展的核心源头——创意。创意产业本质上是以创意为核心的产业。比尔·盖茨宣称，"创意具有裂变效应，一盎司创意能够带来难以计数的商业利益和商业奇迹。"近几年，发达国家的创意产业，每天创造高达220亿美元的产值，并以5%的速度增长。许多国家遵循聚集发展规律，实施文化智能资源的产业开发政策，密集开发和利用文化智能资源。比如，韩国网络动漫产业。韩国的金在仁1999年设计的"流氓兔"，短短几年便风靡世界，成为网络动漫产业的成功典范。"流氓兔"诞生时只是一个Flash小动画，起先在互联网上流传。现在它早已走出互联网，成为漫画书、卡通电视、儿童玩具乃至手机游戏的主角，发展成为一个价值超过10亿美元的大产业。"流氓兔"的成功只是韩国网络动漫产业发展的一个缩影。2002年以来，韩国文化振兴院开始拨款建立多处国家级动漫产业基地，并在政府相关职能部门的指导下，实现了动漫产业的教育培训、研究开发、产业孵化及国际交流四大功能。韩国正在从产、学、研三方面系统推动动漫产业的发展。韩国动漫产业的产量已在全球相关产业占据一定比例。在全球市场中仅次于日本、美国，成为世界第三动漫产业大国。

创意产业对地方经济发展具有重要意义，创意产业的高附加值可以推动制造业向高增值产业升级，能够加快现代服务业发展，迅速提升第三产业在GDP中的比重。例如，2005年北京文化创意产业产值已超过960亿元，其增加值占北京地区生产总值的14%以上，与国内其他地区相比具有明显优势。北京、杭州、深圳、上海等地的文化创意产业正在快速崛起，而且发展势头迅猛。如上海创意产业基地总体规划面积30万平方米，重点发展动漫和游戏产业，包括网络游戏、影视制作产业、多媒体内容产业，计划5—10年使该基地集聚200家左右的文化企业,文化产品总产值达 300 亿元～500 亿元。上海目前着手改造老厂房,启动开发 18 个创意产业集聚区,计划用 3—5 年的时间,在这些集聚区形成 100 家高级别的原创设计工作室。其目标是:立足上海科技、人才优势,依托创意产业,实现文化产业的跨越式发展,使上海成为全国文化产业发展的重镇。

(二)内隐文化智能资源创意业开发的基本营运模式——创新

1. 创意产业是内隐文化智能资源——智力的创造性开发所形成的文化产业门类

人力资本理论认为,随着知识经济的兴起和高新技术产业的发展,与人的体力相比,人的智力越来越重要。人的智力包括经验型文化技能和创新型文化能力两个方面内容。经验型文化技能,又包括写作、绘画、演奏、编程、设计等方面的程序和技巧,用于文化生产过程,大部分不能被电脑编码,但可以通过教学形式来传授和通过反复学习而获得;创新型文化能力,它是文化人在获得知识和操作技能的基础上,突破前人模式的独创性思维和实践能力,体现为创造型的构思、创意、主题、灵感、方案、决策等,大多难以编码。

内隐文化智能资源——智力,基于人的先天素质和后天钻研习得。内隐文化智能资源是文化产业发展的核心资源。内隐文化智能资源的能动作用,可以进一步调用外显文化智能资源——知识,融合其他结构资本、顾客资本等,再通过新的方法组合起来,有效地创造文化财富。

创意产业是内隐文化智能资源——智力的创造性开发所形成的文化产业门类,它和其他门类文化产业的最大区别是其原创性,处于文化产业链条的最前端,决定文化产业发展的方向。创意来源于创意思维,创意思维具有可持续、可再生、价值高等特点,是一种稀缺资源。研究和开发(R&D)给文化产品和服务注入大量实用知识并创造新的知识,为下一阶段的文化产业开发积累新的文化智能资源,最终形成新的文化产业门类——创意业。文化智能资源的创意业开发是文化资源产业开发的重要组成部分,随着科技的进步、知识的增长,创意业的重要性将越来越突出。

内隐文化智能资源的创意业开发,不仅需要融合资金、技术、设备、信息等要素,而且需要现实需求。创新技术与现实需求的有机结合,才能产生好的创意。罗杰斯(Everett M. Rogers)提出的创新扩散理论,有助于理解创新的现实需求基础。罗杰斯认为,创新必须具备四个元素,即创新属性、传播渠道、时间(包括创新决策过程、接受者类别、采用率)和社会系统。创新成果的接受者分为最早采用者、早期采用者、中期采用者、晚期采用者和迟缓者。创新的扩散形状近似字母"S",最早采用者的人口比例为 2.5%,早期采用者为 13.5%,中期采用者为 34%,晚期采用者也为 34%,迟缓者为 16%。一种创新的使用者只有达到社会总人口的一定比例时,整个扩散过程才可以持续下去;而超过这个比例(临界点)后,扩散的进程就会加快。另外,影响创新的因素还包括创新的特征、接受者的个体特征和社会网络特征等,其中创新的特征有可试用性、可观察性、相对优势、复杂度以及兼容性等,个体特征主要是个人的性格差异,社会网络特征有社会制度、创新环境等。(埃弗雷特·M·罗杰斯,2002)

2. 内隐文化智能资源创意业开发的基本营运模式是创新

创意产业试图描绘出一个历史性的变化,即从被资助的"公共艺术"和广播时代的媒体转变为对创意的新的和更广泛的应用,它是新经济的重要元素。创意产业部门发挥了新经济的优势及其特点,技术和制度的创新可以实现与顾客和公众的新联系。互动、融合、客户、合作、网络、全球化等,是创意产业获得成功的关键因素。创意产业的组织模式常常是微型公司,它一般属于信息密集型企业,具有十分"密集"的创造力。创意产业在数字内容(data content)及其他应用方面需要较高附加值的投入,处于价值链的上端。内隐文化智能资源创意业开发的基本营运模式是创新。

创新是一个民族的灵魂,是一个国家兴旺发达的不竭动力。创新是经济发展的持续动力和源泉,是一种"产业的变异"。企业家的职能,就是不断地引进生产因素和生产条件的"新组合",以实现"创新"(约瑟夫·熊彼特,1979)。创新的核心是生产要素的"新组合"——引进新产品、采用新生产方法、开辟新商品市场、实现企业的新组织等,引入生产体系,从而优化资源配置的效率(约瑟夫·熊彼特,1990)。越是知识型和智力型的产业,越需要突破常规,采用新的资源组合配置方式。

创新有三种基本类型:一是知识创新,主要解决是什么的问题,其创新成果表现为提供关于新事实的判断、对经验事实的新说明、对经验定律的新解释以及对理论危机的化解。二是管理创新,主要解决目标和现状的关系及现状到目标的转化问题,当目标落后于现状时,提出一个新目标;当现状偏离目标时,提出一个使现状回归目标的新途径。三是技术创新,主要解决知识如何应用以及现有技术如何更新换代的问题,具体表现为提出知识被应用的新的可能性、新的可能的途径和方法、新的技术操作手段和工艺流程,以及从新技术引进经吸收消化到产生更新技术等。

创新又是智力的高级形式,是一种能力结构。创新能力包括创新精神和创新方法两层含义。创新精神指创新能力的非智力因素,如求知欲、创新意识、勇敢精神、顽强精神、科学态度等;创新方法指创新能力的智力因素,包括逻辑思维、非逻辑思维、创造性思维、求解思维以及中国式东方思维等方法。

逻辑是通过思维的中介而介入创新活动的,辩证逻辑借助一系列的范畴规范着人们的思维活动,对创新起着指导性作用。创新思维注重非逻辑思维方法,非逻辑思维方法如想象、直觉、顿悟素来为中国禅宗等学者所推崇。创造性思维是指在吸纳思维对象相关信息的基础上,以强烈的求知探索为动机,经过存疑、联想、假设、推理、顿悟等环节,发现解决有关问题的新方法,从而拓展人类认识的新领域,开创人类认识新成果的思维过程。人们运用创新性思维,从总体战略和具体策略相统一的角度,针对现时的理论框架和观念程式,进行全面的理论、观念、模式和方法创新。辩证思维是创造性思维的最高层次,具有系统综合性、动态开放性、自觉创造性等特征。

内隐文化智能资源创意业开发的营运,不但需要开发人的逻辑思维、形象思维、创新思维,而且需要开发人的求解思维。求解思维是人们围绕问题的目标选择寻求实现目标的手段、途径的思维,其功能是寻求解决问题的手段、途径并统摄逻辑思维和形象思维。此外,中国式东方思维具有独特性,有利于人的创造力的提升,如墨家"同异交得"思维方法、孔子"中庸思维"方法、《易经》和太极"混沌思维方法"等,都值得大力开发和弘扬。

 思考与练习题

1. 结合案例简述文化资源产业开发的特质。
2. 文化智能资源开发的方法有哪些?
3. 简述品牌授权在智能文化资源开发中的作用。

4.创意产业包括哪些内容？如何进行开发？

案例

案例1

名人故居开发

毛泽东故居

(1)开发指导原则。目前毛泽东故居的主要开发思路是以复原为核心,以毛泽东为品牌,大力开发与毛泽东相关的旅游景点、旅游纪念品和接待设施,以韶山地方文化丰富产品体系,带动整个韶山旅游的发展。

(2)开发手段及方式。故居复原景观,再现历史风貌;以大品牌整合资源,形成多元化的产品结构。

(3)具体阐述。毛泽东故居曾出现过旅游过度开发的现象,故居附近集中了过多的楼房、餐饮饭店、纪念品集市和各种摊点,破坏了原有的环境和气氛。因此地方政府制定了以复原为核心内容的保护规划,整治恢复环境,撤出过多的商业设施。

毛泽东故居已成为韶山旅游的核心,故居基本上保持了当年原貌,外观为普通的江南农舍,陈列着床、书桌、衣柜、方桌、板凳、碗柜、石磨、水车和大木耙等毛泽东曾留下过印迹的物品。周围绿树成荫,荷塘青山相映成色。

围绕故居建筑,周边几千米范围内分布着相关的毛泽东纪念馆、毛泽东铜像、诗词碑林、滴水洞等景点,将毛泽东文化的各个方面整体展示,丰富了产品的内涵。大力发动与当地社区居民参与,开发了韶乐、毛家菜、毛泽东题材纪念品、农家乐等相关旅游产品,既丰富了产品体系,又促进了社区的发展。

(4)经验与启示。真实再现,还原历史:对名人故居的真实再现主要是对环境以及气氛的一种营造,营造一种"斯人已去音容犹在"的氛围,让游客有如临其境的感觉,不知不觉进入深度体验中。

以文化为核心,挖掘整合资源:毛泽东故居以毛泽东为核心,将有关的革命历程、思想成就、诗词作品、生活习惯、历史遗迹等都开发为可见的旅游产品,形成了丰富的产品体系,为遗产的活化提供了借鉴。

邓小平故居

(1)开发指导原则。整体性开发,不仅活化名人故居,更要活化名人生活的真实环境。

(2)开发手段及方式。将景观大道、邓小平故居、佛手山风景区、协兴老街以及渠江杨森花园水上游乐区共同开发,形成不同的产品体系。

(3)具体叙述。邓小平故居保护区由景观大道、邓小平故居、佛手山风景区、协兴老街以及渠江杨森花园水上游乐区组成,兼具自然与人文景观。

其主要开发思路是跳出故居做故居,以名人故居为主打品牌,通过丰富的景观景点和多样化的产品设计,将名人故居与周围环境相联系,使自然与人文相融合。

以故居为核心开发建设了"邓小平故居陈列室"、"邓小平铜像广场"、"改革开放纪念园"、"农业科技园"、"求是"园碑林、邓家茶馆、刘家大院、团练局旧址、水上游乐区和农家乐等项目,弥补了单一名人文化产品的单调和乏味,丰富了旅游产品体系。

(4)经验与启示。景区景点联动:包括相同类型、不同类型遗产旅游资源的联动,还包括遗产旅游资源与周围环境之间的联动,以形成旅游资源集中优势吸引旅游者,为旅游活动提供足够的空间场所,较典型的例子是我国的峨眉山与乐山大佛世界文化遗产、山东曲阜"三孔"等。

景区景点联动对于文化遗产旅游资源而言尤为重要,这是因为,文化遗产旅游资源有可能小到一个庙、塔或是故居,这样单一的资源若不与周边资源及周围环境联动,很难发挥优势效应;再者,揣摩作为一个消费者的心态,一般不会为参观某一个庙、塔或是名人故居等专程跑上几百公里,他们总希望一条线路或一处景观周围有多处可以参观、游览的项目,或是集参观、游览、娱乐、休闲于一体,这在客观上也要求遗产旅游资源必须进行联动。

案例 2

无锡历史文化资源开发利用①

历史源远流长,文化资源丰富,无锡市是国家历史文化名城。近年来,随着经济社会的快速发展,无锡市不断探索历史文化资源开发利用的新途径新办法,以此凸现文化个性,彰显城市魅力。在新的形势下,正确分析无锡历史文化资源的科学价值,探讨研究新形势下无锡历史文化资源的开发利用路径,对加快打造"四个无锡"建设,率先基本实现现代化,具有重要的意义。

无锡作为吴文化的重要发源地、中国近代民族工商业的重要发源地和中国乡镇企业的重要发源地,素有"勾吴古都""太湖明珠"之称,地理优越,山水独特,人文荟萃,2007 年被国务院正式批准为国家历史文化名城,积淀了丰厚的历史文化资源。

丰富的历史文化资源是无锡经济社会发展和现代化建设的宝贵财富和特殊资源。新中国成立以来,无锡市挖掘保护和开发利用历史文化资源经历了不同阶段。从文化意识淡薄,到文化意识觉醒;从被动地宣介历史文化资源,到主动地展示独特的城市魅力。无锡成功地扭转了给世人的印象——无锡不仅是一个工商城市,同时还是一个文化大市。

1. 单纯为意识形态服务阶段(1949—1978 年)

新中国成立后,无锡市对历史文化资源的本质意义认识,主要停留在针对主流意识形态进行教育与宣传这一层面。历史文化资源的文化价值处于政治宣传的从属地位,其保护和开发利用并不占据工作的主导地位,一切工作均围绕主流意识形态展开。"文革"初期,受政治运动的影响,历史文化资源遭受前所未有的破坏。部分文物在破"四旧"运动中遭毁。此阶段,文物专题展览零星展出,但展览大多从文物附属的政治特征入手,宣传社会主义意识形态,目的是为了让广大的工农兵大众能够更好地理解社会主义意识形态的本质含义。

2. 注重为文物保护服务阶段(1979—2000 年)

粉碎"四人帮"以后,无锡各项事业发展呈现出一派勃勃生机。这一阶段,最显著的特点是历史文化资源工作重保护、轻利用,最典型的标志是博物馆加大对文物标本收集力度,藏品总量迅速增加。令人发窘的是历史文化资源的文化价值仍屈服于整个社会的中心工作,文化属性处于潜在状态,未能得到有效发挥。在经济发展迅速、社会变迁节奏日益加快的背景下,城市历史文化遗存遭受着较大冲击,其赖以存续的环境严重地受到侵蚀和破坏。虽然历史文化工作者重视文物保护,可是社会大环境却忽视文物保护、轻视文化遗存。这是无锡经济社会发

---

① 接玉松.无锡历史文化资源开发利用研究[EB/OL].http://szw.chinawuxi.gov.cn/szzz/6320401.shtml.

展遇到的短暂困惑。

3. 强调为文化名城建设服务阶段（2001—2011年）

进入新世纪以来，城市历史文化遗存，作为传统文化的载体和见证，展现了独特的文化风貌和历史底蕴。无锡市社会各界十分重视保护历史文化遗存，重视开发利用历史文化资源，并在文化建设中发挥积极作用。全市上下形成重视历史文化、保护历史文化，进而营造创建历史文化名城的良好环境。无锡在城市建设和发展中更加理性地对待遗存，更加自觉地保护文物，全面加强历史文化遗产的挖掘、保护和修复，惠山古镇、清名桥、荡口、荣巷、小娄巷五大历史文化街区，古运河风貌带，礼舍、甘露等十大古村镇的保护性修复工程全面启动。全市各级文物保护单位总量从全省第9位上升到第3位，历史街区保护面积从全省第10位上升到第2位，并且在全国率先开展了工业遗产保护，以鸿山遗址保护为代表的文化遗产保护工作得到了国家和省文物部门的首肯，被文保专家认定为相关领域的典范。2007年，无锡市成功跻身国家历史文化名城行列。历史文化名城建设极大地提升了无锡城市的知名度和美誉度，也极大地促成了无锡文化意识的觉醒，保护城市文化遗存、彰显城市文化个性已成为全市上下的强烈共识和自觉行动。

4. 展示城市魅力、为率先基本实现现代化服务阶段（2012年至今）

2012年以来，无锡市坚持城市底蕴来自历史、城市魅力来自文化，坚持文化的传承与创新，充分发挥文化的软实力作用，把历史文化资源优势转化为产业优势，实现经济与文化的融合互动、文化与旅游的互动融合。充分利用独特的自然资源、丰富的文化遗产和宝贵的精神财富，通过高标准的规划建设，形成城市特色，塑造城市形象，打响城市品牌。积极推动文化改革发展，大力发展公共文化事业，深入推进国家历史文化名城群建设，着力挖掘历史文化资源内涵，加快发展文化产业，把文化融合于经济发展、科技创新、城市建设和社会进步的全过程，全面提升无锡的文化软实力，力争把无锡打造成为充满活力、具有魅力的现代化城市，增强无锡在全国乃至世界的影响力、吸引力和综合竞争力。

案例3

艺术授权：买得起的"齐白石"
——专访台湾Artkey艺奇文创集团董事长郭羿承[①]

你能想象齐白石帮忙卖茶叶，梵高推销信用卡吗？通过艺术授权，这都将成为可能。

很多人对艺术授权还不太清楚，其实艺术授权产业在国外已经非常成熟，依国际惯例，艺术授权产业总产值是艺术品拍卖成交额的3倍以上。以2010年国内艺术品拍卖总成交金额589亿元推算，中国艺术授权所带来的产值可达1800亿元。但是，文化部文化市场司此前发布的《2010中国艺术品市场年度报告》显示，2010年中国艺术授权和衍生品交易仅为60亿元，这其中的差距有多大显而易见。

那么，究竟什么是艺术授权，艺术授权形成了怎样的产业链，艺术授权对于将中国浩瀚的文化资源变现为具体的商品和财富有何价值？又将对制造业的产业升级转型和城市化进程产生什么影响？近日，记者在北京798艺术区白石茶馆专访了在这一领域打拼16年的台湾Artkey艺奇文创集团董事长郭羿承，为读者一一解惑。

[①] 艺术授权：买得起的"齐白石"——专访台湾Artkey艺奇文创集团董事长郭羿承[N].中国文化报，2012-02-25.

"孙悟空,为什么只是一只猴子?"

用今天时髦的词来说,郭羿承可谓典型的"跨界"人才:他3岁学画,获得过很多个台湾绘画比赛的第一名,但大学却报考了园林设计专业,然后读了企业管理硕士,令他的美术老师大跌眼镜。

1996年他23岁生日,在台北举办第5次个人画展,当时他利用自己担任学生会会长的资源,做了一些艺术衍生品,结果他发现衍生品比自己的画卖得更好,由此得到启发,决定转入艺术授权领域,筹划成立Artkey艺术授权中心,从此一头扎下去,成为世界东方艺术授权界的领军人物。

当时的台湾文化市场,如同今天的大陆,在艺术授权领域一片空白。而彼时国外的艺术授权产业已有近30年历史,产业形态发展得比较成熟,在美国纽约、英国伦敦、德国法兰克福等地都有专业的艺术授权展会。郭羿承不得不首先转战国外,发展至今,已在全球60多个国家有重要客户,包括德国最大的日历厂商、美国最大的复制画厂商以及俄罗斯最大的文具厂商等。

郭羿承说,艺术授权产业的商业模式其实很简单,在授权后,版税源源不断地产生,应用艺术授权的企业也因为自身产品的附加价值提升而获利,授权商通过授权得到其应有的报酬,并将版税回馈给艺术家。

举例说,一个普通水杯,卖20多元;一幅齐白石作品,有的已经过亿元。若把齐白石的作品翻印到杯子上,杯子能卖到100元,在销量未减少的情况下,生产商、设计者以及享有版权的艺术创作者都能获得收益。

"艺术授权产业不同于一级市场的展览展示,也不同于二级市场的拍卖收藏,而是对艺术品版权的深度开发利用,艺术品著作权的复制权是艺术授权产业的基础。"郭羿承说。

传统艺术产业无法形成规模经济,主要原因在于艺术作品只有单件原作,从经济学角度看,没有量及价的分析,无法得出需求曲线。而艺术授权产业凭借数字技术的进步,大量复制已不是问题。不要小瞧"复制"二字,迪士尼之所以能成为全球动画巨头,印有米老鼠等图案的各式衍生品功不可没,迪士尼在全球有590家专卖店,与成千上万家制造商和零售商有授权和买卖关系,这就是授权产业所创造的市场价值。

而比起这只1928年才出现的米老鼠,以及更小字辈的日本Kitty猫、韩国流氓兔,中国16世纪就诞生的孙悟空,至今仍然只是一只猴子,一分钱也没赚到。

台湾Acer(宏碁集团)创始人、智融集团董事长施振荣曾说,20世纪90年代台湾的目标是"科技岛",而2015的愿景则是"加值岛",意即让台湾成为全球增值服务中心。事实上,这种从制造工业向创意工业的转型,正是全球趋势,英国正因为在文化创意产业上的抢占先机而重回欧洲工业大国地位,日本、韩国也已有所成就。

在国际市场已充斥强劲对手的时候,如果要从无到有完全创建新的品牌,无疑将面临巨额成本和激烈竞争,中国应该怎么办?回答是依靠艺术授权产业。

中国具有很多国际所承认的优质文化资源,也具有全球顶尖的制造加工能力,如果通过艺术授权产业,将其与传统制造业对接,将释放巨大的价值空间,让工厂摆脱低利润困境,并且在艺术产业链延伸的同时,将艺术享受带入大众生活,让更多人接触到美的事物。

事实上,不仅是对传统制造业,艺术授权产业也会对金融业等虚拟经济产业产生拉动效应。在台湾的荷兰银行曾用梵高名画包装企业大楼,并成功营销其艺术信用卡,使得其业务3

个月内增长了300%,让一家在台湾本不出名的银行迅速家喻户晓。

白石茶馆能超越星巴克吗?

2000年,郭羿承预测到中国艺术品市场开始逐渐萌芽,并意识到要在中国开拓艺术授权市场,随即逐渐将工作重心从国外转回国内,至今,已与国内1000多位艺术家签订授权协议。这其中让他感到最复杂的就是国画大师齐白石。

齐白石后人众多,且分散在北京、湖南两地,平时来往也不多,郭羿承要取得对齐白石作品的授权,必须一一拜访其后人,得到他们的同意。最终,由其家族成员推选出代表进行谈判,足足花了两年时间。

现在,你去798艺术区参观,会看到以齐白石画作为主题的茶室——白石茶馆,齐白石带有禅意笔触的花鸟虫鱼图案遍布于茶具、抱枕桌灯乃至壁纸,这些都是齐白石作品的授权产品。

说起开设白石茶馆的初衷,郭羿承说想将茶馆以齐白石作品创新思维布置,打破喝茶是老年人冲泡费时的思维定式。郭羿承希望,有朝一日以白石茶馆为代表的东方茶文化能够与星巴克一样"输出"。

这是痴人说梦吗?先让我们看看星巴克。1987年,星巴克的连锁店只有15家,职员不过100名;而今天星巴克在全球30个国家和地区有连锁店6200多家,职员达到了6.5万人。从味道上讲,星巴克绝不是最好的咖啡,但从整体情境塑造来看,星巴克优于许多咖啡馆。业内人士指出,星巴克成功的最大秘诀就在于其"星巴克文化"的塑造和传播的成功。

走进星巴克咖啡馆,艺术、温馨的气氛总是让人受到感染,这种氛围是一种崇尚知识、尊重人文且带有一点小资情调的文化。星巴克的顾客,可以一边惬意地喝着咖啡,欣赏墙上的艺术品,一边用随身携带的笔记本上网。所以,星巴克文化实际上是围绕人文和知识这两个主题下功夫的文化,这种文化的核心,是利用尽量舒适的环境帮助人拓展知识和艺术层面,让消费者品尝咖啡,体验人文。

茶文化绝不逊色于咖啡文化,甚至比咖啡文化更健康和有内涵。但就是因为文化太过于深厚,以至于落入传统束缚而无法突破,而且没有把文化与市场有机地结合起来。"比茶道之精,我们其实已经落后于日本,日本在茶道上的钻研精神,令人叹为观止,那中国还能比什么呢?只有我们还未开发的文化资源,利用艺术授权,与茶道相结合,才可能有所突破。"郭羿承说。

"城市美术馆"或许是一个解决方案。"城市美术馆"不是在城市里搭建一座美术馆,也不只是建造几个创意产业园区。城市美术馆是让你进入城市就像进入美术馆。如何建立"城市美术馆"?答案是艺术授权。

"如果白石茶馆能以统一品牌、统一生产流程推出一种时尚的茶饮品,从茶文化中提炼时尚和具有明显差异化的品牌文化内涵,并且能够据此建立具有差异化的品牌形象,商机将会源源不绝。"

让城市成为一座美术馆

艺术授权业不仅仅局限于一幅画、一首歌的授权,其作用也不仅仅是提升一套茶具或一个茶馆的价值,郭羿承认为,艺术授权对于中华文化的对外输出有很大意义,"现在中国已经成为世界的旅游热点地区,很多人到一个陌生国家旅游,都会选择参观著名的博物馆,参观完一般都会买一些艺术商品回家。"

以台北故宫博物院为例,如今其每年古画限量授权复制品的销售额已超过门票收入,成为其主要收入来源。该院典藏的唐代怀素和尚《自叙帖》,经授权开发,制成售价折合人民币 5 万元的奢华床罩远销海外。

在国外,一些大型博物馆主要收入来源于艺术授权及其衍生品,一般占到其总收入的 20%至 50%,而且销售产品的 90%是代理产品,只有 10%是自己特别制作。此外,国外一些博物馆还会有意识地将艺术衍生品商店设置在游客途经的线路。一项数据显示,40%的参观者在博物馆内购物,60%的参观者会在位于展览参观路线末端的商店里选购商品。比如,为了自筹到建馆所需 95%的资金,美国纽约大都会艺术博物馆大力开发艺术资源,从婴幼儿用品到各式纪念品无不留下艺术授权的印记,占其总收入的近 80%。

而大陆的博物馆、美术馆在艺术授权方面的意识还远远不足,至今仍停留在捧着金饭碗讨饭的阶段。

然而,只是在城市里建造一座美术馆其实还不够,因为纵使美术馆能成功营运并吸引游客,但除此之外,对于城市居民日常生活美感的养成及当地艺术家的发展并没有显著帮助。怎样才能既打响城市品牌吸引游客,也能让城市里的艺术家及创意工作者有良好的发展机会,又能让城市的居民享受艺术的感动呢?

应用艺术授权可以将城市里具代表性的艺术家作品透过复制的方式量化于各种可能的载体上,让当地艺术家的作品被当地居民或外地游客触手可及。当你从下飞机进入城市的那一刻起,艺术就无所不在,无论是飞机的外观、饭店的布置、餐厅的用具、公共空间的液晶屏幕甚至大楼的外墙都可以见到当地艺术家的作品,也很方便可以看到作品赏析,让你对艺术家有进一步了解。当然,如果你有兴趣,很多艺术纪念品可以让你采购回家与朋友分享美的喜悦。艺术不再只封存于门禁森严的美术馆,而是真正达到艺术无处不在。

郭羿承在世界各地旅行时,常常因闯入这样的城市美术馆而心生感动,不论是在英国伦敦恍如美术大展的地铁通道,还是在莫斯科街头被名画包装的大楼,都让人对这个城市心生敬意。令人遗憾的是,他表示在中国目前还没有看到这么优秀的城市,中国的城市化速度太过急速,而丧失了对美的关注。不过这种趋势正在有所改变,"去年杭州西湖博物馆和我们进行授权合作,复制了台北故宫所有关于西湖的画作,我想如果未来这些艺术品被用于包装西湖的话,那将是杭州非常美丽的一道风景。"

 案例思考题

1. 名人故居的开发对我们进行文化资源开发有什么启示?
2. 无锡历史文化资源的开发利用对我们有何借鉴意义?
3. 案例 3 能给我们带来哪些启示?

第九章 文化资源市场与营销

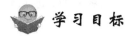学习目标

> 1. 掌握文化资源市场的概念及其作用;
> 2. 掌握文化产品与文化资源市场的功能;
> 3. 了解营销与文化资源营销的基本概念;
> 4. 了解文化资源营销的基本理论与营销的基本策略;
> 5. 说明文化资源营销的模式;
> 6. 了解文化资源营销的一般策略。

文化资源营销在文化产业发展中发挥着愈来愈重要的作用,我国文化资源丰富多彩,异彩纷呈,但还有不少的文化资源沉睡深闺,不为人知。成功的文化产业,能使人们充分体验异国他乡的文化魅力,满足求新、求异、求知、参与的心理,在赏心悦目的活动中获得美的享受,并增长自己的见识。如何开发文化资源,既满足人们了解和体验文化的需求,又能保持地方文化的独特性,需要采用科学合理的文化资源营销策略。

第一节 文化资源市场

一、文化资源市场的概念

文化资源市场是指文化产品和文化服务活动以商品的形式进行交换的场所及其交换关系的总和。文化资源市场首先体现的是一种市场交换行为,文化产品或文化服务要进入市场进行交换,因此文化市场包含文化产品或文化服务进行交换的场所;文化产品或文化服务进入市场交换,还要面向在这个场所中进行交易的文化消费者,所以文化市场还包含文化产品和文化服务的生产者、经营者与广大消费者之间的一种交换关系。

文化资源市场包括文化产品市场、文化服务市场、文化要素市场等,它们在相互联系和相互作用中形成文化市场的有机整体。现代文化市场的特点是统一性、开放性、竞争性和有序性。文化产品市场有图书报刊市场、演出娱乐市场、工艺美术市场等。文化要素的市场有资本要素市场、产权要素市场、人才要素市场、信息要素市场、技术要素市场等。

二、文化产品及其特征

(一)文化产品的概念及其分类

文化产品是文化创造的成果,它包括文化精神产品和文化物质产品两种形式。文化精神

产品没有物质外形,直接体现在人们的精神生活之中,并作为人的文化素质的保存和巩固;文化物质产品具有一定的物质表现形式,以一定的物质材料作为自己的载体,例如书籍、雕塑等。

文化产品的主要特点是具有双重属性,即文化属性和商品属性。在文化产业发展中,文化产品担负着极其重要的作用。文化产品的商品属性,要求讲究经济效益;而作为精神产品,文化产品还要以社会效益为最高准则。因此应从实际出发,正视文化产品的双重属性,遵守市场经济规律与文化产品本身的艺术规律,制定相应的文化政策和法规,让文化产业部门追求到合理的经济效益,又符合社会的规范和要求,使人民群众在享受丰富的物质产品的同时,也可以享受到丰富的精神产品。

《文化及相关产业分类》的"相关文化服务"主要包括以下四个方面的活动:一是制作文化产品(如图书、音像制品等)所必需的设备和材料的生产经营活动;二是文化传播服务的相关活动,即提供文化传播服务(如广播、文艺创作、文艺表演等)所必需的设备和用品的生产经营活动;三是文化消费活动的相关活动,即文化消费(如看电视、玩电子游艺等活动)所必需的设备和用品的生产经营活动;四是含有较高文化内容的其他相关产品(如工艺品等)的生产经营活动。

具体内容为:一是文化用品的生产和销售,包括文具、乐器、玩具、印刷纸张、书写纸张、空白磁带、空白光盘、电影胶片、照相器材、摄影胶卷、游艺器材等的生产和销售活动。二是文化设备的生产和销售,包括新闻采编设备、电影设备、印刷专用设备、电视机、光碟机、收录机、音响设备等的生产和销售活动;三是相关文化产品的生产和销售,包括工艺品、摄影作品、专业设计等的生产和销售活动。

(二)文化产品的特征

文化产品有广义与狭义之分。广义的文化产品是指人类生产的一切产品,狭义的文化产品是指以满足人类精神需求为主的产品,而以满足人类物质需求为主的产品则是物质产品。我们这里所说的文化产品是取其狭义。和物质产品相比,文化产品能更好地满足人类新的消费需求,适应新的消费潮流,创造更好的经济效益和社会效益。

1. 文化产品的精神属性与物质属性

不同形式的文化产品如书画、文物、音像制品等,对物质载体都有特定的要求,物质载体本身的性能对文化产品的效用也有重要影响。但是,文化产品作为物质与精神的统一体,物质载体只是它的形体,而精神内容才是它的灵魂,物质载体为精神内容服务。文化产品具有物质和精神二重属性,精神属性才是它的本质属性。这正如物质产品虽然也具有审美价值等精神属性,但物质属性是其本质属性一样。文化产品的精神内容有真、善、美和假、恶、丑的区别,因此多数文化产品具有文化的意识形态性。

从消费的角度看,消费者占有文化产品的目的是为了满足自己的精神需求和心理需求,即情感体验、意义想象、感知交流、社会认识、价值判断、生命超越等。

文化产品的消费只是物质载体的磨损,其精神内容却不因反复使用而磨损、消失,能够借助一定的物质载体得以世代流传。从这个意义上说,物质产品的效用短暂,而文化产品的效用永存。文化产品的效用除了满足人们的休闲娱乐等精神、心理需求外,还有文化教育、文明积累、信息传播等社会功能。

2. 文化产品的生产与再生产

物质产品生产的直接目的是按照人的需要去占有改变了形式的自然物。而文化产品生的直接目的是为了取得反映自然和社会事物的各种形式的理性观念如诗歌、戏剧、艺术品或提供某种知识性服务如教师传授知识。大部分文化产品,如印刷品、计算机软件等,具有精神内容和物质载体可分离的特性。这些文化产品的生产过程一般经历个体精神创造和标准化、批量化物质生产和复制两个过程。

物质产品的再生产是整个生产过程的不断重复或循环。而文化产品的再生产不需要重复进行精神内容的生产,仅仅表现为物质生产过程,如电影拷贝、录像带、计算机软件的复制。因而,文化产品再生产的成本常常低于初始生产的成本。以 VCD 光盘为例,假定制作 VCD 节目的成本是 C_1,光盘的生产数量是 Q,每张光盘平均复制成本为 C_2。那么,生产 VCD 光盘的总生产成本函数为 $C=C_1+QC_2$,每张光盘的平均生产成本为 $C_1/Q+C_2$。如果该光盘被盗版,盗版生产只是复制。如果生产数量和生产条件相同,那么,实际支付的生产成本仅为 $C'=QC_2(C_1=0)$。制作节目如电影或电视剧等需要很大的成本,但利用现代科技进行复制却十分简单、省事,当复制数量 Q 很大时,每张盗版光盘的成本 C_2 几乎为零。这种成本差异形成的高额利润,是盗版图书、光盘、计算机软件等屡禁不止的重要经济原因。

3. 文化产品的公共性与私人性

文化产品消费上的非排他性,决定了它具有公共物品的属性。文化产品主要是"观念的财富",无法像物质产品那样被人们消费掉。生产经营中,文化"精神产品成了公共的财产",具有公共物品的非排他性特征。文化产品的精神内容的消费,还具有非竞争性的特征,即"在增加一个人对它分享时,并不导致成本的增长",比如,广播或电视报道的时事新闻,世界各国数以亿计的人同时接收它,其新闻内容照样完整、鲜活,受众的增加,既不增加供给的成本,又不减少消费的精神内容。因此,从精神内容的可复制性角度看,文化产品又和纯公共物品相近。

街头雕塑、广场音乐会、图书馆、博物馆、历史文化遗存等公益性文化产品,属于非市场方式或半市场方式分配的文化产品,消费者不支付或只支付象征性的价格就可以获得消费的满足。公益性文化产品生产不以营利为目的,其成本或公共财政列支,或私人捐赠和赞助。公益性文化产品具有正外部性,其共同特征是社会收益大于私人收益。社会获得额外收益而未支付相应的成本,生产者承担了全部成本却未得到相应的收益,这正是公益性文化产品生产应当得到政府和社会扶持的经济学依据。如果社会不对理应由社会承担的成本给予补偿,使不同类型文化产品的生产者实现利益均衡,那么,公益性文化产品的生产就会萎缩,最终就会导致供给不足。

然而,现实中大多数文化产品却以私人物品的形式存在。首先,文化产品消费的公共性往往要通过私人性的消费来实现。一般来说,文化产品的思想内容必须借助印刷技术、数字技术等信息处理手段,才能物化为有形的图书、期刊、音像制品等,然后通过流通最终进入个人消费领域。共用性文化思想内容要通过一定的物质载体才能表现出来,而作为其物质载体的外壳,便具有了排他使用的要求和可能。其次,文化产品的精神内容是文化产品生产者的创造性劳动成果,是耗费稀缺资源的产物。在多数情况下,精神内容本身必须经过让渡才能成为具有共享性的消费对象,并不总是免费提供。对此,各类保护知识产权的法律都有详尽的规定。因此,从产权界定的角度来看,文化产品的精神内容少数属于公共物品如时事新闻,多数具有私人物品的性质。总之,文化产品的传播属性使其具有很强的公共性,由于受物质载体的表现形式、精神内容的产权性质等因素的制约,在现实形态上则表现为程度不同的私人性。

二、文化市场的主要功能 ①

所谓市场功能,是指市场机体本身所具有的客观职能或市场内在机制正常运转所发挥的作用,它是通过市场活动表现出来的。文化市场是文化商品和文化服务营销场所,是连接文化生产与文化消费的纽带和桥梁。文化市场的功能,主要包括下列五项功能:其中,实现商品流通、平衡供求关系和调节资源配置三项功能,为各类市场所共有的基本功能;促进知识转化和提供社交服务两项功能,为文化市场所独有的特殊功能。

(一)实现商品流通功能

文化市场是营销文化商品和文化服务营销的场所,其最基本功能就是实现文化商品(包括服务、知识产权等无形商品)流通。在文化市场领域内,通过有形或无形的文化商品的购买和销售,实现文化产品的价值和使用价值,实现文化商品到货币的转移,实现文化商品生产者、经营者和消费者之间的经济联系。文化市场内在机制如果能够正常地发挥作用,必然会实现文化商品的流通,促进文化产品再生产过程的顺利进行。

文化市场作为文化商品经济的循环运行系统,好比运河水道。河道畅通,"流水不腐",可以载船运粮;河道堵塞,也就丧失了其功能和存在价值。在过去计划经济的体制下,由于文化行政部门的指令性计划主宰一切,市场运行机制几乎发挥不了任何作用,从而导致我国文化市场长期处于极度萎缩、有行无市的局面。一方面,文化产品供给基本处于短缺状态,个别产品如政治书籍大量积压;另一方面,文化消费需求难以显现出来,并且无法获得实现。改革开放以来,尤其实行市场经济体制以来,我国文化产业逐渐兴旺和壮大,文化市场日趋扩展和繁荣,如报刊摊、音像店、歌舞厅、游艺厅、电视频道、网络在线以及产品直销、大型超市、连锁经营等,不仅扩宽了文化产品的流通渠道,而且加快了文化产品的流通速度。

(二)平衡供求关系功能

所谓文化市场的供给,是指文化产品生产者、经营者向社会有偿提供文化产品的总量;文化市场的需求,是指人们为满足文化消费需要而形成的购买文化产品的需求总量。文化市场是连接文化生产与文化消费的纽带和桥梁。文化市场不仅可以客观地反映文化产品供给与需求的状况,而且具有通过市场机制能动地平衡文化供求关系的功能。影响文化市场产品供求关系的因素主要包括文化产业的生产结构和经营规模,文化产品的成本水平和价格水平,文化消费者的人口数量、收入水平、购买能力、消费习惯、需求意向、文化程度、年龄结构等。因此,文化市场某些领域经常会出现供不应求或供大于求的状况。

市场运行机制最集中的表现在于,产品的市场供给与需求通过竞争形成的市场价格来不断地趋向动态平衡。文化产品的市场供给与需求是动态的,并影响文化市场价格的变动;文化市场价格同样是动态的,它反过来影响市场供求。供给与需求在动态价格的影响下不断地互相适应的平衡趋势,是由无限多的瞬时的供求不平衡来体现的。这种供给与需求及其同市场价格的无限多的动态组合,实质上是文化商品生产者、经营者和消费者为了各自的经济利益在市场上互相作用、互相制约和共同参与的结果。当某类文化产品供不应求时,生产者必然会扩大生产规模和市场供给量,同时此类产品价格上扬在一定程度上抑制市场需求;当某类文化产

---

① 本部分内容选自《文化市场的分类及功能》。

品供过于求时,生产者自然会缩小生产规模或转产开发新产品市场,同时此类产品价格下浮在一定程度上刺激消费需求,从而实现文化市场供求关系的动态平衡。

(三)调节资源配置功能

在经济学的范畴,资源是指可供满足人们物质生活和精神生活的所有自然要素和社会要素的总和。自然要素包括未被开发的戈壁、森林、河流、矿藏、自然景观等;社会要素包括已生产出来的物质产品、知识文化、人才(劳动力)、资金(资本)、人文景观等。无论在何种生产力水平和科技水平之下,为了满足人类的需求,资源总是有限的、既定的。因此,在任何社会形态下,如何以有限的、既定的可供资源最大限度的满足人类社会生活多方面的需要,是人们有意或无意要面对的现实问题。也就是说,由于资源的相对有限性,决定了人们为了满足多样性需要而必须做出选择。选择就是配置,即如何把有限的资源分配使用于不同方向,并力求使这种配置达到最优,以便实现最大限度地满足。

(四)促进知识转化功能

促进知识转化功能,是文化市场所特有的功能之一。无论有形的文化商品,还是无形的文化服务,都包含着丰富的知识文化内容。文化产品的交换与消费过程,实际上是知识传递与转化过程。文化市场是连接文化生产与文化消费的纽带,人们通过在文化市场上购买图书、报刊、音像和软件制品,有偿接受教育和培训、欣赏表演和展览、观看电影和电视、参与智力和体育娱乐活动、浏览网络信息等,直接或间接地获得了各类文化知识,从而增长了人的知识才能、提高了人的文化素质,所以文化市场具有实现知识传递和促进知识转化的客观职能。

(五)提供社交服务功能

在现代社会,随着科学技术的进步和社会分工的深化,人们所从事的职业愈加专业化;伴随城镇居民住宅的拆迁改造,大批立体化住宅楼取代了传统的平面化四合院,以至于人们经常性地工作和生活在相对狭窄和封闭的环境之中。人际交往与情感交流,本是人类文明与进步必不可少的精神需求和社会本能,而人们所处的工作和生活现状却割裂了人类寻求人际交往和情感交流的诸多途径,两者之间存在着尖锐的矛盾和冲突。人们宁愿花高价到电影院观赏《泰坦尼克号》而不是待在家里观看电影光盘,就是典型的例证。因为在群体消费过程中,观众之间可以通过情感互动产生共鸣,可以将自身被工作压力和生活烦恼所压抑的情感宣泄和释放出来,可以通过潜移默化的作用使高雅的审美情趣得以升华。再有,人们对于工作压力和生活烦事,更愿意向同学、朋友而不是向同事或家人倾诉;人们在倾听他人的诉说中还可以获得教益或教诲。文化市场的日趋繁荣,为人们的聚会与交往提供了丰富多彩的社交活动场所,如影剧院、体育场、歌舞厅、游艺厅、游乐园、台球室、茶馆、酒吧和网吧等。娱乐市场已成为人们聚会交友、洽谈生意、交流信息、沟通感情的重要场所。各地举办具有地方文化特色的节庆和庙会活动,充分发挥了"文化搭台、经济唱戏"的职能和作用。还有网络虚拟社区,更是为人们的社交活动开辟了一片崭新的天地。文化市场不仅为人们提供了琳琅满目、丰富多彩的文化产品,而且为人们增进人际交往和开展社交活动提供了良好、优越的条件和环境。

第二节 营销与文化资源营销

一、营销基本理论

(一)传统营销理论

菲利普·科特勒在《营销管理》中指出:营销是个人和集体通过创造、提供销售、并同别人自由交换产品和价值,以获得其所需所欲之物的一种社会管理过程。

从营销理论的发展历史来看,美国市场营销协会(AMA)于20世纪60年代提出营销定义时,正是市场营销的革命时期,从观念上说,是由以企业为中心的营销观念(生产观念、产品观念和推销观念)转向以消费者为中心的营销观念的时期。在这个时期中,企业所面临的问题多集中在利用现有资源高效率地将手中的产品和劳务等增值品转移至消费者一端,因而营销的定义也体现了这一内在需求,即企业中营销的功能就是那些与在企业和消费者之间进行产品转移相关的活动。

20世纪80年代,当AMA进一步更新营销定义时,服务营销、社会营销等概念已经出现并为人所接受。这时的营销概念与1960版的不同主要体现在两个方面:一是增加了对个人和组织的关注,即市场营销所涉及的包括个人间、组织间,以及个人和组织之间的关系,并且在此关系之上要达到双方的目标交换;二是将产品的内涵拓展到了除货物和劳务以外的理念、主意,这为对产品的完备范畴的研究奠定了基础,也使人更好地理解了企业与客户之间的交换,实体产品(甚至服务)仅是载体,客户真正从企业方获得的并且为企业奠定竞争基础的是与客户之间的理念的共享(在绿色营销以及企业社会责任的研究中,往往认为企业的目标市场客户正是那些与企业有着共同社会责任感或者对社会责任有着认同感的群体)。

AMA提出的最新的营销定义相比于1985版则更进了一步。在1985版将营销视为一个过程的基础上,进一步将这个过程定义为组织职能以及价值传递的过程。将营销视为组织职能,是因为营销的理念必须在企业甚至是合作企业的整个价值链中被认可和认同,它不可避免地融入到企业的组织职能中去。将该过程从产品的传递进化至客户价值的传递,体现了以客户为中心、企业价值产生于客户价值的思想。而为了追求永续的发展和可持续的竞争力,就必须将这种客户价值的传递有效化和持久化,即对客户关系进行有效的管理,而不仅仅是对需求水平的管理。与此相关的企业行为和职能,将会有助于企业综合地考虑其社会责任和自身利益,不但关注"小我",也平衡关联企业、周边机构的利益,从生态和谐的角度达到一种共存。

在文化资源营销中,传统营销体系所提出的分析营销机会、制定营销决策、传送营销方案和实施控制和反馈,也是文化资源产品开发与营销所遵循的基本流程。在传统营销理论的指导下进行文化资源产品开发和营销,首先进行市场环境分析、消费者分析、竞争合作分析等基础数据信息收集和分析工作,重点在"STP"进程中根据产品的文化特色和市场特点进行市场细分和目标市场的选择与定位;而抓住"4P"中的各个要素组合制定和执行完整的营销方案,是将文化资源产品推向市场的重要手段;最后在实施过程中的控制和反馈也是完成并延续整个开发和营销过程的保证。传统营销体系见表9-1。

表 9-1 传统营销体系

分析营销机会	收集信息和测量市场需求	内部报告系统
		营销情报系统
		营销调研系统
		营销决策支持系统
	扫描市场环境	自然—人文
		经济—技术
		政治—法律
		社会—文化
	消费者分析	个人消费者分析
		企业消费者分析
	竞争合作分析	竞争分析
		合作分析
	STP	市场细分(segmenting market)
		选择目标市场(targeting market)
		市场定位(positioning)
制定营销决策	4P	产品(product)
		价格(price)
传送营销方案		渠道(place)
		促销(promotion)
实施、控制与反馈		

(二)服务营销

现在大部分国家已经进入或正在进入服务社会,服务部门对各国经济都产生了深远的影响,无论是它所创造的财富在GDP中所占的百分比,还是它所提供的就业机会,服务业都为经济的增长作出了巨大的贡献。在服务社会中,商品的品质在竞争者之间已极为相似,企业需要用其他形式向顾客提供商品的附加价值,从而吸引消费者,于是服务就成为一家企业区别于其他企业的非价格竞争形式。产品的无形方面正在成为产品区别市场中不同产品的主要特征。

文化资源产品在开发和营销的过程中,如果只单纯重视具体产品层次的开发,就会创新乏力,现在文化资源产品市场上鱼目混珠或者严重雷同的现象,就是由于创新元素不够产生的。依据服务营销理论,在基本产品中添加新的服务要素以扩大供给,同时把"附加服务"当做产品的一部分,特别是加入具有文化特色的服务方式,则更能实现产品和服务的差异化,企业便可以通过这种方式把自己与竞争对手区别开来,造就文化资源企业竞争优势。

因此，以关注服务为焦点的服务营销理论，充实了原先建立在产品竞争基础上的传统营销理论，两者结合，能更好地揭示新的营销本质，从而指导企业的实践。

(三)体验营销

1998年美国学者约瑟夫·派恩和詹姆斯·吉尔摩在《哈佛商业周刊》发表了一篇题为《体验经济时代来临》的文章，他们认为经济发展的演进已从农业经济、工业经济、服务经济走向体验经济(experience economy)。体验经济作为一种新的经济形态出现，被界定为企业以服务为重心，以商品为素材，为消费者创造出值得回忆的感受。

体验经济是从服务经济中分离出来的，其前提是服务为本，但同时又超越了服务经济。体验经济中企业要实现价值，需要消费者的参与来共同完成价值产生。企业通过挖掘消费者的潜在需求和期望，让他们对新业务、新产品进行参与和尝试，将切身的体验、感性的认识升华为对企业、对产品的满意和认知。因此，服务经济中价值产生于无形的服务产品，消费者作为顾客身份消费；而在体验经济中，价值产生于消费过程，企业提供的是"半成品"，消费者作为参与者身份消费。

体验营销是指企业通过采用让目标顾客观摩、聆听、尝试、试用等方式，使其亲身体验企业提供的产品或服务，让顾客实际感知产品或服务的品质或性能，从而促使顾客认知、喜好并购买的一种营销方式。这种方式以满足消费者的体验需求为目标，以服务产品为平台，以有形产品为载体，生产、经营高质量产品，拉近企业和消费者之间的距离。

消费者的"主动参与"是体验营销的根本所在，这是区别于"商品营销"与"服务营销"的最显著的特征。离开了消费者的主动性，所有的"体验"都是不可能产生并被消费者自己消费的。对于文化资源的发展来讲，文化资源更多是产品、服务和体验的组合，尤其要以体验营销理论为指导，充分加入"主动参与"的因素，通过体验营销的"SHUP"模式，即注意看(see)、听(hear)、用(use)、参与(participate)四个环节的结合，吸引消费者的参与。

此外，体验要先设定一个"主题"，也可以说体验式营销是从一个主题出发并且所有产品和服务都围绕这个主题来满足消费者个性化的体验需求的。因此，将民俗文化产品以主题街区、主题公园、主题博物馆整合开发的形式更是对体验营销的践行。

文化对于消费者而言，往往会显得高端，而通过独具匠心的文化体验安排，将使艺术、文学、音乐等看似高雅的文化活动能够深入消费者的心目中，让消费者感受到不一样的独特韵味。例如，"艺术与城市"是 SUNTCHI COMMUNICATIONS 发起并举办的一个系列活动，旨在将来自世界各地的代表性艺术作品与艺术家带到中国的各个城市，带进普通人的生活，让普通人也能接触并享受到全球的艺术文化精品。2010年的上海，"艺术与城市"邀请来了奥地利著名艺术家 Paul Renner 与上海外滩三号陆唯轩行政总厨 David Laris 合作共同呈献"凤凰变·艺术餐会"，融汇美食和表演艺术、诗歌与音乐，为人们带来一次精致完美的艺术体验。

(四)城市营销

在市场营销的研究过程中，营销所涉及的范围在不断扩大，随着区域经济的发展，地区间联系的增多，营销更逐渐扩展到地方、城市和区域的领域。那些和城市整体息息相关的、涉及不同部门的产品营销也有相应的扩展。

城市营销的概念作为学术研究课题，产生于20世纪80年代末90年代初，一般称作 city/urban marketing，有的直接称为 selling cities，更为一般的理论概念则用"地方营销"(place/regional marketing）。1988年阿什沃斯（Ashworth）和乌格德（Voogd）首次给出了地方营销的明确定义，他们认为城市营销就是这样一些特定的规划活动，其目的在于发起或激励一些能够改善城市在某些特定活动中，具有相对市场地位的过程。

1993年，菲利浦·科特勒等对地方营销的描述为：将地区视为具有市场导向的企业，将地区未来视为具有市场潜力的产品，通过对区域优势、劣势、机遇和挑战的综合分析明确战略定位，提出战略性地方营销规划（strategic place marketing planning），确定地区发展目标市场，主动地行销地区的特色。

文化资源，尤其历史文化资源产品具有突出的地域性、历史性特征，与所在地区具有天然的联系，密不可分。在地区整体形象打造和城市营销越来越受到重视的今天，文化资源产品更要作为城市产品这个有机整体的一个重要部分。同时由于城市产品的不可移动性和地方文化特色的不可复制性，必须要将消费者吸引到文化资源产品组合所在的地方，为此其营销工作就显得尤为重要。

阿什沃斯和乌格德（Ashworth and Voogd，1990）认为：城市需要向消费者尤其是潜在消费者提供有关产品组合的完全信息，并通过改善设施、财政支持、规范行为等扩大市场、吸引"城市消费者"。这就决定了城市产品生产是一个整体的过程，它需要公共部门、私人部门，以及非营利性机构共同的协作和参与。

将文化资源视为产品、服务和体验的组合，以及更广义的是一种空间经济实体（如城市、区域、国家或地方等），其"产品营销"理论的根源是一致的，就是要针对整体性"空间产品"进行市场营销，只是看问题的角度和层面有所提升。当然由于情况更加复杂，其营销的影响因素也就更多。

重视在文化资源产品中注入体验的要素，特别是以整个城市全局的高度来审视文化资源产品组合，和现在提倡体验经济以及各地塑造地方形象、提升城市竞争力和培育竞争优势的大趋势有相当的契合度，因而具有广阔的前景。

二、文化资源营销

（一）资源营销的观念

资源营销是区别于传统营销的一种新的营销方式，苗锡哲最早提出了资源营销的概念，认为"所谓资源营销，就是以资源为核心的营销活动。它是通过整合有限的可利用资源，来调控全社会无限的资源，从而实现资源最大化的目标。资源营销就是资源开发、资源整合、资源利用、资源增值的全过程，企业在进行资源营销过程中，其出发点、过程和最终目标都是资源"。资源营销领域涉及的资源有很多，包括市场资源、技术资源、品牌资源、网络资源、人力资源、信息资源等。当然，这些资源在资源营销的研究领域被赋予了不同的概念。除此之外，苗锡哲的研究还初步给出了资源营销的九大要点，包括资源分析、资源规划、资源开发培育、资源战略管理、配套资源建设、资源提升、资源整合、资源掌控和资源转换。资源营销与传统营销的区别体现在四个方面，即营销理念、经营策略、活动范围和营销目标。

（二）文化资源营销的特征

1. 长期性

文化具有相对稳定性，从而给文化资源营销赋予了长期性的特点。文化资源的形成是长

期积淀的结果,把企业的产品和某种文化结合固然可以使企业受益匪浅。但是,这种结合并没有那么容易。要想使消费者心目中的文化突然与某种产品结合在一起,需要企业充分挖掘自己产品和文化的相似点,同时也需要企业进行大量的宣传,而这一过程是长期的。同样,一旦这种联系在消费者心目中形成,将会给企业带来长期稳定的销量和不尽的利润源泉。

2. 地域性

有人群的地方就会有文化。但是,生活在不同地域的人群所出的文化环境也有所不同,这就使文化资源的应用具有明显的地域性。法国米其林公司是世界排名前三位的轮胎制造商,2004年在世界500强中排名288位。为了推广自己的品牌,公司设计了一个漫画人物"必比登"作为自己产品的代言人。在世界各国,"必比登"给人们的印象都是"友好、热情、微笑、诚实",但在不同的国家又有着不同的特色:在美国,它就是地道的美国人;在意大利就是艺术大师;在西班牙是斗牛士;在日本像是相扑运动员。到目前为止,"必比登"的形象一直在变化着,但反映的却无一不是各国的文化、时代的潮流和公司的文化。这个象征着滚动的轮胎的胖小伙在轮胎界的知名度,不亚于比尔·盖茨在电脑界的知名度。

3. 拉动性

营销活动分为拉动式和推动式。所谓推动式促销即是由企业向经销商促销,再由经销商向消费者促销的模式。而拉动式促销则是由企业将产品信息以某种方式传递给目标消费者群体,先赢得消费者对企业产品的好感或好奇心,激起消费者的购买欲望,然后由消费者的购买欲望拉动经销商的需求,最终拉动企业产品的销售和生产。把文化资源应用到营销活动中,就是为了营造一种文化氛围,给消费者一个选择自己产品的理由,让消费者产生购买欲望。

4. 自我传播性

当前,"口碑营销""病毒式营销"等营销模式大受欢迎,其实质无非是企业产品信息的自我传播性。文化是一种精神上的感知,消费者在具有某种文化感知以后,会不自觉地和处于相同文化环境中的人分享这种感受,从而实现产品信息的自我传播。这有点类似于现代推销理论中的"250人法则",每个人都把自己对产品的文化感受与周围250个亲友分享时,文化资源的自我传播性就发挥到了极致。

5. 自我增值性

经济学中有一种效应叫做网络外部性,它是外部效应的一种特殊的形式,即消费者从某种商品中获得的效用取决于消费这种商品的其他消费者的数量。文化具有相似的特性,一个人认同的观点只是他个人价值观的体现,而1亿人所具有的共同观点就凝集成一种文化,从而具有强大的影响力。赞同某种文化的人越多,就会使这些人对自己认同的文化越具有信心。如果大家都认为海尔的服务好,那么海尔服务文化的影响力就会自我提高,实现自我增值性。

 思考与练习题

1. 文化资源营销的基础理论包括什么?
2. 试举例说明体验式营销在文化资源营销中的应用。

第九章 文化资源市场与营销

案例

案例 1

《指环王》系列电影的营销

1. 基本情况概述

2011年的暑假是中国电影史上一个不平凡的夏天,前有《功夫熊猫2》《加勒比海盗4》《建党伟业》刚刚落下帷幕,人们对大片的热情余温还未褪去,便有《变形金刚3》《哈利波特7(下)》来势汹汹。2011年没有呈现像2010年年初《阿凡达》这样一枝独秀的好莱坞大片,在国产片几乎一片宁静的上半年票房中,几乎是几部进口大片撑起票房的半壁江山。

据中国电影家协会产业研讨中心在北京发布的报告,中国电影2010年票房约14.96亿美元,世界范围内排名第五。中国电影票房在这几年急剧上升,但是离美国每年的票房总量,却不是一两步的间隔。据电影发行商的最新统计,《指环王1》从2011年上映至今,票房总量8.7亿美元,《指环王2》2012年上映至今票房总量9.2亿美元,而《指环王3》从2003年底上映至今,累计全球票房收入已超过11亿美元,《指环王3》已成为继《泰坦尼克号》之后,好莱坞电影史上第二部票房收入突破10亿美元的影片。

1997年,《泰坦尼克号》创下电影史上全球票房收入超过10亿美元的纪录,其最后的票房总收入高达18.3亿美元。如今,历史又掀开了新的一页,《指环王3》不日也将在电影史上写下自己的名字。

一部电影的全球票房要想突破10亿美元大关,是一项颇为艰难的挑战。就连轰动全球的《哈利·波特》,其最后的全球票房总收入也只是9亿7580万美元,虽然差距不大,但最终也没有突破10亿美元大关。

在第76届奥斯卡金像奖的入围名单上,《指环王3》一共获得包括最佳影片在内的11项提名,成为最大赢家。该部影片所获得的各项获奖提名分别是:最佳影片、最佳导演、最佳改编剧本、最佳剪辑、最佳音效、最佳化妆、最佳服装设计、最佳艺术指导、最佳视觉效果、最佳电影配乐和最佳电影歌曲。

2.《指环王》系列电影的成功之处

(1)重视文化宣传。国产片的电影制造水准远远逊于进口大片,这固然是事实,但是更大的缘由是我们在文化宣传上,远远没有人家注重,欧美在经济浸透中国之前,先将本国文化浸透到中国社会的各个层面。目前我国的经济总量超越日本,政治、军事位置都在世界上处于抢先的位置,但是在文化宣传上,却不能把本国的文化传播出去,国内参与各种英语培训班的人员纷至沓来,我们的中文却未能很好地传播出去。

(2)以同名小说为根底。《指环王》系列电影的成功是树立在同名系列小说的根底上的,这套书在电影上映之前全球销量已达上亿册,来电影院观看电影的群众有很多是书迷。从《哈利波特》能火爆全球的营销筹划和效果来看,能否从中有所启示。

(3)定位明晰。一部电影的成功只要在其本身定位明晰之后,才有可能获得票房上的成功,《指环王》系列将观众锁定在广阔的青少年观众以及广阔的喜欢新奇事物的人群。《指环王》的营销理论是一种美国式营销,该营销方式不断瞄准具有共同特性的某个顾客群打造品牌,随着顾客的生长,品牌也随着一同生长。这些年来,《指环王》不只在图书上、电影上获得经济效益,就连打着其牌子的其他行业也赚得盆满钵满。

(4)口碑营销和全方位的文化侵袭。《指环王》系列能获得一连串的票房成功,很大程度来源于口碑营销和全方位的文化侵袭,在小说《指环王》中,随着剧情的发展,小说的读者也在一年年地长大,多数读者不只没有疏远主人公,而且影响着四周的人,使得《指环王》读者越来越多。这样票房要低,更不可能。美国好莱坞电影有个惯例,就是一部电影成功了,常常把它做成一系列产品,《加勒比海盗》《变形金刚》等都是。中国电影常常是一部电影成功了,就开端拍摄新式的电影,很少有在系列电影上获得成功的,一方面是国内编剧水准不够高,另一方面是在整体营销上,未能有一个合理的规划,常常是刚尝到甜头,就不敢放手一搏。

(5)精良的制作与演员的敬业。《指环王》的大手笔注定了它画面的精良。导演彼得认真的态度让这部电影屡屡创下纪录——剪切率150∶1,演员们有时一个镜头要返工30余次,戏服一万多件,所有器具、兵器为了追求古老和与众不同的感觉,均以最原始的方式,由各种匠人手工制成,单是霍比特人独特的大脚掌,要给演员穿上就要一个小时……幕后如此精细的工作,前台的演员也是十分敬业。饰演精灵王子莱格拉斯的演员奥兰多·布鲁姆,在拍摄过程中多次骨折,脊椎受过伤的他却依然忍着病痛,扮演让无数少女为之倾倒的优雅王子。殊不知他看似轻盈的每一次跳跃要付出多大的努力,才能忍住撕扯般的疼痛继续保持微笑;扮演霍比特人的四位演员,为让假脚固定在自己的脚上,每天要站一个多小时;阿拉贡的扮演者维高,为进入角色,随身携带着道具剑,戏服破了也是自己补;阿尔文的扮演者为演出而减肥,山姆的扮演者为达到角色形象而增肥……

(6)好的剧本。故事本身才是最大的卖点。《指环王》构建在一个包含了多个种族的世界——中土上的故事。第二部时,邪恶的黑暗君主索隆制造了至尊魔戒并企图控制整个中土世界。人类与精灵等种族联合起来,共同对抗黑暗的势力。人类的君主埃西铎砍下了索隆的手指。然而不幸的是,埃西铎被魔戒诱惑,并没有将它丢进末日火山摧毁。千年之间,魔戒多次易主,落入住在地下的怪物咕噜姆的手中后,被探险的霍比特人毕尔博抢到手中。在毕尔博将魔戒作为礼物赠与侄子佛罗多之后,一系列风波席卷而来……

3.《指环王》成功给中国电影的启示

(1)原创性匮乏,跟风现象泛滥。很多国内知名编剧认为中国影视不缺国际导演,不缺大牌明星,主要是缺好剧本。中国影视创作的实际现状,就如编剧王兴东所批评的:"用别人对生活的发现来代替自己的发现,闭门造车,远离生活一线,说白了,都是人民币惹的祸。"没错,在一切向钱看思想的"威逼利诱"下,影视剧创作江河日下。艺术领域一切向钱看、商业氛围浓重、精神引领隐退的现象愈演愈烈。在此情势下,由影视制作、传播机构构成的外部社会创作环境对剧本创作产生了至关重要的影响。现在很多制作、播出机构一两个月就要编剧交一个本子。为了导演、演员的档期,编剧两三天就要写一部电视剧。如此惊人的产出速度,电视剧重量不重质、重抄不重创的现象也就顺理成章。而与外部环境潜移默化的影响相比,更新创作观念,坚守社会责任,戒除浮躁、急功近利之心,编剧的自律问题愈发显得突出而急切,这不能不引起高度重视。

(2)电影粗制滥造。目前国内的一些电影制作人盲目重视电影的明星效应,花费大量的经费聘请大牌明星,演员的薪酬支出上去了,电影制作和后期宣传的经费自然就捉襟见肘了。在电影行业,投资3000万以上的影片就被称为大片,而很多电影制作人为了明星效应不惜投入总电影经费的一半以上用于支付大牌明星的片酬,所以由于经费短缺问题,很难很好地处理制作过程中和后期处理以及后期宣传中出现的问题,致使电影总体品质下降。然后与此情况相反的却是,很多小投资,小明星加盟的电影却能大卖,这不得不发人深省。不仅如此,必须承认我国的电影制作水平确实与国外存在较大差距,毕竟中国电影才起步短短几十年,想要赶超欧美水平实在是痴人说梦。就好比,在当今世界3D技术还不成熟的情况下,一些电影却打着3D甚至4D的旗号冲进了电影院,最后换来的只是观众的唾骂,让更多国内观众对国产电影失望透顶。

(3)重视电影文化价值取向,提升电影的精神品质。对于任何一部主流电影,不仅要考虑在叙事情节上的合理性、人物性格上的合理性、美学风格上的合理性,还要考虑到文化价值取向上的合理性。一部电影作品传达的是一种什么样的文化理念,体现的是一种什么样的文化价值观,塑造的是一种什么样的文化形象,这是一个非常重要的问题。如果说政治上的正确性是一部电影作品的底线,那么文化价值的取向则是一部电影作品的精神境界。我国的电影在这方面存在着较多的问题。

中国电影要想获得全球化的成功,还必须多向欧美的电影营销方式多加学习,假设中国电影未能从本身营销渠道、传播方式以及本身电影水准找出根源,想要到达《指环王》等欧美大片在世界上的影响,那是不可能到达的事情。

案例2

"把故宫文化带回家"——故宫博物院着力打造特色文化产品[①]

"入耳式"朝珠耳机轻松让你获得皇家姿仪,蟠龙藻井雨伞让你与雍容华贵一起出行,顶戴花翎官帽防晒伞怎么看都"高冷范"十足……这两天,故宫博物院又推出一大拨文化创意产品。

此外,故宫文化服务中心还以微博和微信的形式与网友"娇羞"卖萌,网友称,"为卖个产品也是蛮拼的"。

"脑洞大开"礼物一夜爆红网络

2014年10月19日,故宫设计的一款"入耳式"朝珠耳机一夜间成了被热捧的"爆款"潮品。网友"祥瑞御免"调侃这款耳机是"南红加鸡油黄老蜡,老佛爷亲盘百年包浆,轻松拥有皇家姿仪,戴上这耳机享受路人朝圣目光"。还有网友附和,当耳机遇上朝珠,就是这种感觉,"戴上耳机听歌写东西的时候,简直像是批奏折,超酷炫!"

就在网友充分发挥吐槽功力的时候,在微信公众号上,"故宫淘宝"以"本公"的身份整理了诸多吐槽后,傲娇地表示,"本公觉得这个世界充满了恶意!对此,本公想说,你开心就好!"

这款耳机目前在淘宝上的成交记录为213件。其中,最早的成交记录在2014年10月19日,10月21日和10月22日两天的成交记录为209件。这让人评价为"脑洞大开"的"神物"为何如此受追捧?

据了解,朝珠是清代朝服上佩戴的珠串,形状如同和尚胸前挂的念珠。它是显示身份和地位的标志之一,平民百姓在任何时候都不许佩戴。"穿越"至现代,耳机和朝珠"合体",用仿蜜蜡材质制作,让任何人都能体验一把皇家仪态。

通过产品把故宫文化带回家

其实,故宫"卖萌"推销文化产品已经不是第一次。2014年8月,故宫淘宝在其微信公众

[①] 赵颖彦,朱天龙.故宫博物院推出文化创意产品 朝珠耳机走红[EB/OL]. http://www.chinanews.com/cul/2014/10-23/6709934.shtml,2014-10-23.

平台上发布一篇《雍正：感觉自己萌萌哒》，掀起了故宫文化产品热。

不论是"卖萌""自黑"，还是"拼了卖货"，故宫相关负责人表示，故宫愿意深刻挖掘藏品蕴含的文化价值，不断研发适合观众需要的文化产品，把故宫传统的文化元素植入时尚新潮的当代工艺品中，让优秀的文化传统与时尚完美地结合，通过文化产品这一载体实现"把故宫带回家"的理念。

2008年12月创立的故宫官方淘宝旗舰店，便以电子商务推广的形式传播故宫文化。目前有约200件以故宫元素设计的各类文化创意产品。这些实用方便的小纪念品成为人们互通交流的礼物，成为故宫文化、中国传统文化的承载者和传播者。

故宫"卖萌"让馆藏文物"活起来"

在大多数公众心目中，故宫博物院的形象都是古典和严肃的。故宫相关负责人表示，其实故宫馆藏中的许多文物，在历史上都是那个时代非常时尚的产品。

如何让故宫文化融入现代生活？就文化产品这个载体来说，故宫文化创意团队试图将文化遗存与当代人的生活、审美、需求对接起来。

在这种考虑下，故宫博物院推出了宫廷宝贝等系列卡通人物形象。这些形象一个最直观的特点，就是"萌"，萌得可亲，萌得可爱，但又始终是宫廷人物的气质、衣着、动作和"谈吐"。

故宫相关负责人表示，让文物动起来，是传播、宣传的另一种独特方式，它建立在文物原形态、原神态的基础上。"文物活起来"赋予文物新的生命，使更丰富的故宫瑰宝文化成系列地展示给公众。

Q版树脂娃娃成店内新宠

工作人员介绍，自暑假以来，故宫一系列新款产品的上市，的确吸引了不少游客光顾购买。其中，仿蜜蜡、绿松石材质的朝珠耳机，皇帝、格格造型的Q版书签，印有"官"字的存钱罐等，都十分热销。"像两款朝珠耳机，好的时候每天都能卖出十几副，现在淡季了，就稍微少了点儿。"工作人员表示，由于现在是旅游淡季，生意相对冷清，因此夏季时热销的"顶戴花翎"伞帽也已经下架，目前Q版的树脂娃娃成为了店里的No.1。

针对这些纪念品，记者随机采访了多名游客。大部分游客表示，来京旅游的时候，大家都习惯带回去一些具有特色的纪念品，一些景区往往都只有纪念币、图册等，十分单调。如今有耳机、调料盒、文具等这些既具实用性，同时看上去也十分有趣的物件，也让游客少了纠结。"这些带回去给孩子，肯定特别高兴。"

目前，故宫博物院研发的故宫特色文化产品6000余种，包括玉器、木器、青铜器、瓷器、雕漆、珐琅、首饰、丝织、文具、茶具、图书等多种类别，每年研发的新产品近300种。同时，配合每年举办的陈列展览，研发具有故宫文化特色、拥有自主知识产权的系列文化产品。故宫博物院将"故宫""紫禁城"驰名商标与普通旅游纪念产品进行结合使用，研发出故宫特色的冰箱贴、瑞兽铅笔、木质微缩家具、玩偶、琉璃、手机壳等系列产品，它们均以故宫的建筑、馆藏文物等为元素进行创作。

文化产品已成为了延伸博物馆生命力、加深观众对博物馆理解与认识的信息传承载体。故宫博物院，通过挖掘并利用故宫文化资源，发挥故宫文物藏品文化传播和教育职能，促进传统文化与当代时尚相结合，引发社会公众对故宫文化产品的关注和参与，让更多观众"把故宫文化带回家"。

2013年故宫文化产品收入约9亿元人民币。

案例思考题

1. 案例1中,《指环王》系列电影营销的手段有哪些?有何借鉴意义?
2. 结合案例1,试分析我国电影营销的问题,并提出相应的对策建议。
3. 案例2中,故宫文创产品开发的模式和经验有哪些?
4. 结合案例2,试分析本地博物馆在文创产品开发方面的做法和不足。

第十章 历史文化资源保护

 学习目标

1. 区别文化生态与自然生态；
2. 了解历史文化资源保护的必要性；
3. 掌握历史文化资源保护的原则与方法；
4. 掌握历史文化资源的保护策略。

文化资源是文化产业链上的基础环节，发展文化产业需要开发和利用文化资源。文化资源同自然资源一样，如果不加以合理保护，也会面临消亡的一天，因此，文化资源的保护应放在文化资源开发的第一位。只有树立正确的保护意识，对文化资源进行合理有效的保护，才能有文化资源的开发和利用。

第一节 历史文化资源的保护理念

一、文化生态与文化资源保护

文化资源，尤其是历史文化资源和文化遗产是人类历史活动的珍贵见证，积极加以保护和利用是全世界的共识。文化资源如同自然资源一样，也存在因资源的过度消耗而减少或是流失的现象，如果对文化资源的开发利用不当，或是为了追求经济利益过度开发，必然会造成对文化资源的破坏，严重的还会危及文化资源的存在。历史文化资源一旦遭到破坏，将对文化生态造成很大的影响，将不利于文化的可持续发展。因此，保护文化资源如同保护自然资源一样，具有十分重要的现实意义。

人类历史上曾发生过很多在所谓现代化背景下对文化的强行推进运动，这种推进往往是伴随着强势文化取代弱势文化的过程，从而引起文化生态问题。如美国历史上的西部大开发运动，就是随着现代化浪潮的大规模涌入，造成了西部地区少数民族文化（包括当地土著文化）不同程度的消亡与灭绝，导致少数民族（如印第安人）生存环境的恶化甚至遭到严重破坏，直接威胁到其文化的生存。

在当今世界，文化生态问题表现得非常突出，当今世界很多地区性冲突和国际争端，都与文化生态有关，也就是文化的多样性受到挑战，各种冲突的背后事实上都是文化冲突的反映。因此，文化冲突是由文化生态引起的。哈佛大学著名政治学教授亨廷顿说过："在这个新的世界里，最普遍的、重要的和危险的冲突不是社会阶级之间、富人和穷人之间或其他以经济来划分的集团之间的冲突，而是属于不同文化实体的人民之间的冲突。部落战争和种族冲突将发生在文明之内。""未来的冲突将由文化因素而不是经济或意识形态所引起。"由文化生态引起的文化问题不能简单地用政治的、经济的手段去解决,还是要从文化的深层中去思考如何建立一个更符合文化多样性要求的良好的文化生态环境,这才是解决文化问题的根本出路。因此,引入生态学的观点去观照人类文化、去认识当今世界,无疑可以更好地解决文化危机和文化冲突。

可持续发展,根本的宗旨是人、社会、自然的可持续发展,要求按照生态整体利益可持续发展为标准进行利益衡量,而不是以人类利益可持续发展为标准。保护自然是发展的前提,发展必须建立在自然的承载能力之上,"保护第一,开发第二。"改变先发展后环保,先污染后治理的本末倒置的方式,"限制我们追求现已选择的生活方式的自由是不可避免的,如果我们不能主动地限制,那么自然将会以更残酷的方式来限制"。生态可持续发展要求限制人的无限自由,放弃人的绝对权利。

二、历史文化资源保护与开发的原则

因此,在开发文化资源的过程中,要树立科学先行的思想,以科学的态度、科学的方法来认识文化资源开发利用的意义,尤其对历史文化资源要开展先期科学研究,通过专家的科学论证,制订科学合理的开发利用规划。

(一)树立稳妥开发、永续的观念

保持历史文化资源利用的可持续性,实现人与自然全面协调可持续发展。从经济可持续增长的角度来看,资源的可持续利用永远是第一位的。民族文化资源在某种意义上是不可再生资源,就像生物圈中濒临灭绝的珍稀物种,灭亡了就再也不可能复生。所以,对文化资源的开发利用必须树立稳妥开发、永续的观念,增强开发利用的后续力。

历史文化资源的开发中存在着一个误区,那就是对历史文化资源的总体价值缺乏宏观把握。认为只要建几个景点,把部分文化现象"复原"或模仿就是民族文化资源开发利用。这种认识是错误的。其原因就是对民族文化资源开发利用缺乏科学的意识,在没有经过科学筛选、科学论证和科学规划的情况下,仓促上马,搞拼盘式、大杂烩式的低级开发利用。

在文化产业资源开发利用上部分责任者缺乏文化意识,往往无视手中的文化产业资源的作用,忽视了文化资源可以创造出的最大化价值与丰厚利润的功能,急功近利,缺乏可持续性发展的意识,导致一些地区在城市化、工业化进程中,造成了文化资源的掠夺性、毁灭性破坏。

(二)开发、保护和利用相协调

文化资源的开发、保护和利用是三位一体的。古老风俗的再现、异族文明的展示、传统文化的秉承都需要物质的支持。在资金紧张的情况下,资源的经济价值就显得尤为重要,但是文化的经济价值根源在于它的独特浓厚的文化底蕴,因此开发和保护的目的是利用,利用的结果是对文化资源的开发和深度保护,也只有在商业价值和文明价值的良性循环过程中才能谈利用和价值。

1.制订历史文化资源保护的具体措施和办法

对文化资源的保护,要积极探索合适的形式和途径。例如,近年来,在对民族文化资源的保护上,很多地区都在积极探索不同的形式与途径,取得了许多成功的经验。这些保护都有一个共同点,那就是把民族文化资源的保护纳入到生态学视野中,以生态学的方式积极开展保护工作。诸如"民族文化生态村""民族生态博物馆""民族文化传习所"等形式的出现,为民族文化资源的保护提供了一种可供推广应用的模式。例如,"民族文化生态村"和"民族生态博物馆",它们在构想上有很多相似之处,都强调要把民族文化的保护放在一种现实的生态空间中进行,而不是把它们放在一个封闭的静态环境中,这样才能保持民族文化的"原汁原味"。而要做到这一点,关键在于"不能使之脱离其原生的土壤,原生的社会环境,原生的文化氛围"。

保护文化资源除了采用特殊方式和途径外,还应该辅之以必要的法律手段作为外部措施,使文化资源保护做到有法可依、违法必究,还能将该项工作纳入制度化和规范化的轨道。尤其是对那些历史遗产资源和涉及知识产权的资源,通过法律的手段来加以保护显得非常重要。

2. 在保护的基础上进行产业化开发

历史文化资源保护不是要把它给"冻结"起来,使它与世隔绝,成为古董和文物,而是要延续其生命力,使之成为人类社会的一笔宝贵财富,产生出有益于人类社会发展的价值。人类社会的可持续发展既离不开对自然资源的合理开发利用,也离不开文化资源所发挥出的独特作用,因此,在重视文化资源保护的前提下,还要考虑如何更好地开发利用文化资源,把文化资源的社会价值和经济价值充分发掘出来。这与文化资源的保护是并行不悖的。

历史文化资源的开发利用是一项造福社会和子孙后代的伟大工程,其意义深远,它是为了更好地为当代社会发展服务,满足人们对文化的欣赏、体验、了解和传承等需要。因此,保护只是手段,不是目的,不能为保护而保护,把文化资源封闭在历史博物馆之中,这种消极的保护是不利于文化资源生存的。

例如,南京市根据文化资源丰厚的特点,提出了"文化南京"的城市发展战略,把文化资源的开发利用作为加速南京今后发展的重要举措,把打造"文化南京"作为城市发展的战略目标。

3. 产业化开发要合理适度

在历史文化资源开发中一定要避免过度市场开发和滥开发等行为。把历史文化资源当做拉动经济增长的"摇钱树",只顾眼前经济利益,一切向钱看,以牺牲历史文化资源保护为代价的文化资源开发都是短视的行为。

合理、适度的开发首先应考虑文化资源的生态恢复与生态现状,要按生态要求而不是按经济需要来开发利用文化资源。这就要求在开发利用中一定要有保护意识,要以保护的方式来促进开发利用。表面看来,保护和开发是矛盾的,强调保护就必然会影响开发,实际上并非如此。保护与开发也可以相互促进和有机结合,达到矛盾的统一。因为开发是在充分保护的基础上进行的,脱离保护的开发是没有文化价值的,也不是真正需要的。

所以,开发利用是一种保护性的开发利用,而不是滥开发。一方面,这种开发尤其需要特别关注文化资源的生态现状,它包括:文化资源的磨损、侵蚀和人为的破坏情况;文化资源的生存环境;外部因素对文化资源可能产生的不利影响等。另一方面,开发利用文化资源要合理、适度。合理、适度就是要考虑到文化资源的生态现状,按照生态要求和规律去开发利用文化资源,而不是去满足经济利益需要。只有这样的开发利用才是符合生态要求的,才能促使优秀的传统文化资源得到更好的发掘,才能促使传统文化的精华得到提炼、弘扬和发展,而避免对文化资源的任意篡改、滥用和庸俗化。

在开发利用文化资源时一定要保持文化资源本身的纯洁性和真实性,避免因曲解了文化资源的文化内涵而产生的对社会的消极影响和负面效应。

4. 政府要在历史文化资源的保护和开发上切实负起责任

历史文化资源的保护和开发最重要的是要处理好文化资源的保护与经济发展的关系。近年来,在历史文化资源开发上普遍存在的问题是打着发展文化的招牌而着眼点却是在经济,所谓文化实际上成了一种诱人的幌子。于是,文化资源开发利用常常是以经济利益为目的,赤裸裸地廉价贩卖和兜售文化资源。很多地方最热衷于谈论的是所谓的"文化搭台,经济唱戏",把文化作为一种实现经济利益的工具来看待,而没有看到文化也是一种生产力,文化同样可以通过自身的价值产生经济效益。事实上,优秀的文化资源既具有社会价值,也具有经济价值,在当代由物质消费转向精神消费的社会背景下,文化资源本身就是一种重要的经济资源。

政府在处理历史文化资源的保护与开发这个问题上,最重要的是应引入绿色GDP的理念,把它作为考核地方政府政绩的硬性指标来加以贯彻落实,而不是单纯追求经济总量的增长,这样可以有效地避免因发展经济而带来的对文化资源和文化生态环境的破坏。

小案例

云南香格里拉县制定了对当地历史文化资源与文化生态环境有效保护的措施,被称为"香格里拉保护行动"。这一计划包括三方面的内容:①实施香格里拉环境保护工程;②实施香格里拉发展工程;③实施香格里拉行为工程。三大工程的实施,目前已取得了显著的社会效益和经济效益,奠定了可持续发展的基础,不仅使当地的生态环境得到恢复,也使文化资源得到更有效的保护和开发利用,促进了自然、社会、文化和经济的总体协调发展。

历史文化资源是一种不可再生的资源,一旦破坏,损失将无法弥补,因此,加强历史文化资源的保护是可持续发展的根本保证。

第二节 历史文化资源保护的探索

随着经济社会的发展,文化资源在经济竞争中的地位和作用越来越突出。它不仅与文化产业、文化产品一起作为经济竞争的"软实力",直接产生经济效益,而且还以其巨大的精神财富,促进社会的文明进步,成为衡量和测评综合竞争力的重要方面。在文化资源保护中,历史文化资源(包括物质文化遗产和非物质文化遗产)具有不可再生的特性,地位特殊。

一、历史文化资源保护面临的问题

历史文化资源保护是当代社会的重要主题,它的意义就在于,它可以使历史文化资源得到更有效的开发利用,避免在开发的名义下人为地破坏和摧毁文化资源,当然也包括文化遗产资源。

在当代社会,文化资源保护犹如自然资源保护一样重要。文化资源也有一个生态平衡问题,不恰当地或是毫无节制地开发文化资源,就会威胁到文化资源的生态平衡,而文化资源一旦失去了生态平衡,就会出现各种文化危机,不仅使人类文化传统的延续受到严重威胁,还会直接影响人类社会的正常发展。

文化资源保护的目的就是为了维护文化的生态平衡,使文化按照其本身的规律存在和发展,而不是被人为地加以篡改和破坏。在当代社会,文化资源的保护已经到了刻不容缓的地步,引起了国际社会普遍关注。

首先,随着现代化的进一步展开,人们对现代生活方式的追求变得越来越强烈,这使得传统文化的生存空间进一步缩小,生存能力也变得更加脆弱,尤其是在全球化时代,各种文化之间的差异性越来越小,而趋同性越来越大。一方面是人类生活方式越来越趋同,另一方面又希望维护文化的多样性,维护人类社会的多重价值观念,认为这是维护世界稳定秩序的基础。对文化多样性的维护,不仅是文化传统的需要,也是现实的需要,文化的多样性就如同生态多样性一样。所以,当今世界每个民族都在竭尽全力保护文化的独特性,尤其是对那些文化遗产资源,更是不遗余力地进行修复和保护。

其次,随着城市化进程的不断加快,大规模的城市建设和城市改造不可避免,这种建设和改造在加速城市发展的同时,必然也会对城市文化资源造成不同程度的破坏,尤其对传统文化资源破坏得更厉害。很多城市建设和改造实际上是同商业开发联系在一起的,直接的经济利益驱动使得城市被大拆大建,许多传统城市文化资源遭到破坏,而那些廉价的被加以现代化开发的所谓新型文化资源随处可见,甚至是泛滥成灾,这已成为城市发展中的突出问题。

最后,"伪文化"在当代越来越泛滥成灾,对社会造成很大危害,它不但降低了人们的审美水平,使人们的文化追求停留在一种廉价的、肤浅的层次上,而且还对真实的文化失去了欣赏能力,这显然不利于历史文化资源保护。因此,保护文化资源就是要保护文化的历史真实性,引导人们去体验真实的文化,在真实的文化情境中去了解历史。这对于提高人们真正的文化素养无疑具有不可替代的作用。而要做到这一点,首要的任务就是要从生态学的视野保护已有文化资源的多样性、完整性与真实性,防止被庸俗化。

历史文化资源保护应同文化资源的开发利用结合起来,这样,历史文化资源才能发挥巨大的作用,造福人类社会。保护文化资源的目的是为了让文化资源更好地为人类社会服务,让人们从中了解、认识、观赏和体验不同文化传统所包含的独特内涵与精神气质。文化资源的保护与开发利用应纳入到生态学视野中去加以认识,这对文化资源的保护与开发利用具有十分重要的意义。

二、国际社会保护历史文化资源的探索历程

从发展历程来看,国际上对历史文化遗产的保护经历了一个由开始仅保护可供人们欣赏的建筑艺术品,继而保护各种能作为社会、经济发展的见证物,再进而保护与人们当前生活息息相关的历史街区以至整个城市的过程;在理念层次上,经历了一个从单纯的和消极的静态的保护到与城市发展有机结合的积极的动态的保护。这种发展历程表明对历史文化的保护越来越受到世界各国的重视,对于城市发展过程中的历史文化保护更是给予了高度的关注。可以说,社会越是进步,历史文化遗产的保护越是受到重视,文化越发达,保护历史文化遗产就越成为社会共识。

欧洲对文物建筑和历史纪念物的保护,从 19 世纪中叶开始成熟。如巴黎的《控制建筑高度、屋顶形式及立面设计的规章条例》在保护传统建筑风貌、保持统一和谐方面起了很大的作用。1933 年,国际现代建筑协会颁布的《雅典宪章》指出,对"有历史价值的建筑和地区"应当进行保护,并且指出保护好代表一个历史时期的历史遗存具有教育后代方面的重要意义;要求"在所有可能的条件下,使所有干路避免穿行古建筑区,并使交通不增加拥挤,亦不妨碍城市有机的新发展"。1964 年 5 月,在历史古迹建筑师及技师国际会议上通过了《威尼斯宪章》。《威尼斯宪章》在肯定《雅典宪章》的基础上,提出进一步扩宽和扩大城市文物古迹保护的基本概念

和范围,指出文物古迹的概念为"不仅包括单个建筑物,而且包括能够从中找出一种独特的文明、一种有意义的发展或一个历史事件见证的城市或乡村环境。这不仅包括伟大的艺术作品,而且亦适用于随时光流逝而获得文化意义的过去一些较为朴实的艺术品"。该文件同时强调文物古迹的保护包含着对一定规模环境的保护,并且"不能与其所见证的历史和其所产生的环境分离"。

20世纪60年代以后国际上兴起了历史文化保护新的潮流,历次相关的国际会议通过了一系列以历史文化保护为主题的国际性文件,历史文化保护的范围逐步由个体的文物建筑、文物建筑构成的历史地段及其历史环境扩展至与人类生活密切相关的历史街区。1976年11月联合国教科文组织在内罗毕通过了《关于历史地区的保护及其作用的建议》,简称《内罗毕建议》。这一文件对历史街区价值的认识突破了单纯的文化范围,肯定了历史街区在社会方面、历史方面和实用方面所具有的普遍价值。关于历史街区的保护,文件提出要从立法、行政、技术、经济和社会等更广泛的角度展开,强调把街区的保护修复工作与街区振兴活动结合起来,从而实现既满足居民的社会文化和经济需要,又不损坏其历史特征和价值的目标。1977年12月在秘鲁通过的《马丘比丘宪章》,不仅继承扩展了历史文化资源保护的范畴,而且从城市发展的角度出发,进一步突破了单纯的消极的静态保护观,更加强调对历史文化资源进行积极的动态保护;同时还重视对有价值的当代建筑的保护。该宪章指出,"城市的个性和特性取决于城市的体型结构和社会特征。因此不仅要保存和维护好城市的历史遗迹和古迹,而且还要继承一般的文化传统。一切有价值的说明社会和民族特性的文物必须保护起来。保护、恢复和重新使用现有历史遗址和古建筑必须同城市建设过程结合起来,以保证这些文物具有经济意义并继续具有生命力。"1987年10月国际古遗址理事会通过的《保护历史城镇与城区宪章》,简称《华盛顿宪章》,再次阐述了城市保护的意义、原则、目标和方法,指出所有城市社区,都是历史上各种各样的社会的表现,在此基础上扩展了城市保护对象,主要为历史城区,包括城市、城镇、历史中心区或居住区及其自然与人工环境,以及这些街区的传统的城市文化价值。文件界定了"历史地段"是"城镇中具有历史意义的大小地区,包括城镇的古老中心区或其他保存着历史风貌的地区";指出"它们不但可以作为历史的见证,而且体现了城镇传统文化的价值"。文件认为历史地段应以下五项内容作为保护重点:①地段和街道的格局和空间形式;②建筑物和绿化、旷地的空间关系;③历史性建筑的内外面貌,包括体量、形式、建筑风格、材料、色彩、建筑装饰等;④地段与周围环境的关系,包括与自然和人工环境的关系;⑤该地段历史上的功能和作用。

文件中还系统阐明了一整套保护的原则和方法:①保护工作必须是城镇经济社会发展政策和各层次计划的组成部分。②要鼓励居民积极参与。③要制订专门的保护计划,确保保护对象,并要用法律、行政、经济等多种手段保证规划的实施。④要精心建设和改善地段内的基础设施,改善居民住房条件,适应现代化生活的需要。⑤要控制汽车交通,在城市规划中拓宽汽车干道时,不得穿越历史地段。⑥要有计划地建设停车场,并注意不得破坏历史建筑和它的环境。⑦在历史地段安排新建筑的功能要符合传统的特色,不否定建造现代建筑,但新的建筑在布局、体量、尺度、色彩等方面要与传统特色相协调。

《华盛顿宪章》至今仍被广泛应用。在2000年7月于北京召开的"中国文化遗产保护与城市发展:机遇与挑战"国际会议上该文件得到了进一步发展,会议形成的《北京共识》更具有中国特点,认为:保存在城市中的文化遗产不仅是历史上不同传统和精神成就的载体和见证,也

体现了全世界各民族人民的基本特征,构成了各个城市面貌和特点的基本要素。长期以来,世界各国为保护城市中的历史文化遗产付出了努力,在人类即将进入二十一世纪的今天,人们更加认识到保护这些遗产的重要性,而随着民众文明程度的不断提高和对精神生活的迫切要求,城市化进程中的文化遗产保护拥有十分美好的前景。在经济快速发展的二十一世纪,许多历史城市中的文化遗产遭受到冲击,甚至面临着遭受破坏的危险,城市人口的增加,城市向大型化、现代化、经济化的发展,正日益侵蚀着历史文化遗产赖以生存的环境,许多具有历史意义的传统文化街区的历史真实性正在消失。要妥善保护城市中的历史文化遗产,必须采取相应的措施。首先,无论国际组织还是各国乃至地方,建立更加完善、丰富、具体的法规体系是实现保护的基本前提。其次,要有与城市建设相吻合的、切实可行的保护规划,严格按照规划进行城市建设。最后,需要城市的市长以及政府有关机构具有重视城市文化遗产保护的长远目光和胆识,需要公民特别是城市中的居民充分认识在此方面所负有的责任和使命,使保护历史文化遗产成为公民的责任和义务。

三、国外历史文化资源保护的经验

欧美等发达国家在历史文化资源保护方面已经建立起一套立法、资金管理及公众参与等方面相对完善的保护制度。具体来讲主要表现在以下方面:

(一)合理的投入机制

国外历史文化遗产在资金投入上形成一套长效的机制,从而在保护历史文化遗产的过程中起到关键性的作用。众所周知,持续充足的政府资金投入和社会的广泛参与是历史文化遗产保护的重要保证。

在发达国家,历史文化遗产保护资金的来源主要是政府、非政府组织、社会团体、慈善机构和个人(志愿者)多方参与的运作机制。其中,政府起主导作用。美国对文化遗产的管理是国家公园制度。美国《国家公园管理手册》明确规定,国家公园是社会公益事业,根本不同于以营利为目的的旅游开发区,国家公园的保护经费由联邦政府拨给国家公园管理局。这样,作为一项社会公益事业,每年联邦政府拨20亿美元保护经费给国家公园管理局。与此同时,联邦政府还通过税费减免和降低门票价格等措施,鼓励社会各界对自然和文化遗产进行投资。据统计,1999年来自社会捐助款达23亿美元。在英国,由国家和地方政府提供的财政专项拨款和贷款,是保护资金最重要的来源,非政府组织的捐赠和志愿者个人的捐款也是经费的重要来源。除此之外,志愿人员的义务劳动、无偿提供房产和固定资产,也可纳入资助范围。在保护资金的具体投入与运作方面,英国政府授权各种团体负责实际运作。由于与政府关系的密切程度和承担责任不同,各保护团体获得的政府拨款也不同。同时,在英国,历史文化遗产保护不仅在官方,而且在民间也有相应的保护组织,主要有由环境部所规定的5大组织:古迹协会、不列颠考古委员会、古建筑保护协会、乔治小组和维多利亚协会。由于介入法定程序,每年英国政府给以上5个团体相当的资助。在日本,逐步形成以国家投资带动地方政府资金相配合,并辅以社会团体、慈善机构及个人的多方合作。国家和地方资金分担的份额,由保护对象及重要程度决定。日本规定对传统建筑群保护地区的补助费用,国家及地方政府各承担50%,对古都保护法所确定的保存地区,国家出资80%,地方政府负担20%,而由城市景观条例所确定的保护地区一般由地方政府自行解决。

一些发展中国家对遗产保护的投入也非常重视。如印度每年国家投入约合3.1亿元人民币;墨西哥每年国家投入约合14.2亿元人民币;埃及旅游点门票收入的90%上交国库,再返还给文化遗产部门,用于文化遗产保护,政府每年用于伊斯兰古建筑的保护经费约合5000万元人民币。

(二)完善的保护体系

完善的保护体系主要是指科学、高效、精简、完备的管理网络体系,在保护历史文化遗产中发挥主导作用。世界上最重视历史文化遗产保护的国家之一的意大利,建立了多层次的历史城市建筑保护和管理机构,并形成了保护机构网络。意大利历史城市和古建筑保护和管理机构主要由国家文化遗产部负责,各大区、市则设有相应的管理机构。如罗马,市政府下设有相关办公室对全市、历史城市区、发展区、文物古迹区和古建筑区分别规划管理,其中罗马市设有总体规划办公室,负责全市总体规划,重点是全市的生态环境、城市交通干线、地区城镇的发展。罗马市历史城区建筑保护办公室运用微机系统对历史城区的街区保护、建筑维修、私人住宅改建和居民生活环境改善进行全面管理。罗马市郊区办公室组织管理郊区市政建设项目,规划管理郊区各小区的配套建设,负责重点小区改造规划的实施。除了国家各级政府机构外,意大利还有一些保护历史城市和古建筑的民间团体,如"我们的意大利"在全国有200多个分会,2000多个会员。该组织在推动政府建立法律、健全制度、保护遗产、社会宣传等方面发挥了巨大的作用。在法国除了国家和各城市设立有专门管理历史文化遗产的机构外,各类受保护的历史文化遗产所在地也分别设有专门的管理机构。

美国国家公园系统由联邦政府内政部下属的国家公园管理局直接管理,国家公园管理局将全国50个州划分为7个大区,分别管理全国200多个不同类型的国家公园,每个国家公园都是独立的管理单位,公园的管理人员都由总局直接任命、统一调配,直接对国家公园管理局负责。所有国家公园的规划设计统一由国家公园管理局下设的丹佛规划设计中心全权负责。澳大利亚对大堡礁的旅游管理包括一系列完整严密的计划,主要有分区计划、地点计划、管理计划和25年战略计划。这些计划从空间上覆盖了整个遗产区域,并对敏感地带和关键地点给予更细致和特别的管理。在时间上,除重视日常管理外,还注重战略管理,使大堡礁的保护和资源利用具有可持续性,而不仅仅看重眼前利益。这一系列的计划成为大堡礁旅游管理各项工作的指导,保证了整个旅游管理过程都贯穿了对世界遗产保护理念的实现。

日本在保护历史文化体系中的成功做法也具有独到之处。日本国家历史文化遗产保护由文物保护行政管理部门和城市规划行政管理部门这两个相对独立、平行的组织机构共同负责。与文物保护直接相关的事务归国家文省文化厅,与城市规划相关的事务归国家建设省城市局。为了给政府决策提供高层次的参谋,使行政与学术有效地结合起来,地方政府机构中还设立法定的常设咨询机构——审议会,其作用是提供技术与监督。日本的国家公园由环境厅与都道府县政府、市政府以及国家公园内各类土地所有者密切合作、联合管理。国家公园的管理就是与公园的其他用途使用者达成某种程度的合作,通过合作管理体系来对自然环境进行保护。日本的国家公园建设往往由政府与私人合作进行。一般情况下基础性工程如道路、自然小径、野餐地、停车场、野营地和厕所由政府负责建设,而能够收费的设施如客房和交通设施则由私人投资兴建。

(三)科学的保护理念

开发与保护、社会效益与经济效益等观念,都会对历史文化遗产保护产生重要影响。许多国家,从本国的实际情况出发,采用分区管理和分级管理结合、地域文化和民族文化相结合、旅游开发与生态保护相结合,以实现历史文化遗产可持续发展。

从国际经验来看,分区的方法被证明是行之有效的保护和管理手段,并且得到了大多数国家的利用。在美国就有国家公园和州立公园之分,不过国家公园局与州立公园的联系很弱。但州立公园确实起到了减轻国家公园旅游发展压力的作用。日本则根据《自然保护法》划分为荒野区、自然保护区和地区自然保护区3种类型。澳大利亚的卡卡杜公园,就是根据保护的需要划分成4个开发区,第一区建有旅店、饭馆及良好的公路和停车条件;第二区仅有简单的旅店,停车场减少;第三区仅提供野外宿营地和简易公路;第四区仅有人行小道和简单的营址,这样极少数的游客才能到达第四区域,即需要重点加强保护的区域。同时各个区域的划分和管理措施也随时变化,不断调整,例如有的地区在开放一段时间后,又实行半封闭半开放。

分级手段也是各国加强资源保护和管理的常见手法之一。如意大利把文物保护分成4个等级:第1级是具有重大历史价值的建筑艺术精品,称之为"重要文化价值建筑",其保护方法和我国的重点文物保护单位类似,即一切按原样保存,保护原物不得改变;第2级指具有特色的建筑,对此稍松一些,室内外的可见部分不可改动,但结构可以更新;第3级是地方价值建筑,仅保存外观,室内可以改动,增加现代化的设施,以便更好地加以使用;第4级指上述文物建筑周围环境中的一般建筑,只保存其外形,只要原样不改可以重建。这样,国家根据文物的保护级别,制定相应的保护措施。

许多国家都采取措施保护本国的传统文化,如法国、韩国等国都十分注重保护和弘扬本国的传统文化,增强人民的民族自豪感,在取得良好的社会效益和经济效益的同时,吸引公民自觉加入到保护历史文化遗产的行列。英国同样十分注重开发文化遗产资源,旅游业十分发达。伦敦两日一次的白金汉宫皇家卫队换岗仪式,几乎每次都吸引数万至数十万游客。日本也一样,积极发掘民俗文化资源,吸引旅游,增加收入。日本一年一度的焰火大会,是日本人最有特色、最为普遍的传统活动之一,也是日本之夏的时令风物,仅东京的焰火大会,每年都有近百万人观看,吸引了大批外国游客。

此外,国外在保护历史文化遗产过程中,始终坚持可持续发展的理念。如旅游设施与生态系统相协调,引导健康旅游行为,避免对文化遗产的破坏。如马来西亚的古那穆鲁国家公园和尼亚国家公园的接待设施都是两层的传统民居建筑,它们的高度都低于当地森林的高度,其色调大多是木色,采用分散在森林中的布局。许多建筑是依生态环境有序而建,因此许多古树和名贵林木并没有因建设而受到破坏,在公园内没有建筑物是用水泥和石块构建的。在澳大利亚的大堡礁绿岛公园,游客不许带走任何自然物体(包括贝壳),违者将被处以高额罚款。在新西兰的卡巴提岛,游人在上岛观鸟前,必须经过一天的相关知识培训,然后洗澡消毒,不许自带食物和背包,上岛后的行为须举止文明,岛屿上也没有明显的建筑设施,当游客离开时,可见到这样的标识牌:"除了你的脚印,什么都别留下。"

(四)完备的法律保障

国外保护历史文化遗产的经验表明,遗产保护法律先行。国外普遍采取的方法是不仅立法保护,而且法律保护体系和法律监督体系同样完善。

历史文化遗产保护法律中,法国针对相应的遗产概念,确定了一整套行政管理体系、资金保障体系、监督体系、公众参与体系等,使得保护制度法制化。早在1913年,法国就制定《保护历史古迹法》,成为世界上第一部保护文化遗产的现代法律。1962年,法国又制定了《历史性街区保存法》,亦称《马尔罗法》。1930年英国政府制定了《古建筑法》,对于保护古建筑做了具体规定。1967年英国制定了《城市环境适宜准则》。1943年,德国立法规定改变历史建筑周围500米环境要得到专门的批准。1962年,德国还进一步制定了保护历史性街区的法规。与此同时,俄罗斯、匈牙利、西班牙等国家都先后制定了有关法律。意大利专门立法对历史文化名城实施成片保护,房屋拆迁、维护必须依法,不得擅自修缮。俄罗斯立法规定世界遗产区域内不准乱拆乱建。

1885年,加拿大联邦政府就颁布了国家公园行政法令,现已有6部与保护国家公园相关的国家立法。其中在体制方面的有《加拿大遗产部法》《加拿大国家公园局法》;在自然遗产管理方面有《加拿大国家公园法》;在文化遗产管理方面有《遗产火车站保护法》。

澳大利亚非常重视立法的地位和作用,目前已建立起十分完善的遗产保护和旅游管理的法律法规体系。《大堡礁海洋公园法》(1975)是关于海洋公园的基本法,其法规为海洋公园的建立、看护和管理提供了框架。昆士兰州政府制定的《昆士兰海洋公园法》(1990),对邻近海域的保护提出了补充规定。此外,还有一系列关于大堡礁的专项立法,如《大堡礁海洋公园法(环场管理消费税)》(1993)、《大堡礁海洋公园法(一般环场管理费)》(1993)、《大堡礁地区(禁止采矿)条例》(1999)、《大堡礁海洋公园(水产业)条例》(2000)等。澳大利亚关于大堡礁法律法规的条款很细,可操作性很强,避免了执法的随意性,减少了执法过程中的摩擦。

为了有效地保护和充分利用日本的自然风景区,日本颁布了以《自然保护法》《自然公园法》《都市计划法》《文化财产保护法》等16项国家法律,以及《自然环境保护条例》《景观保护条例》等法规文件,形成了日本自然保护和管理的法律制度体系。日本国家公园的保护和利用法规由国家环境厅制定,每5年修订一次;准国家公园适用的法规仿照国家公园的标准,由国家环境厅、都道府县制定。1960年韩国政府颁布了《无形文化财产保护法》。此外,在欧洲各国,诸如法国、德国、芬兰、挪威等国,在近半个世纪中,先后都颁布了相关的文化遗产保护法案,建立了严密的保护机制,形成了文化遗产保护的法制秩序和良好的人文环境。

通过对国外历史文化遗产保护机制的历史考察,可以发现,历史文化遗产的可持续发展,科学的保护机制起到了重要作用。

四、国外历史文化资源保护案例

在世界各国的城市化和城市现代化进程中,都经历过城市更新和历史文化保护的问题。一方面,城市更新和保护历史文化有某种冲突和对立的关系,有时面临两难选择的境地;另一方面,随着社会的进步发展,人们对城市建设和历史文化保护之间关系的认识越来越趋向理性化,甚至可以说二者正在逐步朝着互相促进的方向转化。历史文化资源已经成为许多城市建设和发展总体目标的重要构成部分,在具体实践中也积累了丰富的经验。

(一)欧洲国家历史文化资源的保护

欧洲是世界上城市历史文化资源最为丰富和密集的地区,但欧洲人对历史文化资源的保护也曾走过很多弯路。工业革命期间和之后一段时间,对经济效益的过分追逐使人们认识不到历史文化资源的价值,激进的城市规划思想也曾一度破坏了大量的历史文化资源。但是相比之下,他们更早认识到了保护历史文化资源的重要性。近代,在许多欧洲城市,几乎无一不把现代化城市建设和尽量保持原有风貌结合起来,世界上现代化程度很高的城市往往也是历史文化资源保存最好的城市,也是历史文化资源利用效率最高的城市,如伦敦、巴黎、维也纳、罗马。

英国早就有更改旧城改造的提法,用激活旧城、整治旧城等作为城市进一步发展的指导思想,而且在实际工作中,还探索创造出多种多样、从个体建筑到较大地域范围的保护利用的措施。欧洲城市还普遍注重保护与开发利用的有机统一,善于在保护的基础上,将历史文化遗产作为旅游资源和重要财源加以开发利用。英国规划界认为,当时他们力主对历史文化名城进行保护时,并没有想到保护历史文化名城的意义和经济收益会那么高,好多被保护下来的古建筑成为世界性的旅游文化资源。如苏格兰的爱丁堡,山坡上的纪念柱、宫殿遗址,古香古色的城堡、街道和建筑,林立的国家美术馆、博物馆,以及每年举办国际艺术节吸引了世界上大量的游客。在 GDP 总额中有 30% 来自旅游业的贡献。有的城市甚至达到了 60%。在英国的巴斯,城市中心的圆环设计还保持着 18 世纪的风貌,皇家新月楼成为每个到巴斯观光的游客必去的地方,而两千多年前的罗马温泉浴池,温泉水经由两千年前的排水沟热气腾腾地流淌,在遗址上建立的博物馆游客络绎不绝。又如意大利的佛罗伦萨,虽然城市人口只有 30 万,但是每年来此观光旅游的人数达到 3000 万,旅游收入成为该市的主要财政来源。

20 世纪 60 年代中期,意大利成立了"历史文化名城保护协会"(ANCSA),为政府编制了《意大利古迹情况》的研究报告。政府曾经出台了新的《城市规划法》,其中制定了古城保护的条款,文物保护的概念在深度和广度上都有了很大的拓展。文物保护的对象从博物馆文物和纪念碑等扩大到历史性建筑物和历史地段,保护也逐渐从建筑本身到周围的历史文化环境。意大利还进一步确立了古城保护的三条原则:一是限定原则,既确定保护目标和保护范围;二是特征原则,即保护古城的特色;三是归属原则,即保护社区的特征。这种指导思想使城市的各个组成部分,因地形、环境差异构成不同场所,紧密关联,构成丰富而又统一的城市空间。

(二)新加坡文化资源保护的经验

新加坡是一个开埠历史比较短的国家,与亚洲、欧洲许多国家相比,历史文化资源也有限。但是新加坡不仅以其良好的生态环境获得"花园城市"的美誉,同时也以各具特色的历史街区、古建筑、风俗民情展示着多元文化的风采。新加坡政府在 1971 年就制定了历史建筑保护法及其修正案,1989 年制定了保护计划总规划,确定了 3 组独特的保留和保护性发展区域。①历史性街区:如驳船码头(Boat Quay)、克拉码头、牛车水(Kreta Ayer 华人商埠区)、甘榜格南、小印度。②历时性居住区:如经禧(Caim Hill)、翡翠山(Emerald Hill)。③二级居住区:如美芝路(Beach Road)、芽笼(Geylang)、惹兰勿、如切(Joo Chiat)。到 1994 年为止,就有 5239 座建筑和 33 个地区被列入保留计划,仅在 1993—1994 财政年度,就有 5 个地区 538 座建筑获得保留地位。

新加坡沿河地带的整治在历史文化资源的保护与利用方面,可以说是一个经典的案例。20 世纪 90 年代初期,市区重建局对新加坡河沿岸滨水地带进行整治。这一带紧邻新加坡现代的 CBD,历史上曾是码头、货栈、商行云集的区域,保留着典型的南洋风格建筑群。市区重建局对这一历史地段的整治,不仅是静态的维修和保护,而且是动态的保护和开发,将基础设施建设、环境治理、古建筑群的维修更新和为商业发展提供空间有机地结合起来。一方面治理新加坡河的水质,使其达到观赏水的标准;同时,建设既可以观光又可以通行的滨水人行道,布置绿地广场;系统地布置了环境灯光和绿地景观;将沿河的历史建筑依照原貌进行修复,按可以作为商业服务的功能要求全面更新内部设施。这些经过修复更新的沿河历史建筑租售给商家经营,并允许他们利用河边的人行道开设露天餐位。在克拉码头的修复和更新项目中,在投资模式上还进行了市区重建局与私人机构合作共同实施整治过程的成功尝试。经过此番整治,新加坡河沿岸的历史建筑焕然一新,但保持了十分浓郁的传统风貌,新加坡河中游船荡漾,驳船码头和克拉码头被打造成一个世界水准的、魅力无限的户外饮食休闲场所,CBD的摩天大楼建筑群作为背景,现代与传统形成对照与呼应。这一带成为世界各地的观光者游览新加坡的必到之地。

(三)日本历史文化资源保护方面的经验

日本早在1966年就专门颁布了《古都历史风土特别措施法》,随后日本各个历史城市也相应制定有专门的法律,如《奈良国际观光都市建设法》《京都国际文化观光都市建设法》等。日本的奈良市是8世纪天平王朝的首都,从3世纪开始那里就是所谓的"徽内地区",地上和地下的文物都特别丰富。据说东亚最古老的木构建筑——法隆寺就在那儿,除此之外,还有东大寺、飞鸟寺、石舞台古坟等。但是这个一度曾经繁荣昌盛的古城,却在8世纪末随着迁都平安京(今京都市)而渐渐荒芜。战后的日本从20世纪50年代开始,全国各地大兴土木,出现了许多现代化的城市。但是奈良市保持了原貌,市内的建筑、街道等都用原来的名字。法隆寺、东大寺、唐招提寺、法华寺都得到妥善保护,郊外的一些3—9世纪的古坟(其中有的是天皇陵)被全面修缮,不经政府批准,任何人不得擅自发掘。更难能可贵的是,市政府在一座百货大楼里摆放了古代奈良平城京的沙盘模型,以唤起市民保护遗迹的意识。政府不惜大量拨款支持在奈良平成宫的旧址常年进行发掘,日本政府在奈良市的西北从农民手中买下约合30公顷的土地,进行发掘和开发,建立了国立奈良文化研究所。现在奈良已经成为一个著名的观光旅游胜地,也是国际日本文化研究中心之一。

思考与练习题

1. 分析本地的文化资源保护中存在的问题,应该采取什么措施?
2. 国外在历史文化遗产方面做出了有益的探索,我们应该如何借鉴国外文化遗产保护的经验?
3. 试述文化资源保护措施。
4. 试述合理开发利用文化资源的实现途径。

案例

案例1

一个文化遗产保护的成功案例:十里红妆扮宁海[①]

浙江省宁海县城,一场特殊的婚礼正在进行:鼓乐鞭炮声中,迎亲的队伍迤逦而行,穿着传统服饰的新娘坐在花轿里被人抬着走;身着古装的新郎竟是碧眼金发的外国人,这是瑞典青年谢飞(中文名)与宁海姑娘郑成的婚礼,而洋新郎执意选择的是宁海的传统婚俗——十里红妆结婚仪式。

"采用传统婚俗结婚,这已成为宁海青年的一种时尚。"县委宣传部一位领导对记者说。

旧俗成时尚,这一事实透露出一个喜人的信息:险遭湮灭的十里红妆婚俗文化经宁海民间

---

① 叶辉,严红枫. 一个文化遗产保护成功案例:十里红妆扮宁海[N]. 光明日报,2010-07-23.

和官方共同努力已在当地成功重现。

抢救：为了行将消逝的民俗风景

1987年，宁波港码头，一个个装载着古旧家具和民间古玩的集装箱被装船运往国外。看到这一情景，宁海民间收藏家何晓道痛惜不已。

"每天6个集装箱，装的全是文物，可惜啊！"何晓道向记者追述往事还感到痛惜不已。

何晓道1963年出生在宁海农村，喜欢诗词和古玩。1982年开始涉足古玩买卖。在上海摆了4年摊，有了一些积累，他回到宁海，开始经营古旧家具和古旧工艺品。20世纪90年代初办起了古旧家私厂，边仿制古家具，边对收藏的古旧家具进行修复，遇到喜欢的就自己收藏。

十里红妆是宁绍农村结婚礼仪的统称，自南宋蔚然而明清鼎盛，当地大户人家结婚，用花轿抬新娘，一杠杠用朱漆泥金漆成的红柜、红箱等嫁妆组成的迎亲队伍绵延数里，场面宏大，气氛热烈。这一风俗延续到新中国成立以后。"文革"期间，十里红妆器物被斥为"四旧"，精雕细刻的花轿，工艺精湛的婚床，朱砂黄金漆就的家具全被付之一炬。

何晓道告诉记者，20世纪80年代开始，美国、欧洲的古玩商涌到宁海进行掠夺性收购，这是十里红妆器物更大的浩劫。境外古玩商的疯狂抢购使何晓道深感忧虑，此时他已意识到，这些古旧器物包含着巨大的文物价值，十里红妆文物不可再生，不及时抢救很快就会彻底消失。一次他与师友浙江省工艺美术学会副理事长兼秘书长雷天恩谈及此，雷天恩更为忧虑："大批文物流到国外，太可惜了！十里红妆若在我们这代人手中消失，我们会被后人骂的！"

何晓道无力制止文物流向国外，便倾其所有收购文物。当大批古旧器物集聚在一起时，他发现整个民俗链条完整呈现出来了。此时他意识到，这些为国家博物馆所不屑收藏的民俗器物承载着更多的中国民间文化的内涵，同样具有很高的文化价值和文物价值，自己的工作太有意义了。

收藏的意义是展示。当收藏日丰，造了几栋房子来堆放还放不下时，何晓道疑惑了：这些文物难道只能深藏在库房里不见天日？

"办博物馆！"雷天恩对他说。"总有一天，我们国家会允许个人办博物馆的！"机会很快来了。

传承：十里红妆打响品牌

1999年，杭州张生记酒店搞仿古装修，请雷天恩帮助设计，何晓道给雷天恩当助手。酒店一楼原定建水族馆，何晓道建议建古旧家具收藏馆，他答应把自己的藏品借给张生记展出。该给收藏馆取什么名字呢？何晓道提出用"十里红妆"。

雷天恩击掌赞叹：太好了，就是这个名字！

"十里红妆"随同张生记酒店的仿古设计一炮打响，引来全国各地的参观者。这个民俗展示也引起了浙江省博物馆的注意。一年后，浙江省博物馆向他征集170件藏品。何晓道激动万分，自己的劳动得到了政府的承认。

杭州展出的成功、省博物馆的承认更激发了何晓道从事民俗收藏和研究的兴趣。2002年，在县委县政府的支持下，他在自己所在的宁海县大佳镇建起了江南民间艺术馆。艺术馆开幕之日，他举办了"十里红妆展"。当数百件千工婚床、万工花轿以及箱、柜、桌、椅乃至三寸金莲、女性服装首饰等展品向大众展示时，当地一些老太太激动得哭了——十里红妆唤起了她们对逝去青春岁月的记忆；而民俗学家则为何晓道用实物的形式来展示民间婚俗而感到震惊。

展出也引发了争议：有人指责，这些东西尤其像三寸金莲这样的东西是封建糟粕，展示意义何在?

当时的省委领导在参观时听说此事,对他说:展出的器物不管好不好,只要是历史上有过的都要保护下来,这是为了研究,是非由后人去评说!

创新:非遗保护国助民办新体制

"没有县委县政府的支持,就不可能有我的今天,就不可能有十里红妆!"何晓道对记者说。

宁海县委县政府对何晓道抢救、发掘、保护十里红妆的举措非常支持。该县领导意识到,何晓道的行动对保护当地非物质文化遗产意义重大,决定予以实质性的支持:在县城建一座十里红妆博物馆,免费交何晓道展示他的私人藏品。

一个全新的非物质文化遗产保护新体制出现了:国助民办!博物馆产权归国家,经营权归何晓道。

2003年9月,十里红妆博物馆开张,何晓道将自己收藏的1260件藏品(后增加到1760件)拿出来展示。据称,这是浙江省规模最大的私人民俗博物馆,也是全国第一个以婚俗为主题的民俗博物馆。

据该县领导介绍,国助民办,这样的体制在浙江是第一家。这一新体制从诞生起就引起争议,该县因此承担了巨大的压力。政府出资建房给个人用,不收租金还每年贴钱——博物馆是非营利单位,开头卖门票,但每年还要往里贴钱。后来博物馆免费开放,县里每年补贴博物馆40万元,有人认为这是国有资产流失。但历任宁海领导都很支持。

十里红妆在宁海县委县政府的支持下,名声日显,参观者纷至沓来。中国民俗学会会长刘魁立看了展出非常震惊。他说他搞了这么多年的民俗,没有人能将婚俗展览做到如此极致。原文化部艺术研究院非物质文化遗产保护中心主任田青看了展出,连称宁海"做了一件大好事",他还应邀为何晓道的《十里红妆女儿梦》一书写序。后十里红妆博物馆被确定为宁波市和浙江省文化体制改革试点。

为了更好地保护和传承十里红妆婚俗文化,保护这一非物质文化遗产,宁海县启动"十里红妆"博物馆扩展项目,在县城划出108亩黄金宝地,总投资1.4亿元,建十里红妆博物馆和古建筑文化街,文化街将复原何晓道收购的数十栋明清建筑。采用的体制也是国助民办。这一项目得到了宁波市委的高度重视,宁波市委、市政府分管领导亲自担纲指挥,项目于2009年12月动工,2012年完工。

记者了解到,筹建中的"十里红妆"产业发展集团,下设两个子公司。一为实业发展公司,主要开发生产"十里红妆"工艺产品和从事古建筑修建工程;二是"十里红妆"文化创意公司,主要经营演艺、婚庆策划、婚俗表演等项目。以"十里红妆"博物馆为主体融合附近的徐霞客公园、徐霞客大道景观,把这个区域打造成婚俗文化产业园。

弘扬:十里红妆新时尚

十里红妆的声誉鹊起引起了浙江省有关部门的高度重视,十里红妆被列入浙江省级重点文艺题材和"浙江省文化走出去"题材。十里红妆开始走出宁波,走出浙江,走向海外,走出国门,走向世界。

2006年,十里红妆赴台湾文化交流,150件女性肚兜和与此相关的婚俗物品的展出引起了台湾观众的强烈兴趣,台湾媒体称观众"看得目瞪口呆",万余观众在展品前流连忘返。台湾宜兰传统艺术中心当即要求宁海提供5万件仿古肚兜以满足观众的需求。

"走出去"锋芒小试大获成功。2007年4月,联合国教科文组织总部举行"巴黎路中国非物质文化遗产艺术节",十里红妆博物馆的"万工轿"等80多件代表作应邀参展。面对中国明清结婚时新娘乘坐的用雕刻、堆塑、描金、勾漆、填彩等民间工艺特制而成的"万工轿",法国观众惊叹不已。

实物的展示难以承载更多的文化内涵。十里红妆需要挖掘提升。2008年,由宁波市委、浙江省文联、浙江省舞蹈家协会组织创作,以展现江南婚嫁习俗盛大场面和江南女子爱情故事为内容的大型舞剧《十里红妆路女儿梦》被搬上舞台,2009年还到北京国家大剧院上演。

接着,电影《十里红妆》摄制完成与观众见面。

2008年,十里红妆被列入国务院公布的第二批国家级非物质文化遗产名录。

"理论是文物的灵魂,没有理论,文物是死的。"何晓道说。

在发掘、抢救、保护、研究的基础上,何晓道开始赋予文物以灵魂——他已先后完成并出版了《江南明清门窗格子》《江南民间椅子》《十里红妆女儿梦》《红妆》《十里红妆》5部书。这些独具视角的专著在行业内引起较大反响,得到国内有关专家的重视和赞赏。

2006年,何晓道入选浙江省"五个一批"人才工程。

目前,十里红妆已不仅是一种文化习俗,而且开始形成产业,何晓道创办的十里红妆婚庆公司为当地的时尚青年提供传统结婚仪式,承载着传统婚俗的十里红妆旅游产品不断开发出来。十里红妆已成为宁海的一张金名片,越来越受到各方的重视。

"传统文化的保护传承与弘扬,必须有政府的有效管理。"县委宣传部一位领导对记者说。"文化是一个民族的灵魂,是一个地方最具核心竞争力的无形资产。"记者在采访时了解到,宁海在对传统文化的保护中同时强调有民俗学者的参与,建立了一套健全有效的机制。有一位热衷传统文化保护的市民对记者说,"宁海十里红妆的抢救、发掘、保护源于县委县政府的文化自觉和文化责任感,没有县里和民间力量的共同努力,十里红妆民俗文化可能早已湮灭了。"

案例2

世界文化遗产最需要警惕的几种破坏[①]

2010年3月16日,建成于1882年、对巴干达族人具有重要文化和宗教意义的卡苏比王陵发生火灾,王陵内的主建筑物几近被大火烧毁。卡苏比王陵位于乌干达首都坎帕拉市市郊,主要由树木、稻草、芦杆、篱笆条等材料建成,一旦失火,损失必然十分惨重。与此类似,许多在历史长河中占据重要地位的文化遗产也是十分脆弱的,自然灾害的侵袭、人类现代化进程所带来的压力等都可能给它们带来不可逆转的破坏。了解和警惕这些可能出现的"杀手",才能更好地呵护珍贵的历史文化遗产。

最无情的破坏:地震、海啸等天灾

强烈的地震及海啸等自然灾害具有难以预见、不可抗拒的特点,往往会带来毁灭性的后果,是自然和人文景观最可怕的敌人之一。海地南部的雅克梅勒曾于2004年被列入海地官方的文化遗产预备名单,并申请加入联合国教科文组织的《世界文化遗产名录》。2010年1月的海地地震使雅克梅勒市许多建于17世纪末的建筑坍塌,而位于海地北部、包括一个皇家宫殿遗址和一个堪称西半球最大城堡的国家历史公园等历史遗迹也遭到了一定程度的破坏。发生在2004年年底的印度洋海啸,也使得印度南部被列入世界文化遗产名录的海岸寺院遗迹群遭

---

① 陈璐. 世界文化遗产最需要警惕的几种破坏[N]. 中国文化报,2010-03-23.

到严重毁坏。

此外还有一种天灾值得一提,那就是雷电。位于日本京都的醍醐寺2008年8月曾发生火灾,寺中的观音堂——"准胝堂"以及与其相邻的一个建筑被全部烧毁。据调查,火灾由雷击所致。醍醐寺是日本佛教真言宗醍醐派的总寺,作为"古都京都的文物"被列为世界文化遗产,寺中许多建筑物也被指定为日本的"国宝",珍贵遗迹遭此劫难令不少人扼腕叹息。这些天灾确实非人力所能控制,但人们在它们面前仍然不是无能为力的。譬如:对于印度海岸寺院所受的损失,管理遗迹群的印度考古局的官员表示可以加固其东侧那道抵御海水侵蚀的堤坝,防止以后海啸来袭;日本有关专业人士也建议进一步完善醍醐寺的避雷措施。

最难预防的破坏:日积月累的自然侵蚀

比起地震和海啸的瞬间摧毁,一些缓慢的自然侵蚀显得不那么惹人注意,但是"千里之堤,毁于蚁穴",如果不能及时发现并设法制止,日积月累就会对文化遗产造成莫大的伤害。柬埔寨古建筑群吴哥窟是世界文化遗产,有"人间瑰宝"之称。为了保留原貌,遗产保护学家有意保留了吴哥窟周围四处横溢斜出的老树。但天长日久,许多树根穿透建筑石块,加速了窟身的分崩离析。除此之外,树根和石头之间的空洞是白蚁的天堂,这些长翅膀的破坏者已经在2002年蛀倒了有名的塔蓬庙屋顶,这让吴哥窟的管理者很是头疼。

印度知名古迹泰姬陵是伊斯兰教建筑中的代表作,但2007年的一份评估报告显示,空气污染给泰姬陵这座著名的白色大理石建筑披上了一层灰黄的"外衣",严重破坏了其美感。报告认为,泰姬陵由白变黄,主要是因为空气里长期存在的大量悬浮颗粒所致。一直以来,印度当局为保护泰姬陵也算不遗余力,古迹变黄虽然不能怪在他们头上,但是归根结底,人类对自然环境的破坏还是难辞其咎。

最不能容忍的破坏:人为损毁

如果说自然的破坏令人深感痛心,那么人为的刻意损毁则让人感到愤怒。那些为了私人利益去盗窃、破坏历史遗产的行径,实在为人不齿。中国、埃及、俄罗斯等文物大国都面临着文物失窃的问题。据俄罗斯内务部最新统计,2009年俄登记在案的艺术品和文物盗窃案超过1100起,涉案总金额约7200万卢布。2008年,英国著名旅游景点——史前"巨石阵"也遭破坏。破坏者是两名男子,他们用锤子和改锥等工具从巨石上凿下一块硬币大小的石块,还在巨石上留下了一道长约6.4厘米的刮痕。"巨石阵"遗址位于英国威尔特郡索尔兹伯里平原上,年代可追溯至公元前2600年左右,是目前全球保存最完好的史前遗址之一和世界文化遗产。据调查,破坏者可能是要把石块盗走作为旅游纪念品。

伯罗奔尼撒半岛有两处世界文化遗产——奥林匹亚遗址和公元前5世纪的埃皮达夫罗斯剧场。2007年希腊南部伯罗奔尼撒半岛的火灾对希腊部分世界文化遗产造成了不小的威胁。但据分析,除了高温、干旱、大风等因素,人为纵火也是主要原因之一。由于希腊法律规定任何人不能砍伐林地改建其他项目,因此很可能是有人蓄意纵火以避开法律的约束。

2009年,智利海港城市瓦尔帕莱索因天然气泄露发生爆炸,被列为世界文化遗产的两幢古建筑遭到损毁。人类在享受社会进步所带来的便捷的同时,也不得不承受与之而来的危害。

最不该出现的破坏:战争摧毁

战争的炮火摧毁了那些著名的景观,但战争对于历史文化遗产的破坏是最不该出现的,因为战争是每个爱好和平的人都不想看到的。

2001年,塔利班不顾世界舆论的强烈谴责,执意炸毁了建于公元5世纪的阿富汗巴米扬大佛,种族清洗运动由此达到顶点。2008年俄罗斯和格鲁吉亚发生军事冲突不久,他们就互相指控对方在战争中对对方历史和文化遗址的破坏行为。格鲁吉亚发表了一份长达26页的详细报告,报告表明俄罗斯在当年8月的空袭中摧毁了格鲁吉亚数十座历史悠久的教堂、修道院和博物馆。与此同时,俄罗斯也声称格鲁吉亚军队破坏了俄罗斯11处文化和历史遗址,其中包括18世纪的圣母教堂、一座犹太教堂和历史保留区的一些建筑。

最貌似无辜的破坏:旅游开发

对旅游资源的开发说起来无可厚非,但如果在开发的同时不注意保护,就会给那些历史遗迹、人文景观本身及周遭环境造成损害。首先,大量游客毫无节制地涌入,会给古迹增加难以承受的压力。前些年,吴哥窟的旅游开发状况一度为人们所担忧。古吴哥文明的重要遗迹金巴坎神殿是遭受损坏最严重的遗迹之一,每天傍晚至少有3000人爬上其窄窄的石阶,抢占观看吴哥城日落的好位置,甚至任意搬弄散落其间的石雕。其次,过度开发会让整个生态系统变得紊乱。著名的巴戎神庙因周遭的观光建筑业者过量抽取地下水,神庙主体已经开始下陷;好莱坞在吴哥窟拍摄影片《古墓丽影》时也曾给石窟留下了难以抹去的弹孔疤痕。

 案例思考题

1.宁海县非物质文化遗产保护方面有哪些具体的手段与方法?

2.宁海县的经验对于我国其他地区非物质文化遗产的保护有哪些借鉴意义?

3.通过案例2的介绍,试说明什么原因导致世界文化遗产被破坏?

4.结合案例2,想想我国在世界文化遗产的保护中存在什么问题,我们应该如何保护世界文化遗产?

第十一章 文化资源管理

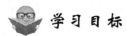

1. 掌握文化资源管理的概念和文化资源管理的作用;
2. 掌握分权化与一臂间隔式的管理模式;
3. 了解我国文化资源管理的管理机制;
4. 了解我国文化资源管理的体制改革。

文化资源具有分散性、流失性与变动性等特点,因此,对文化资源实施有效管理不仅是十分必要的,也是非常迫切的。

第一节 文化资源管理概述

一、文化资源管理的概念

文化资源管理(cultural resource management,CRM)是针对任何的文化相关产业的管理,例如艺术或文化资产。依据国际产业文化资产保存委员会定义,文化资产指的是历史的、技艺的、社会的、建筑的或科学价值的文化遗产。文化资源管理的不只有传统文物与古代人类遗产,也包括当代的、创新的科技与文化资产;然而对多数人而言,文化资源管理的主要范畴仍然是历史学家、人类学家或考古学家对于历史建筑、环境或人类遗址的管理工作。

文化资源包含了有形的与无形的人类遗产,负责管理的单位包含了各阶层的文化相关单位,例如地方文化局、博物馆、艺文中心、中央文化主管机关等。当然管理的内容也从地方的小众事业(例如族群风俗传统、宗教信仰)到跨越种族与文化的合作(例如语言、教育)。最具体的例子是联合国世界文化遗产组织对于遗产的分类、记录、管理并修复与活化再生。

一般公认"文化资源管理"的理念是在20世纪70年代成型的。20世纪60年代出现的能源和生态危机使西方社会意识到,人类活动已经造成和正在加剧生态环境的恶化以及自然资源和文化遗产的日益枯竭,严重威胁到人类自身的生存和发展,必须加大力度拯救生存环境和保护人类生存所必需的资源。而地下的文化遗存被看做是和石油及煤炭等能源一样不可再生的资源,必须为未来而加以妥善的保护和合理的利用。到20世纪80年代,以保护和管理为宗旨的"文化资源管理"已成为文物考古工作的指导方针。

以立法的形式将"文化资源管理"定为文物考古工作的最高理念,经历了一个漫长的历史过程,并非一蹴而就。这个过程不但体现了对人与自然关系认识的逐步深化,而且反映了人类通过强化立法机制来规范社会和个人行为,以达到实施保护目的的不懈努力。

很显然,这里文化资源管理和本课程所讲的文化资源管理还是有差别的,对于本课程而言,由于文化资源采用的是文化产业意义上的文化资源,因而本书所讲的文化资源管理远比上述"文化资源管理"的外延要大得多,包括了对图书出版、音像制品、艺术收藏、影视传媒、演出娱乐、设计服务、场馆教育以及旅游参观等文化资源所进行的规划、组织、开发和保护活动。

二、文化资源管理的作用

文化资源具有所有权非私有的特点,因为历史上的很多文化创造都是一种社会性的群体创造活动,尤其是文化资源中的历史文化遗产,更具有这一特点。因此,文化资源在很大程度上属于全社会所有的一种资源,属于一种公共资源,正因为如此,对文化资源如何实施有效管理,就成为一个十分重要的问题。其作用主要表现为:

(一)有助于建立科学有效的管理体系保护文化遗产

从国际经验来看,文化遗产是一个国家非常稀缺的一种资源,如何加以有效保护,这涉及文化资源管理问题,很多国家在这方面都形成了较为严密的国家文化遗产管理体系,进行有针对性的管理。

例如,以黄石国家公园等为代表的美国国家公园体系,是世界上对文化遗产实施有效管理的突出代表,这个管理体系组织完备、结构严密,符合对文化遗产管理的体系化要求。

(二)可以防止文化资源的流失与破坏

进行文化资源管理,可以防止文化资源的流失与破坏,维护文化资源的完整性。例如,为了更好地加强对我国文化遗产资源的有效管理,2006年3月,国务院下发了《关于加强文化遗产保护的通知》的政府文件,并决定从2006年起,每年6月的第二个星期六为我国的"文化遗产日"。该通知同时提出了我国"十一五"期间文化遗产保护的总体目标规划,即到2010年,我国初步建立比较完备的文化遗产保护制度,文化遗产保护状况得到明显改善;到2015年,基本形成较为完善的文化遗产保护体系,具有历史、文化和科学价值的文化遗产得到全面有效保护;保护文化遗产深入人心,成为全社会的行动。另外,国家文物局也为了进一步规范对文物的保护,避免在保护中出现一些技术失误而造成的"保护性破坏",在"十一五"期间开始实施全国文物保护技术标准体系建设,启动文物保护的技术标准化工程,建立科学合理、先进适用、适应文物保护事业发展的标准体系,并最终实现文物保护、研究、利用、管理等方面的质量与安全的技术控制。

(三)可以防止文化资源滥用和庸俗化倾向

文化资源是人类文明的结晶,它凝聚着人类的智慧、记录着人类的历史,具有很高的开发利用价值。因此,世界各国都非常重视对本国文化资源的开发利用,它不仅可以有效地促进社会经济发展,而且还可以弘扬本国文化,激发人们的爱国热情,丰富人们的精神文化享受。越是历史文化悠久的国家,文化资源就越丰富,也就越重视对文化资源的开发利用。文化资源的开发利用与文化资源管理是同等重要的,对文化资源的有效管理可以更好地促进文化资源的开发利用,也更有利于整合文化资源,使文化资源的价值更能被世人所了解。

我国是一个文化资源十分丰富的国家,很多文化资源属于世界上珍贵的文化遗产。但在缺少政府有效管理的情况下,各地难免会出现各自为政的情况,出现为了地方的局部利益而损害国家整体利益的做法,最突出的是各地对文化资源的过度开发,或是缺乏有效管理,不惜人为地弄虚作假,制造大量的"世界遗产""伪文化资源""假民俗"等。这些毫无历史价值的"伪文化"资源的开发,不但破坏了文化的真实性内涵,也败坏了文化遗产的名声,从根本上讲,这是对文化资源缺乏有效管理导致的混乱现象。由此可见,加强文化资源管理,对规范人们的行为,切实保护具有历史文化价值的文化资源具有重要意义。

(四)为文化资源产业化转化提供了制度保障

从产业层面上来说,文化资源都具有形成产业的条件和优势,文化资源本身不是一种产业的形态,但它经过一定的开发,可以转化为产业形态的东西。产业属性最直接的呈现方式是文化产品,它是直接适应市场需要而生产出来的,这里离不开政府文化资源管理所发挥的独特作用。这个作用主要体现在两个方面:

一是可以确保文化资源转化为文化产业过程中政府作用的发挥,包括政策法规、市场环境、文化服务、制度建设等。从文化资源到文化产业,从内部来讲,是市场对资源进行配置的结果,但从外部来看,又与政府的职能作用密切相关,它是文化产业发展应具备的环境因素。二是文化资源变为文化产业,成为一种产业形态,除了离不开市场的作用外,也离不开政府的监管。

政府监管是一种行政作用的发挥,即使是在西方国家也是不可缺少的,文化产业更是如此。这是因为,从产业的角度来说,文化资源的开发利用更多的是从市场需要考虑的,如果缺少有效的政府行政监督和管理,在文化资源的开发中就有可能过分迎合市场需要而忽略了文化资源保护的要求。在这方面,每个国家之所以根据自己的国情制定出符合本国需要的文化战略,以及相应的文化政策法规,其目的就是为了更好地保护本国的文化资源,使文化资源得到更合理的开发利用。

第二节 文化资源管理的方法

文化资源承载着一个国家或民族特有的历史文化传统,它包含着人类特定价值观念、道德观念、审美观念等精神内核,因此,文化资源具有鲜明的意识形态属性以及国家和民族的色彩。正因为如此,对文化资源的管理就与意识形态的管理有密切关系。就文化管理而言,越是对意识形态强调的国家,就越重视对文化的直接管理,它往往是通过政府的行政作用来加强对文化的管理和控制。而越是在意识形态方面淡薄的国家,越是不主张由政府直接出面进行文化管理,而是采取政府间接管理的模式,这往往与其经济上的自由主义原则相一致,认为政府主要是充当制定规则的人,而不是一个管理者。这种管理强调小政府大社会,政府要充分放权,让社会机构来行使具体的管理职权,而不是由政府来包办代替。但对于这种管理并不能误认为就是政府放任不管,而实际上是一种间接管理,它往往是政府把管理权限赋予其他管理机构,政府只管一些宏观层面的事务,不管具体的事务。这种管理理念已成为西方国家较为普遍的一种文化管理模式。如西方国家盛行的"一臂间隔"的原则,就是这种文化管理模式的体现。

一、"分权化"与"一臂间隔"管理模式

"分权化"一词的英文是 decent ralization。在发达国家文化政策的语境下,这个词并不具有改变国家体制的意思。比如英国是在政治体制上属于"中央集权体制"(centralized system),但它同时是文化管理"分权化"观念的倡导者。而德国在政治体制上是联邦体制

(federal system),但它在文化管理上依然倾向于一种"集权化"管理。只有在那些前苏联东欧地区,它们在文化管理上对"分权化"原则的接受与其政治体制上的"去集权化"进程是一致的,这些国家包括保加利亚、爱沙尼亚、克罗地亚、匈牙利、拉脱维亚、立陶宛、斯洛文尼亚、摩尔多瓦等国。

在文化政策的通行术语中,"分权化"文化管理观念通常被形象地表述为"一臂间隔"(arm's length)原则。所谓"一臂间隔"原指人在队列中与其前后左右的伙伴保持相同距离。该原则最先用在经济领域,针对的是一些具有隶属关系的经济组织,如母公司与子公司、厂商和经销商等。根据这个原则,这些组织在策划和实施各自的营销规划、处理利益纠纷乃至纳税义务上都具有平等的法律地位,一方不能取代或支配另一方。

"一臂间隔"原则被挪用到文化政策上具有两种主要含义。它多是指国家对文化拨款的间接管理模式,但这种管理模式同时要求国家对文化采取一种分权式的行政管理体制。从对文化的集中管理到分权管理,这是"一臂间隔"原则的基本要义。

《芬兰文化政策》指出,"一臂间隔"原则具有"垂直"和"水平"的两种分权向度。所谓"垂直分权"涉及中央政府与其所属行政部门和各级地方政府的纵向分权关系:一方面,中央政府将文化政策制定和实施的主要权力以及部分文化拨款的责任交给其所属的文化相关部门(如芬兰的文化和教育部,英国的文化、新闻和体育部,澳大利亚的艺术和通讯部等);另一方面,它还要求各级地方政府行使相应的权力或承担相关的责任。譬如,英国20世纪90年代中央政府对文化领域的年平均预算为10亿英镑,而同期英格兰、苏格兰、威尔士和北爱尔兰这四个大行政区对文化的年资助额超过了10亿英镑。在芬兰2000年的公共预算中,中央政府对广义文化产业的财政支持占支出总额的58.6%,地方政府文化财政支出占41.4%。而从对狭义艺术生产的资助来说,中央政府和地方政府各占一半。澳大利亚、日本的情况也大体如此。

"水平分权"是指各级政府与文化方面的非政府公共组织(non-department public bodies)的横向分权关系。这类组织是介乎政府与具体文化单位之间的一级中介机构。它有两个基本特性:其一,这类组织通常接受政府委托,为政府提供文化政策咨询,甚至向政府提供文化政策设计,并策划具体的文化政策实施方案;同时,它还负责把政府的部分文化拨款落实到具体文化单位。就此而言,它是代理政府具体管理文化的准政府组织。其二,这类组织往往由艺术方面和文化产业方面的中立专家组成,它虽然接受政府委托,但却独立履行其职能,从而尽可能使文化发展保持自身连续性,避免过多受到政府行政干预,受到各种党派纷争的影响。因此,它具有非政府、超党派的含义。与不同级别的政府相对应的非政府组织之间通常不具有隶属关系。

2003年的《芬兰文化政策》自称芬兰"是'一臂间隔'原则的最早实践者",这是不确切的。2000年成立的"国际艺术理事会和文化机构联盟"(IFACCA)在2002年5月公布的文件中指出:"成立于1945年的大不列颠艺术理事会是全球第一个体现一臂间隔原则的中介组织。"

英国率先设立国家艺术理事会有其历史原因。作为老牌自由市场经济国家,它在20世纪30年代以前对文化艺术基本上放任不管。中央政府既无相关管理部门,也无相应政策。在这期间,民间出现了许多维护行业利益的组织,如英国皇家合唱协会(1871年)、英国出版商协会(1896年)、英国版权协会(1921年)、英国民间歌舞协会(1932年)和英国全国音乐协会联合会(1935年)等。二次大战前夕,由于意识到文化对国民精神的鼓舞作用,英国政府开始考虑把文化管理纳入国家的管理体制。不过,它不愿像其他具有古老帝国传统的法国、德国和俄国那样对文化采取"一竿子插到底"的国家庇护管理模式,因此便致力于创造一种既能强有力地推动文化,又可以防范国家、党派对文化的直接干预的"不能不管,也不能多管"的模式。1939年,经议会批准和皇家特许,英国建立了英国音乐艺术促进委员会和国家娱乐服务联合会这两个半官方文化管理机构。1945年6月,英国音乐艺术促进委员会转变为大不列颠艺术理事会,成为实现政府文化政策的重要机构。随着不断改造,英国逐渐形成了三级文化管理体制:

①政府:包括中央政府和地方政府及所属文化行政管理部门;

②与各级政府对应的、作为准自治非政府公共组织的艺术理事会;

③各种行业性的文化联合组织,如电影协会、旅游委员会、广播标准理事会、体育理事会和博物馆/美术馆委员会等38个机构。

英国艺术理事会由各文化行业内的专家组成,理事会成员由政府任命,任职后获得独立的法律地位。艺术理事会的任务包括:

①向政府提供文化政策建议咨询。当政策通过立法程序以后,他们还要制定各种实施方案。值得说明的是,英国注重调动专家资源参与决策过程。除艺术理事会外,还有8个非政府政策咨询机构。

②对艺术成果进行"同行评议"(peer evaluation),对艺术创作和文化发展状况进行专业性的常规评估。

③依据专业评估,部分代理政府对文化优先项目的财政拨款。同时,对拨款效果进行监督和评估。如果被扶持文化单位的状况不能得到改善,艺术理事会将给出18个月的警告期,以决定是否取消扶持。

随着时间的发展,英国艺术理事会在文化政策咨询方面的作用得到进一步加强,前面提到的英国在1993年出台的第一个官方文化政策文件就是它的手笔。

体现着"分权化"内涵的"一臂间隔"原则得到了发达国家的广泛接受。"国际艺术理事会和文化机构联盟"的文件指出:"目前在世界各地,无论穷国还是富国,也不论英语国家还是非英语国家,都普遍建立了对文化艺术进行资助的准政府国家机构。"这项制度得到了联合国教科文组织的大力支持。相关的国际会议进行了多次,相关国际组织也发展起来。在发达国家的文化政策中,加拿大、澳大利亚、英国、奥地利、比利时、芬兰、瑞典、瑞士等国明确声称采用这一文化管理原则。比如,1993年出台的澳大利亚文化政策《创造性的国家》指出:"澳大利亚理事会是这个国家最重要的文化资源之一。在它成立的21年中,艺术活动和文化产业有了长足发展,一般来说,这是对联邦政策的成功证明,具体而言,则是对澳大利亚理事会的成就的证明。澳大利亚理事会需要把越来越多的资源用于发展视听众、与广播技术领域建立各种联系、开拓市场、鼓励赞助商和拓展对外出口等领域。"为鼓励对文化产业开发,澳大利亚理事会专门设立"主要文化组织董事会",董事会成员来自那些对国家具有重要意义的、经营状况较好的文化企业。其任务是监督和处理重要文化企业的财政状况,以避免它们沦落到向政府寻求援助的地步。

然而德国和法国对"一臂间隔"的原则抱消极态度。《德国文化政策》表明,该国对文化的管理权主要还集中在各级政府及其所属行政部门。艺术理事会则是表达、协调各具体文化单位或行业协会利益的论坛性机构。例如,德国文化体制主要是由政府机构与以自我管理权为基础的具体文化组织这两级组成。1998年,联邦政府扩大了自己对文化事务的管理权限,建立了自己的文化事务和媒体专门委员会,联邦文化基金会也由政府直接管理。同时联邦议会

也建立了自己的文化事务委员会。然而,艺术理事会的中介性作用并不明显,仅限于对职业艺术家组织的保护和扶持,提供一些专业咨询意见。2002年《德国文化政策》指出:"一般来说,在联邦政府和非政府活动者组成的多样化组织之间尚没有形成有组织的文化活动合作和协调机制。"在这个文化政策中,对艺术理事会的功能没有任何专门讨论,这与前面提到的澳大利亚文化政策形成鲜明对照。在这个背景下,如何在文化管理体制上有效贯彻分权原则、削减政府对文化发展的直接义务和管理责任,动员各种社会资源发展文化,成为德国国内正在争论的问题。

除德国外,法国文化体制中根本没有给"一臂间隔"性质的艺术理事会留下一席之地。《法国文化政策》开宗明义指出:"法国文化政策的历史可上溯到16世纪的皇室庇护传统,从那时直到今天,法国文化政策一直具有这种皇室扶持特征:即提高文化知识和文化艺术,逐步完善国家文化行政管理结构和文化预算。"在这个文化政策的"组织机构"部分,对艺术理事会没有任何描述,这在当代发达国家的文化政策文件中是十分独特的。

"一臂间隔"的管理模式在自由经济体制下有效调动了社会资源参与文化管理,有助于文化投融资的多元化,减轻了政府的负担,但是,就文化资源管理而言,它比较适合产业层面文化资源的管理,因为产业层面的文化资源与文化经营活动密切相关,而它主要是受到市场因素的影响。所以,这种管理必然要考虑如何适应市场经济对文化资源管理的要求,使文化资源管理与市场经济要求相互配合、相互促进。相反,对于公益性文化资源管理来说,由于它的非经营属性,因而这种管理应由政府来执行比较合适,这有助于把它当做一项公益事业来对待,而不是从商业的角度考虑问题。这更有益于社会发展对文化建设的要求,无论是西方资本主义国家还是其他国家,坚持政府对公共文化事业的管理都是非常重要的,这更有利于文化资源的保护与开发利用,使文化资源免遭破坏。

二、文化资源管理方法

从政府对文化资源的管理来说,结合当今世界各国普遍的经验与做法,文化资源管理的方法主要可分为垂直管理、分散管理、交叉管理、公众参与等不同形式,这些不同的管理方法都要通过政府作用的发挥来实现。

(一)垂直管理

垂直管理应是政府对文化资源的集中管理,它是一种直接管理的模式,政府对文化资源加以集中管理,其目的是便于掌握文化资源的总体分布状况,制定文化资源保护与开发利用的长远规划和战略目标,并加以具体实施,减少管理上的麻烦。世界上有不少国家都采用这种管理方法,它体现为对国有资源的一种有效控制,因为文化资源属于国家的公共资源,理应由国家出面进行管理,行使国家对文化资源的管理职能。

在我国,文化资源管理体现了与国情相适应的特点,也实行垂直管理,形成了从中央到地方自上而下的管理体系,这种管理体系有利于政令的上传下达、上下配合、各负其责,有利于形成严密的管理体制,其缺点是管理层次和环节较多,影响管理效率的提高。

(二)分散管理

分散管理属于一种平行式管理,它采用非集中的分散的方式进行管理。这种管理一般是由若干个部门牵头分别进行管理,在管理上目标明确,具有针对性,也容易调动各部门的积极性与主动性，充分发挥它们的作用。

分散管理与集中管理的异同为：分散管理与集中管理有一定的联系，集中管理同样涉及很多不同的部门，但这些部门一般具有隶属关系，而分散管理涉及的部门不一定具有隶属关系。集中管理能够很好地对遗产资源实施有效管理，有利于遗产资源的保护。集中力量开展相关的研究活动。政府资金流向较为集中，容易发挥资金的积极作用。但不利的是，它在向公众宣传遗产资源的价值方面表现得不够积极主动，缺乏应有的热情，并且不能解决对遗产资源可持续性保护和开发所需的资金问题。相反，分散管理则比较容易解决遗产资源可持续性保护和开发的资金问题，同时各级管理部门也有很高的积极性与主动性来向公众宣传遗产资源的价值，并且利用市场的规则收取合理的费用（如景区门票等）用于遗产的保护工作。但分散管理也有明显的不足，一般来说它没有很强的动力来保护遗产资源的长期价值和对遗产进行深入的研究。

(三)交叉管理

交叉管理主要指的是管理部门之间在工作上有相互交叉关系，形成一种相互补充、相互配合、彼此协作的密切关系，构成了一个分工合作的管理网络，其工作流程具有交叉性与互补性。上面说到的垂直管理（集中的）和分散管理（非集中的）事实上都涉及交叉管理，它属于管理上的既有分工又有合作的关系。但管理上过于强调交叉，也会对管理带来不利。

由于种种原因，我国在文化管理上的交叉性比较突出，因为管理部门多、管理层次多，于是很多部门的管理存在着交叉重合，这给管理带来很多不必要的繁琐环节，也无形中增加了管理成本。我国涉及文化资源管理有多个行政部门，如文化部、国家文物局、国家新闻出版广电总局、国土资源部、工信部、住建部等，这些部门都与文化资源管理有关，在管理的权限和职能范围上存在着交叉与重叠，其优点是各部门齐抓共管，缺点是管理层次过多，没有一个主管部门来统管这项工作，造成责任不清、任务不明、出了事容易出现互相推诿的现象。这就需要政府各部门之间加强协作与配合。

(四)公众参与

公众参与是现代社会实施管理的一种有效形式，一个有效的社会应注重去调动公众对社会公共事务管理的积极性与多方参与的意识，让全社会都来关注公共事务的管理，它是对政府管理和部门行业管理的一种重要补充。对文化资源管理而言，公众参与属于社会化管理的一种形式，有了广大公众的积极参与，可以有效提高人们对保护文化资源意义的认识程度，在全社会营造一个关注文化资源、保护文化资源的良好社会氛围，这样也就使得管理更能富有成效，也极大地降低了政府在文化资源管理方面的成本。

第三节 文化资源管理机制

与自然资源的管理一样，我国文化资源管理也是从政府完全控制开始的。只是在经济的改革开放中，对自然资源的配置已逐步过渡到以市场为主导的体制，因为文化资源的特殊性，其管理体制仍保持了原有的模式，其体制改革还在探索之中。遗产的挖掘与保护难免出现由于保护不力和挖掘过度造成的自然文化遗产破坏。造成自然文化遗产保护与挖掘失衡的原因固然还有许多，不过，理顺自然文化遗产的管理体制则是关键所在。

一、文化资源的管理体制

改革开放以来,我国相继出台了《风景名胜区管理暂行条例》《中华人民共和国自然保护区管理条例》《森林公园管理办法》等一系列行政法规,显示了中国政府顺应世界历史潮流,珍视国家历史文化资源,在国民经济尚不发达之时,加强保护历史文化资源的决心,充分体现出国家决策层的远见卓识。这些法规有些虽还未成为正式法律,但在推动我国文化资源和国家保护系统的制度建设方面发挥了重要的作用。

(一)宏观管理体制

根据《风景名胜区管理暂行条例》的第四条的规定,城乡建设环境保护部(今国家建设部)主管全国风景名胜区工作,地方各级人民政府主管本地区的风景名胜区工作。这一规定明确了中国风景名胜区与国家建设部的隶属关系。按照我国的制度设计,行业部门只是行使行业管理和技术指导的职能,不具备行政职能,行政职能归地方政府行使。实际上,景区的管理工作,早在改革开放初期就下放给地方政府了。但事实上,在现行风景名胜区管理体制中,由于法律法规的含混或缺位,造成国家对于景区的管理工作仅仅具有"指导"意义,相对于地方政府的行政管理(主要通过景区领导人的任命权)显得十分软弱,以至于相当多的景区管理工作首先要服从于地方政府拉动地方经济的"大局",而不是以保护好国家的自然文化遗产资源为首要任务。

(二)微观管理体制

《风景名胜区管理暂行条例》的第五条和第六条的规定,"风景名胜区依法设立人民政府,全面负责风景名胜区的保护、利用、规划和建设。风景名胜区没有设立人民政府的,应当设立管理机构,在所属人民政府领导下,主持风景名胜区的管理工作。"名义上,行政法规赋予国家风景名胜区管理机构以统一管理的最高权力,实际上,对于管理工作最根本的管理机构负责人的任免、监督以及管理经费来源、使用、监督等问题行政法规均未涉及。

二、文化资源管理体制改革

从根本上讲,在现有的文化资源管理体制安排下,利用与保护这两个目标之间存在着内在的、难以调和的矛盾,而这种矛盾又是我国经济发展特征的一种现实反映。因此,深入研究保护危机产生的深层次的体制根源,进而找出现实的解决办法是非常具有理论和现实意义的。

从目前看,文化资源管理体制改革面临着行政和企业的双重管理体制、政企不分、职责不明、所有权和经营权不清晰等问题。由于存在种种的体制问题,特别是目前存在的缺乏保护的问题,管理体制的改革势在必行。

文化资源管理体制改革因为要涉及主管部门的利益,是一敏感的问题,要逐一地解决,完全解决还需要一个过程。在近期内,恐怕管理体制改革只能在多重管理上做文章。可以考虑取消地方政府对自然文化资源管理的直接控制,使经营单位变成一个具有相当级别(比如县级)的行政单位,或者说让经营单位变成一个政府,具有独立的财权、事权以及其他政府职能。这样做实际上是将放权作为一种承诺的工具,使管理单位摆脱地方政府出于地方利益的行政控制。当然,这样做并没有从根本上解决资源保护的激励问题,但是从避免多重控制的角度讲,它会在一定程度上改善资源保护的激励。

文化资源管理机制指的是各种不同管理功能的综合发挥和协同作用,每一种管理都不可能是单方面的,它与其他管理形式是并存的,共同行使管理的职能。不同管理形式之间的相互配合与相互作用,就使得管理的综合功能得以充分发挥,形成一种有序的管理机制。就文化资源管理而言,管理机制可以分为以下几个方面:

(一)政府管理

政府管理是文化资源管理的主导因素,包括代表国家的中央政府的管理和代表地方的地方政府的管理。政府管理是文化资源管理的主导因素,这是因为,文化资源属于一种社会化的公共资源,这方面的管理主要应由政府来承担。政府应把对文化资源的管理当做一项长期不懈的工作来抓,并投入大量的人力、物力和资金,同时成立专门的管理机构、制定有关的政策法规。总而言之,政府应该通过建立一种长效机制对文化资源实施有效管理。政府在这方面的作用是不可替代的,因为政府管理文化资源往往是从国家层面来考虑问题的,其出发点是以国家利益为原则去看待文化资源的意义,它有利于文化资源管理的持续性与稳定性,有效避免了短期行为和商业动机,这从根本上来说更有利于文化资源的保护与持续利用。

政府来管理文化资源是世界上一种较普遍的形式。美国早在一百年以前就开始逐渐形成的国家公园管理体系,就属于一种政府对文化资源的管理模式。这种管理模式在许多西方国家比较普遍,这证明它是一种非常有效的对国家公园及遗产资源的管理方式。

(二)社团管理

社团管理主要是指一些行业组织所发挥的管理作用,这些行业组织大都是些行业协会和群众机构,是民间自发组织起来的一种社团,对行业中的公共事务通常能起到维护作用,如国际上的绿色和平组织,我国的"自然之友""登山者协会""动物保护协会"等。

社团由于是一种自发性的组织,是一些志同道合者为了某个共同目标、共同爱好、共同兴趣与探究需要,或是某种共同利益与愿望而形成的行业组织。它完全是自愿的,所以,社团管理往往是松散的,并不像政府管理那样带有强制性,但它对本行业内的事务往往比较了解和熟悉,有专业背景,因而在行业内有一定的发言权,它对行业内公共事务能起到维护作用,这种维护作用甚至比政府的强制性管理还有作用。社团管理有时候成为政府行政管理的有利支持,起到对政府管理的维护作用;而有时候又形成对政府管理的一种反叛力量,起到对公共事务的纠偏作用,这对促进政府行政管理的合法性与有效性是非常重要的。

(三)民间管理

民间管理是属于民间自发的一种管理,它对民间文化资源能起到管理和维护作用。民间孕育着丰富多彩的文化资源,是民俗文化的重要来源,很多民俗文化资源都在民间存在,如歌舞、戏曲、民间工艺、建筑、绘画、雕刻、风俗习惯、节日、宗教信仰、民间故事、传说等。这些文化资源都分散在民间,成为人们日常生活中最常见的东西,是最具有代表性的大众文化的表现形式。对这些文化资源的管理除了各级政府的管理外,更重要的是要发挥民间管理的职能。民间管理是民众自我管理的一种机制,它是根据现实需要来进行自我管理的,不像政府管理那样系统严密,依赖于规章制度和条文,而是由公众参与的一种管理。民间管理大部分属于自发型的管理,不是十分严格规范,但它也具有一定程度上的管理效用,能起到对文化资源的保存、维护、发展、传承的作用,能有效地维护民间文化资源的完整性。

民间对文化资源的管理主要是依托于村落、街道、社区等基层组织,但它不是通过政府的职能来体现的,而是建立在"公众参与""社区参与"基础之上的一种自我管理和自我约束机制。在许多少数民族地区宗教信仰、习俗惯例、民间禁忌、乡规民约等传统文化观念所起的作用比起政府的政策规定等管理措施起的作用还要突出,对人们的行为更具约束性,这在客观上对文化资源和自然资源起到了有效的保护作用。

(四)部门管理

部门管理通常是指行业内的管理,它与政府管理有密切关系,因为政府管理是通过各职能部门来实现的,这种管理也属于一种归口管理。

部门管理的特点是政策性强、目标清楚、任务明确、措施到位、强调规划性,它是一种有针对性的管理。对文化资源管理来说,部门管理是一种更为直接有效的管理,它体现了管理的连续性和有序性。所谓部门,通常指的是上级主管部门和业务指导部门,这些部门都是政府根据需要设立的,部门之间的管理工作具有交叉性,在管理的具体运作中特别需要部门之间的协调与合作,这是部门管理最突出的特点。

(五)市场管理

市场管理是通过市场机制来进行管理,它是其他管理形式的重要补充。尤其是在市场经济条件下,通过市场的手段来加强对文化资源的管理,是当今各国政府普遍采用的一种做法。它可以减少管理上的行政壁垒和障碍,克服管理上的"盲区",尤其是部门管理上的官僚主义、本位主义、集团利益等,有助于文化政策的推进和落实。

市场管理是市场经济的产物,它是参照市场经济的原则来进行管理的,体现了市场经济的作用,但文化的管理与对经济的管理具有很大的不同,它不能完全照搬市场经济的一般原理,必须要考虑到文化的特殊性。经济管理可以按照市场经济的一般规律进行,市场经济的一般规律是靠市场机制来发挥作用,市场机制是"一只看不见的手",对经济活动起着调节作用,即通过市场调节供求关系的变化。而文化管理则主要是靠文化政策来发挥它的作用,文化政策不是一种自由状态下的市场属性,它是政府制定出来的一种带有规定性的东西,是"指导某一社会共同体处理文化事务的价值和原则",用它来规范文化活动,管理文化资源,促进文化发展,总之,文化政策是一种超市场的行为,是"一只看得见的手"。

市场经济是一种契约经济,它要求人们要遵守市场经济所约定的基本规则,因此,它是一种建立在完善的国家法治体系基础上的经济活动。对于文化资源管理来说,所谓市场管理不是放任不管,完全由市场属性来决定,而是要求制定出相应的文化政策与法规作为市场管理的政策依据,正确引导市场机制对文化资源进行合理配置,使文化资源发挥它最大的效用。也就是说,政府主要的职责是制定符合市场需要的文化政策与法规,而不是取代市场管理。

思考与练习题

1. 什么是文化资源管理?文化资源管理的方式有哪些?
2. 试述"一臂间隔"的管理模式。

3. 国外文化资源管理成功的经验有哪些?
4. 试述我国文化资源的管理机制。
5. 请对你所在城市文化资源管理的现状进行分析。
6. 按照你对我国文化资源的管理的了解,请叙述文化管理体制的主要弊端。
7. 请谈谈文化资源管理体制改革的趋势。

案例

案例 1

成都宽窄巷子改造的案例

宽窄巷子的前身是清朝时期驻守的八旗清兵的军营宿舍,宽巷子提供给军官居住,士兵混居在窄巷子。后来在历史的发展进程中,宽巷子慢慢发展成达官贵人居住的"高尚社区"。

城市历史街区的改造是在对历史建筑及其周围环境的保护基础上的一种开发性行为,充分开发利用城市特有的历史建筑遗存,在城市发展中营造富有独特地域感、历史感的城市空间,让历史街区在现代城市格局中充分发挥适应时代发展的作用。成都宽窄巷子历史文化片区保护45个明清院落式建筑、3条不同主题的街道,再现了老成都生活的怡然和闲适,成为成都文化旅游的崭新"名片"。成都宽窄巷的改造案例在诸多方面为国内的历史文化街区提供了有益的借鉴。

1. 项目总体规划

规划目标:使区域成为具有鲜明地域特色和浓厚历史氛围,展现老成都原真民居形态和原生特色宅院的重要历史文化保护区;成为集历史文化与现代都市文化交融的成都特色商业、文化礼仪、民风民俗、休闲、旅游于一体的多功能的城市文化会所,成为表现当代成都人价值观和生活方式的"活"的人文场景,成为成都恭迎八方来客的都市第一会客厅。

2. 历史文化街区保护

"宽窄巷子历史文化保护区"被作为成都市三大历史文化保护区之一,由宽巷子、窄巷子和井巷子三条平行排列的城市老式街道及其之间的四合院群落组成,规划控制面积479亩,其中核心保护区108亩。宽窄巷子由45个清末民初风格的四合院落、兼具艺术与文化底蕴的花园洋楼、新建的宅院式精品酒店等各具特色的建筑群落组成。不仅是老成都"千年少城"城市格局和百年原真建筑格局的最后遗存,也是北方的胡同文化和建筑风格在南方的"孤本"。宽窄巷早在20世纪80年代就被列入《成都历史文化名城保护规划》。

为做好宽窄巷子历史文化街区的保护工作,项目聘请清华大学作为保护区保护规划、建筑设计、景观设计专业机构。项目在修复设计之初,进行了详细的实地测绘工作,将宽、窄、井巷子中的每一个院子按照建筑所蕴含的历史文化与建筑价值分为了一类、二类、三类三个级别加以保护性的设计,按照"修旧如旧,落架重修"的原则,力求尽可能地保留古建筑,还原历史建筑的本来面目。为加强对项目的监督和指导,文旅集团邀请了历史、文化、艺术、建筑、考古等方面的专家、学者,成立了"宽窄巷子历史文化保护区专家委员会",指导各项保护工作。

3. 分区定位与业态布局

宽窄巷子的核心概念是"宽窄巷子,最成都",成为"成都生活标本",宽窄巷子通过准确的定位实现了宽窄巷子从原有的单一居住功能向居住(有部分原住民)、商业运营和文化价值提升的多元化、多功能转变;通过不同的商业业态赋予三条巷子不同的文化个性。

宽巷子是"闲生活"区,以旅游休闲为主题,主要针对怀旧休闲客群,是以精品酒店、私房餐饮、特色民俗餐饮、特色休闲茶馆、特色休闲酒馆、特色客栈、特色企业会所、SPA为主题的情景消费游憩区。

窄巷子是"慢生活"区,以品牌商业为主题,针对主题精品消费的目的性消费客群。该区域将打造成以各国西餐、各地品牌餐饮、轻便餐饮、精品饰品、艺术休闲、特色文化主题店为主的精致生活品位区。

井巷子是"新生活"区,以时尚年轻为主题,针对都市年轻人,是以酒吧、夜店、甜品店、婚场、小型特色零售、轻便餐饮、创意时尚为主题的时尚动感娱乐区。

为了更充分地展示宽窄巷子所蕴含的老成都生活精神,充实宽窄巷子的文化旅游内涵,其中一个院落打造成了"成都原真生活体验馆",以博物馆的形态再现老成都的生活,通过方言、小吃、礼仪等对成都原真生活断面进行复原和展示,并通过参与互动体验项目,让观众可以在这里回到老成都生活情景中,体验老成都的生活乐趣。

4. 整合营销

宽窄巷子历史文化街区的宣传工作充分运用了平面媒体、电视广播媒体、户外媒体、现场活动互动等综合平台,自开街以来,宣传工作已取得不错的成效,使成都宽窄巷有了不小的知名度。文旅集团根据震后旅游业启动的需要,紧紧围绕"宽窄巷子最成都""宽窄巷子成都生活精神家园"展开营销工作,开街当天中央电视台国际频道、四川卫视、成都电视台3和5频道、搜狐网现场直播了开街仪式;中央电视台、香港凤凰卫视、东方卫视、新华社、中新社、人民日报海外版、光明日报、21世纪经济报道、三联生活周刊、新周刊以及省市媒体等近100家媒体报道或转载了开街新闻。

5. 专业运营

为确保项目后期运营,文旅集团组建了专业的管理公司——成都文旅资产运营管理有限责任公司,引进社会专业人才,按照市场化运营模式,全面负责保护区的商业定位、招商规划、市场营销。同时,为商家提供安保、保洁工作。

为加强保护区管理,成立了青羊区副区长牵头、各职能部门参与的"宽窄巷子历史文化保护区管理委员会",强化综合执法和综合管理。

徜徉在宽窄巷,体味闲、慢、新三种不同的生活情调,感受宽窄巷已然实现了区域内多种功能、不同文化、各式业态的和谐共处,为历史文化街区改造探索出一种全新的模式。

案例2

世界上第一个国家公园的建立[①]

黄石国家公园(Yellowstone National Park)是美国的第一个国家公园,也是世界上第一个国家公园。1872年国会通过建立黄石国家公园的法律,此后,世界各国纷纷仿效,掀起一股建立国家公园的浪潮,目前美国一共有59个国家公园,全球一百多个国家建立了超过1200多

---

① 美国历史系列(65):世界上第一个国家公园的建立[EB/OL]. http://blog.sina.com.cn/s/blog_7a11525e0102vinv.html.

第十一章 文化资源管理

个国家公园。

黄石公园面积超过9000平方公里,主要部分位于怀俄明州,此外公园面积的3%位于蒙大拿州、1%位于爱达荷州。由于公园面积广大,公园内有湖泊、峡谷、河流和山脉,多种类型生态系统共存,并以丰富的野生动物种类和地热资源闻名。黄石公园有一万多个地热资源,占世界地热资源的一半,其中包括300多个间歇泉,老忠实间歇泉(Old Faithful)就是最负盛名的景点之一。

黄石公园建立之前,土著印第安人在此生活,据考古发现,11000年前此地就有人类活动的遗迹。白人探险家最早来到此地的是刘易斯与克拉克探险远征队(Lewis and Clark Expedition),1805年刘易斯与克拉克率领远征队来到蒙大拿州,当地土著部落曾告诉他们在南边有一块神奇之地,但没有引起重视。次年刘易斯与克拉克远征队中的一名成员约翰·科尔特(John Colter)离队加入当地人的捕兽行列,进入现在成为黄石公园的地区,结果发现过去从未见过的地热现象,包括沸腾的泥浆、蒸发着热气的河流以及有着硫磺颜色的岩石等,使他大为惊异。他将自己的见闻告知朋友,称当地为"火与硫磺"之地,结果被众人视为奇谈。此后近半个世纪,不断有人报告当地的地热现象,均被视为"神话"。1856年以及1859年曾有过两次探险调查,但也没有引起太多重视。

南北战争结束后,1869年大卫·福尔瑟姆(David E. Folsom)、查尔斯·库克(Charles W. Cook)和威廉·彼得森(William Peterson)三人组成探险队,在私人资金的赞助下,沿黄石河到达黄石湖,并写出了调查报告。此后不断有考察队进入该地区,"火与硫磺"之地逐渐为人所知,并不再是"神话"。

随着各种考察报告传布以及越来越多的人进入该地区,有人开始为保护该地区神奇的自然地貌呼吁。蒙大拿州作家和律师科尼利厄斯·赫奇斯(Cornelius Hedges)曾参加过考察,他多次在报纸上写文章建议该地区应得到保护并建立公园,当时其他一些人,包括代理蒙大拿特区行政长官托马斯·米格尔(Thomas Francis Meagher)、众议员威廉·凯利(William D. Kelley)等也都有此想法,凯利还建议国会通过一项法案建立永久公共公园。

1871年,费迪南德·海登(Ferdinand Vandeveer Hayden)率领一支约50人的地质调查队到怀俄明州西北部考察,调查队中包括著名的画家以及摄影师,海登在他的调查报告中,不但详细记述了地质地貌,还附有大量照片与插图,将这一地区令人惊叹不已的自然景色呈现出来。他的报告以及他的游说努力,对于说服国会议员建立黄石国家公园、保护这一地区起到了重大作用。

1872年3月1日国会通过建立黄石公园的法案并由时任总统格兰特签署生效,法案规定了黄石公园的区域、用途以及由内政部管辖等。

黄石公园成立初期,一度由军方协助保护和管理,当地的一些人不满将该区域列为国家保护区建立公园,理由是如此一来妨碍了当地经济的发展,因此不断在国会提出废除建立黄石公园的提案,但都没有通过。

自从黄石公园建立后,美国又陆续建立了58个国家公园,1916年《国家公园管理法》颁布,成立国家公园管理局,其目的是保护自然风光、野生动植物和历史遗迹,为人们提供休闲享受场所,同时保护这些场所不被破坏,将之流传给后代。

案例思考题

1. 结合案例1,想想成都宽窄巷子改造项目的完成对历史文化资源管理具有什么借鉴意义?
2. 结合案例2,美国国家公园管理的经验有哪些?有什么借鉴意义?
3. 结合案例2,想想我国公园景区的经营与管理如何避免走入依赖门票的误区?

参考文献

[1] 吕庆华. 文化资源的产业开发[M]. 北京:经济日报出版社,2009.
[2] 黄鹤. 文化规划——基于文化资源城市整体发展战略[M]. 北京:中国建筑工业出版社,2010.
[3] 李沛新. 文化资本运营理论与实务[M]. 北京:中国经济出版社,2007.
[4] 宋培义. 文化产业经营管理成功案例解读[M]. 北京:中国广播电视出版社,2008.
[5] 陈伯君. 中国文化产业振兴之路——走进金手指[M]. 北京:中央编译出版社,2009.
[6] 陈少峰,朱嘉. 中国文化产业十年(1999—2009)[M]. 北京:金城出版社,2010.
[7] 何佳梅,王德刚. 山东省文化资源旅游开发研究[M]. 济南:齐鲁出版社,2004.
[8] 张晓. 加强规制——中国自然遗产资源保护与管理[M]. 北京:社会科学文献出版社,2006.
[9] 蔡嘉清. 文化产业营销[M]. 北京:清华大学出版社,2007.
[10] 姜锡一(韩),赵五星. 韩国文化产业[M]. 北京:外语教学与研究出版社,2009.
[11] 毕佳,尤志超. 英国文化产业[M]. 北京:外语教学与研究出版社,2007.
[12] 孙有中,等. 美国文化产业[M]. 北京:外语教学与研究出版社,2007.
[13] 胡惠林. 我国文化产业政策文献研究综述 1999—2009[M]. 上海:上海人民出版社,2010.
[14] 李庆本,吴慧勇. 欧盟各国文化产业政策咨询报告[M]. 郑州:大象出版社,2008.
[15] 胡惠林. 我国文化产业发展战略理论文献研究综述[M]. 上海:上海人民出版社,2010.
[16] 皇甫晓涛. 文化资本论[M]. 北京:人民日报出版社,2009.
[17] 玛丽亚.杨森·弗比克,等. 旅游文化资源:格局、过程与政策[M]. 孙业红,闵庆文,译. 北京:中国环境科学出版社,2010.
[18] 范周,奇骥,等. 中国城市文化消费报告[M]. 北京:社会科学文献出版社,2010.
[19] 陈理. 民族历史文化资源与旅游开发[M]. 北京:民族出版社,2007.
[20] 严荔. 四川文化资源产业化开发研究[M]. 北京:经济科学出版社,2010.
[21] 姚伟钧,等. 从文化资源到文化产业:历史文化资源的保护与开发[M]. 上海:华中师范大学出版社,2012.
[22] 牛淑萍. 文化资源学[M]. 福州:福建人民出版社,2012.
[23] 唐月民. 文化资源学[M]. 济南:山东大学出版社,2014.
[24] 李树榕,王敬超,刘燕. 文化资源学概论[M]. 南京:东南大学出版社,2014.
[25] 雷兴长. 文化产业发展模式与欠发达地区的选择[J]. 科学经济社会,2011(01):5-7,13.
[26] 王娟娟. 民族文化资源开发潜力评价[J]. 统计与决策,2011(22):75-77.
[27] 金承志. 文化资源开发保护的哲学思考——从黄枬森的文化观谈起[J]. 合肥学院学报(社会科学版),2012(01):50-52.
[28] 陈莹,张树武. 对经典名著文化资源开发策略的新思考[J]. 东北师大学报(哲学社会科学

版),2012(03):222-224.

[29]熊正贤,吴黎围.乌江流域民族文化资源的特征分析及开发初探[J].贵州民族研究,2012(03):34-36.

[30]刘新田.西部少数民族文化资源分析与产业化开发对策研究[J].中央民族大学学报(哲学社会科学版),2012(04):72-78.

[31]唐月民,阮南燕.文化资源、文化产业与文化强国建设[J].理论学刊,2013(04):112-114.

[32]陈炜,钟学进,张露露.基于地域分类的桂滇黔少数民族传统体育文化资源开发研究[J].社会科学家,2013(05):76-80,88.

[33]彭振坤.土家族文化资源开发的战略构想——构建中国武陵地区文化生态旅游经济走廊[J].湖北民族学院学报(哲学社会科学版),2005(03):1-5,15.

[34]林明华,杨永忠,陈一君.基于文化资源的创意产品开发机理与路径研究[J].商业研究,2014(09):145-151.

[35]卢丽刚.井冈山红色旅游资源保护与开发的现状、问题及对策[J].井冈山大学学报(社会科学版),2010(06):17-24.

[36]雷兴长,吴青青.推进西部现代文化产业发展的对策[J].管理学刊,2010(06):29-31.

[37]沈滨,马明.西北动漫产业的发展与丝绸之路文化资源的开发[J].生产力研究,2009(03):115-117.

[38]雷兴长.西部文化资源产业的可持续发展研究[J].社科纵横,2009(08):25-27,34.

[39]王珊,吕君.内蒙古中部文化旅游资源开发模式分析[J].干旱区资源与环境,2009(11):166-170.

[40]安玉琴,徐爱燕,刘静静.西藏文化旅游资源开发现状探析[J].西藏大学学报(社会科学版),2009(04):26-31.

[41]黄晓.产业化视角下的贵州民族民间文化资源保护[J].贵州社会科学,2006(02):51-53.

[42]蒋才芳,王兆峰.湖南西部文化旅游资源开发和保护对策[J].资源开发与市场,2007(10):936-938.

[43]李微.西部文化资源的产业化利用状况分析[J].新闻知识,2009(10):5-8.

[44]李向阳,蒋才芳.湖南西部文化旅游资源开发及其保护对策[J].吉首大学学报(自然科学版),2008(03):122-124,128.

[45]张海燕,王忠云.旅游产业与文化产业融合发展研究[J].资源开发与市场,2010(04):322-326.

[46]林明华,杨永忠.创意产品:文化、技术与经济的融合物[J].科技进步与对策,2013(07):1-5.

[47]庄大昌.南京文化旅游深度开发策略研究[J].商业研究,2006(16):203-209.

[48]漆志鹏,杨建平.论非旅游景点红色文化资源的保护与开发——以江西省南昌、鹰潭、吉安、赣州四地为例[J].农业考古,2012(03):178-180.

[49]文红,唐德彪.民族文化多样性保护与文化旅游资源适度开发——从文化生态建设的角度探讨[J].安徽农业科学,2007(09):2700-2702,2715.